Christian David Friedrich Palmer, Johann David Wildermuth

Encyklopädie des gesamten Erziehungs-und

Unterrichtswesens

Christian David Friedrich Palmer, Johann David Wildermuth

Encyklopädie des gesamten Erziehungs-und Unterrichtswesens

ISBN/EAN: 9783743439818

Hergestellt in Europa, USA, Kanada, Australien, Japan

Cover: Foto ©Andreas Hilbeck / pixelio.de

Weitere Bücher finden Sie auf **www.hansebooks.com**

thun lassen in die höchsten Spitzen und in die tiefsten Wurzeln alles Menschlichen, auf die unverkennbaren Spuren göttlicher Leitung. Ein häufiges Daraufhinweisen entweiht und verdirbt mehr, als es baut und gründet, verkennt vor allem die Tragfähigkeit der Jugendnatur, die zunächst im Einzelnen lebt und das Einzelne scharf und klar in sich aufzunehmen hat. Doch thut diese Warnung heute weniger noth als vor zwanzig Jahren. Die Auswahl aus dem Stoffe der allgemeinen Geschichte wird sich nach zwei Gesichtspuncten richten müssen. Es sind die Völkergeschichten ausschließlich zu behandeln, deren Gehalt weltgeschichtlichen und eben darum einen bis auf unsere Gegenwart und ihre Cultur lebendig fortschreitenden Charakter trägt, zugleich aber mit dem Mittelpunct der übrigen Gymnasialbildung in einem innern Verhältnis steht. Legen wir diesen Maßstab an, so ergiebt sich, daß zunächst außer der Geschichte des Volks Israel, die in den Religionsunterricht gehört, lediglich die beiden classischen Völker des Alterthums, die Griechen und Römer, dann die Deutschen Berücksichtigung finden können. Nur die neuere Geschichte wird, wie unten auszuführen ist, einen relativ universellen Charakter tragen müssen, da ihre Lehrbarkeit hiedurch bedingt ist. So gilt für die alte Geschichte als Schulstandpunct der Dualismus, für die mittlere der Nationalismus, für die neuere in beschränktem Sinne der Universalismus. Eben in dieser Auswahl liegt aber die Bürgschaft, daß schon für den Schüler, wenigstens der oberen Classen, durch die Specialgeschichte eine Ahnung der universellen hindurchscheint. Denn Griechen, Römer, Germanen waren eben die Hauptträger der Cultur. Allen Stufen gemeinsam wird die Methode sein müssen, daß dem Vortrag (welcher vornehm: der Erzählung) ein Nacherzählenlassen und die Repetition des Stundenpensums sowie größerer Pensen zur Seite geht. Je weniger eine Lehrstunde mit einseitiger Action des Lehrers oder Schülers ausgefüllt wird, um so natürlicher und fruchtbarer wird der Unterricht sein. Es gehört dabei zu der Kunst des Lehrers, durch Vergleichen, Zusammenstellen, Katechisiren, Selbstfindenlassen den Stoff immer aufs neue durchzuarbeiten und dem Schüler nahe zu bringen.

Hierher gehört auch die Frage, wie sich der Geschichtsunterricht auf den Grundsätzen der kritischen Forschung gegenüber zu verhalten habe. Die Aufgabe der Vorbereitung auf das wissenschaftliche Studium schließt schon die Nothwendigkeit in sich, daß dem Schüler die Existenz einer solchen bekannt werde, und die Lectüre nicht allein der neueren Geschichtsbücher, sondern auch der alten bringt ihm von selbst das Bewußtsein von der Lückenhaftigkeit und den häufigen Widersprüchen in der geschichtlichen Ueberlieferung. Es ist nun freilich unräthlich und auch oft ganz unmöglich, daß auf alle die Fragen, welche in dem Schüler angeregt werden, Antwort ertheilt werde, der Trieb muß vielmehr auf die spätere Befriedigung vertröstet und dadurch die Jugend in in ihrem Kreise zu bescheiden angehalten und gewöhnt werden; da aber gleichwohl Wahrheit die Hauptrücksicht bei jedem Unterricht ist, so ergiebt sich, daß auch in der Geschichte diejenigen Resultate der Forschung, welche auf die Auffassung des Ganzen wie der wichtigsten Einzelheiten einen bedeutenderen Einfluß ausüben und als sicher feststehend zu betrachten sind, Aufnahme finden müssen. Gerade um diese mit richtigem Takte auswählen zu können, ist für den Lehrer Vertrautheit mit den Gründen, auf welchen die Resultate beruhen, und mit der Methode, durch welche sie gefunden werden, ein unumgängliches Erforderniß. Wenn nun aber in der Wissenschaft die Herstellung des Ueberlieferten der Auffindung kritischer Resultate vorausgegangen ist und vorausgehen muß, und wenn die Ueberlieferung, insoweit sie bei einem Volke oder zu bestimmten Zeiten Glauben gefunden hat, eine bleibende historische Berechtigung besitzt, so zeigt sich einmal, daß die Geschichte, wie sie sich im Bewußtsein des Volkes gestaltet hat, immer den Kern und Mittelpunct bilden und das Resultat der Forschung ihr einfach gegenübergestellt, zweitens, daß wo jene als unbrauchbar zu verwerfen ist die Gründe des Resultats im allgemeinen dargelegt, endlich oft nur die Zweifel oder das Sagen- und Legendenhafte angedeutet werden muß. Soll der Schüler inne werden, daß die Ueberlieferung oft unhaltbar ist, so darf ihm auch nicht verborgen bleiben, die

die Forschung, auch die eindringendste, in vielen Fällen nur zu unsicheren oder negativen Ergebnissen gelangt. Werden diese Rücksichten nicht genommen, so wird man der Jugend den ihr so heilsamen Auctoritätsglauben nehmen und an seine Stelle den zweifelsüchtigen Dünkel setzen, am wenigsten ihr aber einen gerecht würdigenden Blick in die nothwendigen Phasen der geschichtlichen Ueberlieferung gewähren. Es ist Campe's Verdienst, der Sage im Geschichtsunterricht als einer dem kindlichen und jugendlichen Geiste entsprechenden und einen tiefen Einblick in das geistige Leben der Völker gewährenden Form geschichtlicher Tradition ihr volles Recht vindicirt zu haben. Die That des Tell bildet in dem Glauben des Schweizer Volks das wichtigste und entscheidendste Moment bei der Befreiung von Oesterreichs Herrschaft; nach den historischen Zeugnissen aber steht sie nicht allein außer allem Zusammenhang damit, sondern enthält auch eine entschiedene Entstellung der Wahrheit. Der Schüler wird durchaus von der Wahrheit entfernt bleiben, wenn er jene Erklärung als eine müßig erfundene und leichtsinnig geglaubte Verdrehung der Thatsachen, nicht als eine dem Volksgeiste, dem Bedürfnisse, ein so wichtiges Ereigniß an eine persönlich außerordentliche That geknüpft zu sehen, entsprungene Sage erkennt. Der Lehrer wird also der Wahrheit widersprechen, wenn er sie nicht als Sage bezeichnet, aber nicht minder etwas falsches aufdrängen, wenn er sie ganz übergeht, oder sie kritisch zerpflückt ohne die Entstehung sichtbar zu machen. Dem geschichtskundigen Pädagogen wird aus diesem Beispiele hinlänglich dargethan sein, in wie vielen Fällen, namentlich der alten Geschichte der Lehrer nicht weiter gehen dürfe, als bis zur einfachen Bezeichnung als Sage. Man ist nicht allein vollkommen berechtigt, sondern auch verpflichtet das ungeheure und unerquickliche Sagengewirr, welches über der vorrömischen Bevölkerung Italiens schwebt, durch die Resultate der Forschung zu ersetzen, aber man wird dem Schüler des Gymnasiums zu wenig bieten, wenn ihm bemerklich gemacht wird, daß diese Resultate die Ergebnisse der Sprachvergleichung sind. Th. Mommsen ist von seinem Standpuncte aus berechtigt, die gesammten Erzählungen der Alten von der römischen Königszeit mit einem kühnen Griffe aus der Geschichte zu streichen, aber es hieße den Gymnasialschüler mit einem Schlage auf die schwindlichste Höhe stellen, wollte man ihm die Geschichte Roms so construiren, ehe man ihn die Anschauungen, welche die Römer selbst von ihrer Geschichte gehabt, sich anzueignen gelehrt. Eine Versündigung an der Wahrheit dagegen wäre es, wenn man unterließe den Widerspruch zwischen der von Polybius (III. 22) mitgetheilten Urkunde gegen alle sonstigen Zeugnisse anzuführen. Es versteht sich, daß jener Blick in die Kritik, ihre Gesetze und Resultate, wesentlich erst vor gereiftere Schüler, also in die Oberclassen des Gymnasiums gehört.

V. **Hülfsmittel**: Die Frage nach den geeigneten und unentbehrlichen Hülfsmitteln behandeln wir zunächst im allgemeinen d. h. mit Rücksicht auf beide Stufen des Geschichtsunterrichts. Unbedingt nöthig erscheint uns ein angemessener Leitfaden. Es ist heute unter verständigen und erfahrenen Lehrern kaum ein Streit mehr, daß es für Lehrende wie Lernende heilsam sei, eine solche Norm und Grundlage des Unterrichts zu besitzen. Das „Lesen nach eigenen Heften" und die Folge davon, das Nachschreiben der Schüler führt zu einem unsicheren Besitz, zur Aneignung vieles Fehlerhaften und in den Lehrstunden zu einem bedenklichen Mechanismus. Aber auch für den Lehrer besteht die Gefahr, die Subjectivität extensiv wie intensiv zu sehr walten zu lassen. Natürlich darf das Lehrbuch nicht zum Tyrannen werden, der die freie Bewegung gänzlich bindet, wohl aber muß es im allgemeinen als sichere Basis, als das Feste in dem Fließenden, normativ wirken. Sonach hatte die preußische Schulverwaltung ganz Recht, durch zwei Verfügungen aus den Jahren 1834 und 1857 die Heftschreiberei zu verbieten und die Einführung eines Leitfadens anzuordnen. In der That wird hiedurch ein unentbehrliches Moment der Zucht geschaffen; dem Lehrer wird es leichter, das bestimmte Ziel zu erreichen und eine richtige Stoffvertheilung inne zu halten; er wird der Versuchung eher entgehen, in den verderblichen Docir- oder Katheder-Ton zu verfallen; der jüngere Lehrer namentlich erhält dadurch eine praktische Methodik, wie sie sich in jedem durchdachten Lehrbuch verkörpert. Es ist aber klar, daß zu einer gesunden Methode des Leitfadens vor allem die Selbstbeschränkung gehört, die dem Vortrag des Lehrers nicht vorgreift oder ihn gar überflüssig macht, sondern ihm nur vorarbeitet. Freilich gehört zu einem glücklichen Gelingen auch hier, daß sich der Lehrer mit den Grundlagen und Grundzügen des Leitfadens im ganzen eins wisse. Ohne diese Harmonie ist nur ein leidiger und beiden Theilen lästiger Kriegszustand zwischen Buch und Lehrer möglich. Dann allerdings lieber kein Buch. Etwas von Resignation, einige Mühe und Hineindenken von Seiten des Lehrers wird aber bei dem Gebrauche jedes Lehrbuchs in jedem Lehrfache vorausgesetzt.

Was die Art des Gebrauches anlangt, so erscheint das Gerathenste, auf der unteren Stufe kein Wort nachschreiben zu lassen. Den Knaben soll die Erzählung des Lehrers, dessen Zwischenfragen u. s. w. in der Stunde ausreichend beschäftigen; aus dem Buche repetirt er, indem er den Stoff desselben durch die Erinnerung an das Gehörte belebt und ergänzt. Etwas anders stellt sich die Sache auf der höhern Lehrstufe. Dort nimmt der Vortrag des Lehrers neben dem Gedächtnis und der Phantasie auch das Denken mehr in Anspruch und fügt zugleich stofflich dem Inhalte des Leitfadens manches hinzu. Hier ist es also kein Schade, sondern ein Vortheil und eine Hülfe, wenn der Schüler sein Aufmerken durch Hinzufügen einzelner Notizen steigert.

Es werden aber noch immer Ansichten laut, die statt des Leitfadens, worin der Verf. die richtige Mitte erkennt, ein plus oder minus sehen wollen. Die Einen begnügen sich mit einer Tabelle, die Anderen wollen geschichtliche Lehrbücher aus den ersten Quellen. Aber eine Tabelle, chronologisch geordnet, ist nach der bloß alphabetischen doch die alleräußerlichste und am meisten mechanische Ordnung, die es giebt. Gerade von dem, was die Geschichte zur Geschichte macht, Continuität, Ineinandergreifen der Theile und Glieder ist hier keine Rede. Der Lehrer muß also wieder von vorne anfangen und erst organisiren, das rein Aeußerliche in ein verständlich Inneres verwandeln. Sonach kann eine Tabelle nie zum Leitfaden werden; nicht als ein dem Unterricht Vorausgehendes, sondern als dessen Ergebnis hat sie Sinn und Bedeutung. Es ist daher ganz praktisch, am Schluß von Hauptperioden die Schüler Tabellen selbst fertigen zu lassen, oder ihnen gedruckte als Anhängsel des Lehrbuches in die Hand zu geben.

Das entgegengesetzte Extrem ist besonders von einer Autorität auf diesem Gebiete, von C. Peter vor 28 Jahren verfochten worden. Dieser bedeutende Gelehrte und Schulmann verlangte für diesen Unterricht hauptsächlich die Lectüre von Quellen und quellenmäßigen Darstellungen. Sein Vorschlag enthält im wesentlichen nichts neues; es sind dieselben Grundsätze, welche am frühesten in den Gymnasien in Bezug auf den historischen Unterricht herrschten und noch jetzt von den Engländern festgehalten werden, an dem gegenwärtigen Bildungsstande und seinen Bedürfnissen angemessen erweitert und durchgeführt. Er beruht 1) auf der unleugbaren Wahrheit, daß für die Gymnasialbildung das vom Schüler durch eigene Arbeit Erworbene einen höheren und bleibenden Werth habe, als das einfach vom Lehrer Vorgetragene und in das Gedächtnis Aufgenommene; 2) auf der ebenso richtigen Auffassung der Aufgabe des Gymnasiums: den Schüler zu selbstthätigem Studium zu leiten und seinem Geiste die rechte Methode dazu anzubilden; 3) auf der weisen Vorsicht, die frühzeitige, so verderbliche, am meisten zur Lüge, der großen Krankheit unserer Zeit, verleitende Reflexion vom Geschichtsunterricht möglichst fernzuhalten und statt ihrer eine ernste und strenge Vertiefung in die Objecte oder die als Objecte gegebenen Berichte und Darstellungen zu setzen; 4) auf der unverkennbaren Nothwendigkeit, den in der Jugend vorhandenen, fast zur Wuth gesteigerten Lesetrieb auf würdige Objecte zu lenken und dem Schulunterricht dienstbar zu machen. Peter selbst hat vor etwa 25 Jahren an eine methodische Ausführung seiner Grundsätze der Herausgabe einer breit angelegten Sammlung von Quellenschriften aus der gesammten Weltgeschichte gedacht. Der Plan ist gescheitert, offenbar an seiner innern Unmöglichkeit.

Ein Schulbuch kann ein solches Werk nimmer werden, ein historisches Lesebuch sehr wohl. Aber auch dann nicht ein unter die Controlle und den unmittelbaren Gebrauch der Schule genommenes. Immerhin hat Peter durch sein Verfahren einen neuen fruchtbaren Anstoß gegeben, der noch fortwirkt. Mag es immer ein Idealismus sein, die Schüler bloß aus den Urbildern der Quellen Geschichte kennen zu lehren, mag dabei der treffliche Gelehrte das innere Bedürfnis und die Leistungsfähigkeit seiner eigenen Jugend mit dem Durchschnittscharakter unserer heutigen Gymnasialjugend verwechselt haben, mag es auch bedenklich sein, die Quellenstücke aus griechischen und römischen Autoren Gymnasiasten oberer Classen vorzulegen; mag es endlich unthunlich erscheinen, gerade in diesem an sich so anregenden Lehrfach auf die persönliche Vermittelung des vortragenden Lehrers zu verzichten; — es wird doch der Mühe werth sein, was echt und praktisch in jenen Vorschlägen ist, zu beherzigen und zu verwirklichen. Ueber die Versuche einer solchen Verwirklichung wird erst unten bei Besprechung der beiden Lehrstufen die Rede sein können. Hier halten wir nur den Grundsatz fest: je inniger und lebendiger die Verbindung des Geschichtsunterrichts mit den übrigen angrenzenden Lehrgegenständen, vor allem mit den beiden alten Sprachen hergestellt werden wird, um so besser werden beide Theile dabei fahren.

Von sonstigen Hülfsmitteln für den historischen Unterricht nenne ich hier noch den unentbehrlichen Gebrauch von Karten und Atlanten und die, wenigstens wünschenswerthe, Anschauung von Bildwerken der Kunst. Nicht bloß Karten der alten Welt (Wandkarten und Atlanten) setze ich in den Händen der Schüler voraus, sondern auch historische Karten zur Geschichte des Mittelalters und der Neuzeit. Dem letzteren Bedürfnis genügt, nach dem Vorgange der hervorragenden und maßgebenden Atlanten und Wandkarten von Spruner (Schulatlas), Spruner-Menke, (Handatlas), Spruner-Bretschneider (Wandatlas), Menke, Kiepert u. a., für den unmittelbaren Schulzweck der auch schon durch seinen billigen Preis sich empfehlende Historische Schulatlas von F. W. Putzger.

Kann der Lehrer der alten Geschichte namentlich durch Hereinziehen von Kunstanschauungen die Mythologie, die Sagen- und Kunstgeschichte beleben, so liegt auch hierin, wie in jeder Anschauung eine Förderung. Freilich sind nur ganz wenige Anstalten in der glücklichen Lage, ein kleines Kunstmuseum zu besitzen, aber die literarischen Hülfsmittel von Lübke, Guhl und Koner, die kleine Schrift von Rumpel, Zieglers Illustrationen zur Topographie des alten Rom sind allgemein zugänglich. Das Gleiche gilt natürlich von unserem Mittelalter. Es giebt Anstalten, wo geradezu Ausflüge gemacht werden, auf denen der führende Lehrer den Bau einer romanischen oder gothischen Kirche den Schülern erklärt. Das ist auch Quellenkunde und Anschauungsunterricht.

VI. Die Lehrstufen: Es ist von entscheidender Bedeutung für das Gelingen dieses Unterrichts, wie man ihn über den ganzen Gymnasialcursus vertheilt und wie diese Theile ineinandergreifen. Es kann auch hier nicht unsere Absicht sein, alle Möglichkeiten zu erschöpfen oder alle Wirklichkeiten kritisch zu prüfen. Das ist von vornherein klar, daß man sich nicht auf einen historischen Cursus beschränken darf, denn der auf der unteren Stufe beginnende Faden würde auf der oberen in seinen Anfängen wieder abhanden gekommen sein, und außerdem würde nach Ton und Art eine so große Verschiedenheit der Behandlung unten und oben nöthig werden, daß das Ganze eben nicht als ein Ganzes herauskäme. Es sind also mindestens zwei Curse erforderlich. An mehr wie drei hat noch niemand gedacht und kann der Natur der Sache nach niemand denken. Wohl aber sind drei Curse vielfach beliebt worden, und die oben angezogene westfälische Instruction hat diese Dreitheilung empfohlen. Man ist nicht bloß auf preußischen Gymnasien von derselben zurückgekommen, und wie uns scheint, mit Recht. Nehmen wir ein Gymnasium mit neunjährigem Cursus und, nach norddeutschem Durchschnittsbrauch, die drei unteren Classen mit je einjährigem, die drei oberen mit je zweijährigem Cursus an, so erscheint es uns als das richtige, in Quarta den Geschichtsunterricht zu beginnen und diese Classe mit der Tertia zu einem Geschichtscursus zu combiniren, so daß sich ein Doppelcursus von je drei und vier Jahren ergiebt. Andere haben eine Anfangsstufe in die Sexta und Quinta, oder in die letztere allein legen wollen, andere wieder die Quinta und Quarta als Anfangsstufe zusammengenommen, oder die letztere allein, andere anders. Würde man diesen Unterricht in die untersten Classen verlegen, so entstünde eine zu starke Belastung des Lehrplans und eine verwirrende Nachbarschaft mit der Geographie. In dem Jahrescursus der Quarta allein ließe sich aber der Stoff unmöglich bewältigen. Als Inhalt hat man für den propädeutischen Geschichtsunterricht entweder Sagengeschichte oder biographische Lebensbilder vorgeschlagen. So nothwendig aber eine Kenntnis der ersteren durch Bemittlung der Schule und durch freie Lectüre ist, so kann dieser Stoff nach seinem Mittelcharakter zwischen Unterhaltung und Belehrung doch keineswegs den alleinigen Inhalt von Lehrstunden bilden. Ebensowenig läßt sich die biographische Form, so wichtig dies Element als wirksamer Bestandtheil des Geschichtsunterrichts überhaupt auch sein mag, als Grundlage des geschichtlichen Elementarunterrichts benutzen, weil sie dem Wesen der Sache, auch in ihrer einfachsten Gestalt, widerspricht. Man hat schon oft und mit Recht eingewandt, daß nicht sowohl die Person als die That den Hauptreiz für angehende Knaben hat und daß z. B. Schlachtenbilder, kühne Wagnisse, Seefahrten u. s. w. am ersten und am lebendigsten fesseln.

Schließen wir also die beiden ersten Jahre des Gymnasialcursus vom eigentlichen Geschichtsunterrichte aus, so halten wir doch dafür, daß geschichtliche Vorbegriffe (so in kindlicher Weise von Volk und Regierung, Krieg und Frieden, Ackerbau, Handel, Kirche, Heerwesen u. s. w.) und geschichtlicher Stoff auch auf dieser Stufe vor mehr wie einer Seite vorbereitend an den Schüler herantreten. Und so ist es ganz in der Ordnung. Manches soll gelegentlich und fragmentarisch sich einstellen, um später eingegliedert und schulmäßig verwandt zu werden. Ich sehe dabei von zufälliger und freiwilliger Lectüre ab, — und welcher Knabe hätte nicht von Herakles, Troja und Odysseus gelesen, ehe er im Unterricht davon hört? — aber der geographische, der deutsche, ja der lateinische Unterricht liefern eine Menge zerstreuter Elemente. Das deutsche Lesebuch hat mit die Aufgabe, neben der Dichtung und den Naturstoffen auch geschichtliches darzubieten. Ja es ist zu erwarten, daß eine fortschreitende Methodik gerade die letztere Seite immer mehr pflegen und für größere Zusammenhänge sorgen werde. Der geographische Unterricht ist nicht bloß eine Vorbereitung für den historischen, indem er die Erde als das Wohnhaus der Menschheit kennen lehrt und neben einer Uebersicht über die Vertheilung von Wasser und Land auf der Erdoberfläche, über die wichtigsten Küstengestaltungen, Gebirge und Flüsse, neben der Orientirungsfähigkeit auf der Karte, auch eine allgemeine Kenntnis Europas und die specielle des Vaterlandes sich zur Aufgabe stellt, sondern er führt auch, wenn auch nur in Notizenform, eine Menge geschichtlicher Stoffe mit sich. Aber das Lehrfach, das recht eigentlich in primitivster Gestalt Geschichte lehrt, ist der Religionsunterricht mit seiner biblischen Geschichte. Sie kann, von ihrem religiösen Gehalte noch abgesehen, auch menschengeschichtlich durch ihre Einfalt und Größe, durch ihre typische Bedeutung wirken. Nirgends lehrt so übersichtlich und so durchsichtig, dem Kindesauge faßbar und den Mannesaugen ein Wunder, die Grundform alles geschichtlichen Lebens wieder: — wie Zettel und Einschlag, der menschliche und der göttliche Factor, die eigenen Wege und die erziehende Hand von oben. In den Geschichten des alten Bundes ist die geschichtliche Naturseite allerdings vortretender als in neuen. Aber daß diese göttliche Weihe über dem Ganzen liegt, stört nicht, sondern fördert auch den menschlich-geschichtlichen Antheil des Kindes. Denn gerade dadurch ist jene wunderbare Realität und Volksthümlichkeit erzeugt worden, mit der uns jene Gestalten auch ohne Commentar leiben und leben wie ein Stück unsers besten Lebens. Es ist nach K. v. Raumer's trefflichen Winken Gesch. d. Pädag. 3. Aufl. III, 302 ff. überflüssig, über den Bildungsgehalt der biblischen Historien mehr zu sagen. Wie schön gefügt und verheißungsvoll, daß die Geschichte unserer Jugend gerade in dieser Lichtgestalt und nicht in der zweifelhaften Form selbst-eigner Erzählungskunst oder gar in der verkümmerten eines tabellarischen Gerippes zum ersten Male nahe tritt. So ist gewissem Sinne die biblische Geschichte die unterste Stufe des historischen Unterrichts. Auch das ist ein Vortheil, daß sie mit den Anfängen der Menschengeschichte beginnt und das Kind Blicke in das Morgenland thun läßt, — und nicht bloß in die israelitische Geschichte, — zu welchem der Unterricht später nur episodisch zurückkehren kann. Immerhin theilt sich das religiöse und geschichtliche Interesse in diesen Unterricht; die anthropologische Seite wird durch die theologische fort und fort durchbrochen.

Was die übrigen geschichtlichen Bruchstücke betrifft, die sich auf dieser Stufe in Haus und Schule ansammeln, so tragen sie alle den Charakter der **Zeitlosigkeit**, daß der detaillirteste Stoff, durch seinen eigenen Reiz wirkend, wie in einen leeren Raum hineingestellt wird. Es ist dem Knaben dieses Alters völlig gleichgültig, ob das mitgetheilte Ereigniß in das dritte oder fünfzehnte Jahrhundert fällt. Der uralte Märchentypus "es war einmal" bezeichnet noch diese zeitliche Schrankenlosigkeit.

Es ist ein bedeutsamer Fortschritt im Bewußtsein des Schülers, wenn ein Bedürfniß der Zeitordnung und Zeitfolge eintritt, wie eine Disciplin der irr und wirr herumflatternden Kenntnisse.

A. **Untere Stufe**: Dieser Uebergang zu dem eigentlichen Geschichtsunterrichte beginnt am natürlichsten mit der drittuntersten Classe, der Quarta. Der lateinische Unterricht bringt hier zum ersten male eine Lectüre von größerem historischen Zusammenhang, von wirklich sachlichem Interesse. Cornelius Nepos in genuiner oder umgearbeiteter Gestalt, der kleine Livius oder ähnliche Bücher bilden den Mittelpunct des Schulinteresses.

In den Anfangsgründen des Griechischen werden auch eine Reihe Termini aus dem geschichtlichen Leben des Volkes dem Knaben geläufig. Der deutsche Unterricht fährt fort durch geschichtliche Prosa und die epischen Stoffe der Dichtungen im Lesebuch, auch durch die anschließenden kleinen Aufsätze, den Geschichtssinn zu beleben. Der Religionsunterricht greift zum Theil auf die alttestamentlichen Geschichten zurück. So tritt der eigentliche Geschichtsunterricht nicht ohne Vorbereitung und ohne Anlehnung an des Schülers übrige Interessen an den Quartaner heran.

Die Aufgabe ist nun, in einem Jahre in zwei wöchentlichen Stunden eine Auswahl aus der griechisch-römischen Geschichte oder griechisch-römische **Geschichten** zu lehren. Allerdings ein nicht geringes Maß, das umsomehr eine haushälterische Beschränkung auf die Hauptgeschichten verlangt. Vor allen gilt es, die Kriegs- und Personengeschichte zu erzählen. Die Verfassungsgeschichte Griechenlands und Roms muß selbstverständlich zurücktreten; geringfügigere d. h. für den Knaben unfruchtbare Partien werden übergangen, um die wichtigsten um so intensiver und extensiver behandeln zu können. Einzelne Schlachtenbilder sind besonders anschaulich zu schildern; die Karte ist nicht bloß für das geographische Bild der Hauptländer, sondern auch für die Kriegszüge und die Verbreitung der Colonien fleißig zu benutzen. Wo es möglich, wird der Lehrer gut thun, mit der Sprache der Quellen, namentlich des Herodot und Livius zu reden. Mit Alexander des Großen Tod wird er die griechische, mit Octavian die römische Geschichte schließen. Orientalisches wird nur, so weit es unmittelbar in die Geschichte der classischen Völker hineingreift, zu berühren sein. Der Detaillirung der wichtigsten und diesem Lebensalter angemessenen Geschichten, wie sie durch Erzählung und Nacherzählung erstrebt wird, muß nun der Mechanismus der Repetitionen in raschem summarischem Abfragen zur Seite gehn. Der kurze Leitfaden, den ich auch auf dieser Stufe voraussetze, unterstützt dies Verfahren. Alles Einprägen hat hier noch eine mechanische Seite, und es ist den Schülern selbst eine Freude, von ihrem gedächtnißmäßig erworbenen kleinen Besitz Rechenschaft zu geben. Nur darf für diesen Theil der Aneignung nur eine geringe Anzahl von Thatsachen und Jahreszahlen begehrt werden. Es sind das gewißermaßen die Nägel, welche die Geschichtsbilder festhalten.

Die andere Hälfte des Geschichtsunterrichts auf dieser Unterstufe (Tertia) führt zur deutschen Geschichte des Mittelalters und der Neuzeit. In einem zweijährigen Cursus hat dieser Lehrstoff hinreichend Zeit sich auszubreiten. Im ersten Jahre würde die deutsche Geschichte bis zur Reformation, in dem folgenden bis 1871 zu führen sein. Die physische und politische Geographie des Vaterlandes, die gleichzeitig gelehrt wird, unterstützt den Unterricht in der deutschen Geschichte. Der nationale Standpunct ist hier durchaus festzuhalten. Im Mittelalter hat dies um so weniger Schwierigkeiten, als hier das Vaterland in der That die Centralstelle einnimmt und das Kaiserthum in seiner Stellung zur Kirche einen universalen Charakter trägt. Die Völkerwanderung, Karls des Großen Hegemonie, die Kreuzzüge sind ohnehin weltgeschichtliche Vorgänge. Der Knabe wird so inne, daß Deutschland einst an der Spitze Europas gestanden, daß es den Ueberschuß seiner Kräfte an allgemeine Aufgaben der Menschheit abgegeben, oft aber durch diese Expansionskraft sein eigenstes Leben geschädigt hat. Schwieriger ist die nationale Behandlung der neueren Geschichte nach 1555. Hier ziehen andere Staaten ungleich lebhafter das Interesse wie überhaupt so namentlich der Jugend an sich. Gleichwohl wird die Beschränkung auf das Vaterland der leitende Gesichtspunct bleiben müssen. Vielleicht mit der Ausnahme, daß man den Abfall der Niederlande, als eines eigentlich deutschen Gebietes, mitbehandelt. Sonach würden sich als Hauptstücke ergeben: die deutsche Reformation, der Abfall der Niederlande, der dreißigjährige Krieg, die Kriege gegen Ludwig XIV. bis zum Ende des spanischen Successionskrieges, der große Kurfürst von Brandenburg und seine nächsten Nachfolger, der nordische Krieg, der so tief in die deutsche Geschichte eingreift, Friedrich der Große und seine Kriege, der amerikanische Unabhängigkeitskrieg wegen seiner Bedeutung für Deutschland, aus der französischen Revolution die Hauptdata, und die sich aus ihr und dem Kaiserthum entwickelten Kriege gegen Deutschland, vor allem eine lebendige Erzählung der Befreiungskriege 1813—1815, endlich mit passendem Uebergang die deutsche Erhebung von 1864 1871. Der frühere Brauch, in den bedeutenderen Particularstaaten des weiland deutschen Bundes (Preußen, Bayern, Sachsen, Württemberg) auf den Schulen auch Territorialgeschichte als solche zu lehren, erscheint gegenwärtig, wenigstens in der alten Weise und Ausdehnung, nicht mehr zeitgemäß und pädagogisch richtig. Das Gemeinsame, das Ganze, das Reich muß vor allem dem Schüler ungestört und unzerstreut vorgehalten werden. Selbst preußische Geschichte soll nur insoweit getrieben werden als sie zugleich einen allgemein deutschen, ja einen europäischen und weltgeschichtlichen Charakter trägt. Dabei wird es in den Einzelstaaten sich empfehlen, gelegentlich und excursiv von dem Werden und Wachsen ein kurzes Bild zu geben, theils aus praktischen Gründen, theils um der deutschen Eigenart und Individualisirung einigermaßen gerecht zu werden.

Das Verhältnis der Schüler zu der Geschichte der classischen Völker ist auf dieser Stufe möglichst frisch zu erhalten. Das Hauptmittel natürlich ist schon hier die weitere Ausdehnung der Quellenkunde durch die Lectüre von Cäsar und Xenophon. Glücklich die wenigen Anstalten, wo durch die ergänzende Privatlectüre das bellum Gallicum und civile sowie die Anabasis ganz gelesen werden können. Da ist ein breiter Boden wirklicher historischer Anschauungen und für die Gründung eines nachhaltigen geschichtlichen Interesses gewonnen. Es wird aber außerdem erforderlich sein, durch zeitweilige größere Repetitionen (etwa alle vier Wochen) das altgeschichtliche Pensum der Quarta in Gedächtnis zu erhalten.

B. Obere Stufe: Ich komme zu der Oberstufe dieses Unterrichts, die vier Jahre der Classen Secunda und Prima umfaßt. Hier tritt gleich an der Schwelle die Controverse in den Weg, ob man besser der Secunda die alte Geschichte, der Prima die mittlere und neuere überweise oder umgekehrt. Diese Frage ist in den letzten beiden Jahrzehnten vielfach erörtert, wenngleich noch nicht zu einem völligen und einheitlichen Austrag gebracht, so doch auf den meisten Gymnasien dahin entschieden worden, daß die alte Geschichte richtiger der Secunda zufalle. Hierfür spricht zunächst der Grund, daß man damit die natürliche Ordnung und die auf der Unterstufe befolgte festhält. Es müßten schon sehr entscheidende Gründe sein, die uns bestimmen könnten, von der zunächst sich darbietenden Reihenfolge abzugehen. Denn jetzt ergibt sich die einfache Wiederholung der ganzen Geschichte nach natürlicher Zeitfolge in zwei nur methodisch

andersartigen Cursen. Die Gründe der Gegner dieser Ordnung sind wesentlich folgende. Es soll noch einmal am Schluß der Gymnasialbildung auf das Geschichtsgebiet zurück=
gekommen werden, das eine centrale Stelle einnimmt. Freilich in ungleich reiferer Weise und größerer Vertiefung. Jetzt, in Verbindung mit einem größeren Umfang der Quellen=
lectüre, lasse sich an diesem Stoff an besten eine Vertiefung in die Geschichte anbahnen, wie sie allein wahren historischen Sinn erzeugen könne. Auch die griechisch=lateinische Lectüre könne nur gewinnen durch diesen Anschluß an die alte Geschichte auf der obersten Stufe. Diesen Gründen, welche von bedeutenden Schulmännern (z. B. Peter, Campe, Dietsch u. a.) geltend gemacht wurden und zum Theil noch werden, stehen, so gewicht=
voll an sich sie sind, doch andere von noch größerem Gewicht entgegen. Und was unter allen Umständen wahr und treffend an jenen Gründen ist, läßt sich durch eine gleich zu entwickelnde Combination erreichen. Soll überhaupt Geschichte der christlichen Epoche getrieben werden — und wer will das nicht in irgend welcher Gestalt? — so ent=
steht geradezu die Unmöglichkeit, die Neuzeit in einer Secunda sach= und zweckmäßig zu behandeln. Schon das Mittelalter würde schwierig sein. Man denke an den Welt=
kampf zwischen Reich und Kirche, an das Städteleben, an die Entwicklung der Landes=
hoheit u. a., immerhin würde es bei dem nationalen und mehr elementaren Charakter unseres Mittelalters und mit einiger Resignation angehen. Die Neuzeit wehrt sich dagegen. Man versuche es doch einmal ehrlich und vorurtheilslos mit der Refor=
mation, mit dem Freiheitskampf der Niederlande, mit der englischen und französischen Revolution, wie weit man vor Knaben von 15 bis 16 Jahren mit diesen Bewegungen kommt, ob man sie begreiflich und anschaulich machen kann. Hier verstecken sich überall die Ursachen ganz anders hinter complicirten Weltzuständen als in den einfachen Linien antiker Begebenheiten. Der Elementargeist, wie er die Jugend faßt und hinreißt, fehlt zwar auch in den großen Vorgängen der Neuen Geschichte nicht. Mitunter brechen aber die Grundeigenschaften der Völker vulkanisch durch alle Kunstdämme politischer Schranken. Aber dieser Sturmgeist ist doch ganz anders durchzogen von dem nur dem Verstand zugänglichen politisch=diplomatischen Geist, und er setzt außerdem seiner zer=
störenden Natur nach nicht den jugendlichen Standpunct der Hingebung und Liebe, viel=
mehr der kritischen Reflexion voraus. Dabei verlangt die Neuere Geschichte annähernd eine universalgeschichtliche Behandlung. Der von Campe aufgestellte Lehrplan, wonach der Secunda Deutsche, der Prima Alte Geschichte zugetheilt wird, scheitert eben daran, daß die Neue Geschichte, national=deutsch behandelt, zum Zerrbild wird und ihr Wesen wie ihren Werth einbüßt. Wir stehen dann nur wieder vor dem Entweder — Oder: entweder den Fuß gar nicht über die Schwelle der Neuen Geschichte zu setzen oder dieselbe ihrem Wesen gemäß, wenn auch mit der nöthigen Rück= und Vorsicht, zu be=
handeln.

In die Secunda gehört die Alte Geschichte, und zwar mit der Beschränkung auf Griechenland und Rom, (in je einem Jahrescursus) unter episodischer Einflechtung und Berücksichtigung der orientalischen Völker, soweit eine solche durch den Hauptzweck ge=
fordert wird. Die griechisch=römische Geschichte kann bei ihrer Durchsichtigkeit und Ab=
geschlossenheit, bei ihrer classischen Einfachheit und Faßlichkeit, auf dieser Schulstufe zu vollkommen ausreichendem Verständnis gebracht werden. Der Unterricht kann hier auf dem in Quarta angeeigneten, in Tertia frisch erhaltenen Stoff auserwählter griechisch=
römischer Geschichte fußen und auf diese vorausgesetzte Kenntnis zurückgreifen. Vieles auch aus der Kriegsgeschichte ist zu erweitern, das biographische Moment noch ein=
gehender zu berücksichtigen, vor allem die Verfassungsgeschichte, die auf der Unterstufe naturgemäß zurücktrat, jetzt heranzuziehen. Wesentlich belebt und unterstützt werden hier die Geschichtsstunden durch den altsprachlichen Unterricht und es erscheint bringend wünschenswerth, daß beide in derselben Hand liegen. Denn die Secunda kann nicht bloß die Lectüre des Nepos, Cäsar und Xenophon mit ihrem Ertrag an quellenmäßigen Anschauungen, an technischen Begriffen, an Einblicken in das Kleinleben der Sitte, des Rechts, des Kriegsbrauchs voraussetzen, sondern ergänzt und fördert diese ursprüng=

lichen Anschauungen durch die eigene Classenlectüre aus Homer, Herodot, Xenophon, Lysias, Ciceros Reden, Sallust, Virgil, Livius. Dazu kommen die **Einleitungen**, die der Schüler entweder gedruckt vor seinen Ausgaben der Autoren findet, oder vom Lehrer zu kurzer Orientirung erhält. Diese sind eine Fundgrube für die Antiquitäten (z. B. attisches und römisches Rechtsverfahren), wie für fragmentarische Kenntnis der Literaturgeschichte. Tritt zu solcher Anlehnung des Geschichtsunterrichtes an die Quellen noch eine wohlgeleitete **Privatlectüre**, wie sie z. B. auf den altsächsischen Fürstenschulen noch blüht, und nimmt diese auch auf das Bedürfnis historischer Bildung die gebührende Rücksicht, so müßte es seltsam zugehen, wenn durch das Zusammenwirken der drei Factoren, des Geschichts- und Sprachunterrichtes, und der Privatlectüre nicht ein ausreichendes und tüchtiges Maß geschichtlicher Bildung, zugleich mit dem Trieb nach Erweiterung und Vertiefung gewonnen würde. Nicht stark genug betont werden kann dies Ineinandergreifen und Aufeinanderwirken von Lectüre und altgeschichtlichem Unterrichte. Das eine ergänzt und belebt das andere. Eine ganze Reihe von Begriffen, mit denen jener wie diese zu operiren hat, hört erst durch diese Gegenseitigkeit auf, ein todter Buchstabe zu sein. So die Termini ἐκκλησία, ἀγορά, βουλή, ἄρχων, στρατηγός, αὐτοκράτωρ, δῆμου προστάτης, λειτουργία, ἡλιαία, δοκιμασία, συμμαχία, πρόξενος, patres, plebs, nobiles, forum, comitia, classes, capite censi, legio, provincia, socii, ager publicus, secessio, provocatio, nexus u. s. v. a.

Auch die Aufsätze, die deutschen zunächst, aber auch, wo dies schon auf der Secunda Brauch ist, die lateinischen, haben ihren Stoff vor allem aus dem altgeschichtlichen Gebiete zu schöpfen.

Der Verfasser dieses Aufsatzes hat den Versuch gemacht, in Verbindung mit dem Provinzialschulrath Dr. Baumeister und dem Gymnasialdirektor Dr. Weidner in dem „Historischen Quellenbuch", dessen dritter Auflage entgegengesehen werden darf, seine Ueberzeugungen über die Ergänzungsbedürftigkeit und Ergänzungsfähigkeit der Quellenkunde unserer Schüler zum Ausdruck zu bringen. Er glaubt damit dem, was in den obenberührten Forderungen von Peter, Campe u. s. w. gesund und wesentlich ist, genugsam Rechnung getragen zu haben. Immerhin wird nicht zu verlangen und zu erwarten sein, daß das ganze Quellenbuch, am wenigsten der die römische Geschichte umfassende Theil in Secunda und Prima durchgearbeitet werde, aber die Einzelbilder der größten Ereignisse, die im sprachlichen Unterricht nur zufällig oder gar nicht aus den Quellen kennen gelernt werden, durch Privatlectüre dem Schüler nahe zu bringen, ist der stärkste Hebel des historischen Interesses. Und gerade hier fließen auch für die lateinischen Primaner-Aufsätze die reichsten und natürlichsten Quellen und ein neues Mittel, den sprachlichen Unterricht mit dem historischen in Rapport zu setzen. Auch in der Secunda werden in periodisch wiederkehrenden Terminen (etwa alle sechs Wochen) größere Abschnitte des Tertia-Pensums repetirt werden müssen.

Die Prima hat, das Pensum der Tertia wieder aufnehmend und weiterführend, die Geschichte des Mittelalters und der Neuzeit zum Lehrgegenstand; mit der Einschränkung auf die deutsche Geschichte in jener, mit einer Modification des universalen Charakters dieser Periode, von welcher sogleich die Rede sein wird. Diese Beschränkung erscheint aus zwei Gründen nöthig. Einmal ist es aus Zeitmangel unmöglich, die Sondergeschichten der übrigen Culturländer, Frankreichs, Englands, Italiens, Spaniens in irgendwie ausreichender und verständlicher Weise zu behandeln, zumal Wiederholungen aus der alten Geschichte in Prima unumgänglich sind. Es kommt ein innerer Grund dazu. Der Blick des Schülers soll früh geschärft und geübt werden für die Erkenntnis der Wahrheit, daß unser Vaterland im Mittelalter Herz- und Lebensnerv der Weltgeschichte gewesen. Wenn die Eitelkeit de la grande nation sich unbefugter Weise schon im Mittelalter in den Mittelpunct rückt und schon Karl den Großen zu einem Franzosen umprägt, wenn der Engländer jene Jahrhunderte wesentlich vom insularen Standort aus betrachtet, so dürfen wir, die wir ein Recht dazu haben und es den historischen Sachverhalt damit anerkennen, gewiß und vollends in der Schule das Mittelalter **deutsch** behandeln. Ja auch in seiner späteren Knechtsgestalt und während des chaotischen Ringens und Werdens einer neuen Zeit muß es dem Interesse des Schülers noch immer am nächsten bleiben. Wenn die Jugend die hohen Zeiten, die der sächsischen und staufischen Kaiser, mitgefeiert hat, so muß sie sich auch gewöhnen, von den Höhen in die Niederungen herabzusteigen und selbst während der vaterländischen Zuckungen des 14. und 15. Jahrhunderts ihre Liebe und Theilnahme nicht auf Frankreich oder England zu übertragen. Erst das 16. Jahrhundert, in dem die ephemere, aber das Vaterland so tief und auf lange in den Schatten stellende Monstrosität eines spanisch=burgundisch=amerikanisch=italisch=ungarisch=deutschen Weltreichs aufkommt, ändert auch für die Schule diesen Stand= und Gesichtspunct.

Man wage also für die Gymnasien wenigstens den Schnitt und überlasse die Geschichte der übrigen Culturländer im Mittelalter ebenso fernerer Bildung wie man in der Alten Geschichte das Morgenland besser aus den Geschichtsstunden herausläßt. Nur bis dahin, wo die Nationalitäten noch ungeschieden nebeneinander stehen, und dann wieder, wo sie sich zu gemeinsamen Thaten zusammenthun — also bis zum Auseinanderfallen des großen Frankenreichs und wieder in den Kreuzzügen — fordern selbstverständlich auch die Nachbarländer Rücksicht, Italien bis zu einem gewißen Grade ohnehin wegen seiner Abhängigkeit vom deutsch=römischen Reich. Ebenso selbstverständlich ist es, daß der Ursprung des Islam, dessen Kampf mit der Kirche ja geradezu die ἀκμή des Mittelalters bildet, zur Sprache kommt.

Der Schüler muß den Eindruck aus dem Unterricht mit fortnehmen, daß das deutsche Reich, in Verbindung allerdings mit der abendländischen Kirche, damals an der Spitze der Weltgeschichte steht und nicht bloß durch die Anlehnung an die Kirche, sondern auch darum, weil staatenbildende germanische Volkskräfte seit der Völkerwanderung alle Culturländer Westeuropas erfüllt hatten. Der Lehrer braucht dabei nicht zu verschweigen, daß dies ziellose Streben ins Weite, der deutsche Erbfehler, die nächsten politischen Aufgaben, die Gründung eines nationalen Staates, die durchgreifende Germanisirung Ostdeutschlands, eine feste und dauerhafte Constituirung der inneren Verhältnisse, verschoben und geschädigt hat. Aber auch **innerhalb** der deutschen Geschichte thut die möglichste Verkürzung und Beschneidung des Stoffes noth. Schnelleres Hinwegeilen über die didaktisch minder ausgiebigen Strecken (welche die Forschung gerade am meisten zu reizen pflegen), längeres Weilen bei den größeren und helleren ist unumgänglich. Solche Abbreviaturen sind möglich und nöthig z. B. bei der Geschichte der Merovinger nach Chlodwig, der Karolinger nach Karl dem Großen, bei mehreren deutschen Kaisern, besonders während der letzten Periode. Dann wird Zeit und Raum für die breitere Darstellung so überragender Persönlichkeiten wie Karls des Großen, Ottos des Großen, der beiden staufischen Friedriche u. a. gewonnen. Der Beruf, den die Geschichte unseres Mittelalters in der Schule hat, das Verständnis für das specifisch Vaterländische in der Jugend zu wecken, — ein Beruf, in dem sie durch die Existenz des neuen Reiches so wesentlich gefördert wird — wird sich um so besser erfüllen können, wenn einmal die Lectüre bedeutender Einzeldarstellungen (aus den Schülerbibliotheken oder sonst) hinzutritt, oder durch irgend welche Anschauung von Denkmalen oder literarischen Quellen. Größere Partien aus Giesebrechts Kaisergeschichte z. B. sollte kein Primaner ungelesen lassen. Schon oben habe ich auf die Belebung durch monumentale Anschauungen hingewiesen. Unter den literarischen Quellen sind schon die Stücke mittelhochdeutscher Dichtung zu nennen, deren Lesung mehr und mehr ein gesicherter Besitz unserer Schulen wird. Auch hier eine besondere historische Quellenlectüre, zumal obligatorisch, einzuführen, ist nicht räthlich. Die Frage steht anders als in der Alten Geschichte. Dort wies schon die Hauptthätigkeit der Schule, die philologische, auch für die Geschichte auf die Quellen hin, die zugleich alle oder großentheils literarischen Kunstwerth besitzen. Im Mittelalter fällt der letztere Vorzug meist weg und die ganze Frage wird eine Frage der Zeit und Gelegenheit bleiben. Eine knappe Auswahl aus den wichtigsten Historikern in einem mäßigen Band könnte für einzelne Freiwillige immerhin ein nützliches Hülfsmittel werden. Eine übertriebene Ausdehnung dagegen, wie sie wohl früher befürwortet wurde, läßt leicht die ganze Sache scheitern. Es sind mir praktische Fälle bekannt, wo strebende Primaner unter Leitung des Fachlehrers mit lebendigem Interesse Stücke aus Einhard's vita Caroli Magni und Annalen, aus Lambert, Adam von Bremen, Otto von Freisingen u. a. lasen. Aber verallgemeinern läßt sich, wie gesagt, ein solcher Brauch nicht. Es versteht sich, daß auch im Mittelalter die culturgeschichtliche Seite nicht unberücksichtigt bleiben darf, doch wird man auch hier als leitendes Gesetz weise Sparsamkeit und möglichste Verwebung des Zuständlichen in die Geschichte der Thaten festhalten müssen. Aber die Grundzüge des altgermanischen Staatslebens wie der mittelalterlichen Lehnsverfassung, Ritterthum und Städteleben müssen dem Schüler lebendig werden. Der heidnische Volksglaube, das Eingreifen des Christenthums und der Kirche in die deutsche Geschichte, das Mönchsthum, und die Entwicklung der Hierarchie, die verschiedenen Stufen der Baukunst in dieser Periode — alles dies hat der Unterricht anschaulich zu machen. Deutsche Literaturgeschichte des Mittelalters dagegen ist den deutschen Stunden zu überlassen und der Geschichtslehrer hat höchstens an das Erworbene zu streifen und zu erinnern.

Auch auf dieser Stufe setze ich fortgesetzte und gründliche Repetitionen der Alten Geschichte, des Secunda=Pensums, voraus. Es ist, bei getrennten Primen, dieser wichtigen Pflicht nicht zu viel Zeit gewidmet, wenn wöchentlich eine von drei Stunden für diesen Zweck verwandt wird. Denn es läßt sich erfahrungsmäßig in zwei wöchentlichen Stunden das deutsche Mittelalter in den knapperen Linien, in welchen ich mir den Stoff denke, ganz wohl bewältigen.

Die Neuere Geschichte fällt dem entwickelten Plane gemäß in die Oberprima, in das letzte Schuljahr. Ganz naturgemäß wird also das schwierigste Stück Arbeit der reiferen Bildungsstufe vorbehalten. Denn in der That bietet die Neuere Geschichte einer schulmäßigen, nicht auf akademische Standpuncte übergreifenden Behandlung augenscheinlich Hemmnisse, die in den Augen manches erfahrenen Schulmannes so groß sind, daß er lieber ganz auf diese Stoffe verzichten möchte. Aber es wäre doch eine halbe, defecte Ausrüstung für unser vaterländisches Leben und unsere Gegenwart, wenn die Schule gerade da stehen bleiben wollte, wo vor allem doch die Wurzeln unserer Zeit liegen. Wir stehen einfach vor einem Muß, und es gilt, dies Muß durch Methode und Geschick zu einer Möglichkeit zu machen. Die Schwierigkeit dieses Geschichtsabschnittes für die Schule liegt vor allem in zwei Puncten: in der Unmöglichkeit einer Anlehnung an die Quellen, wie sie für das Alterthum gegeben und für das deutsche Mittelalter zum Theil wenigstens möglich war; dann in dem Charakter der Neueren Geschichte, der eben unabänderlich der der Universalität ist, als solcher aber über den Gesichtskreis der Schüler weit hinaus zu gehen scheint. Dem erstgenannten Mangel läßt sich nur dadurch einigermaßen abhelfen, daß man im Unterrichte selbst bei den Hauptereignissen möglichst lebendig ins Detail geht, daß man hier und da ein Quellenzeugniß (z. B. aus Luthers reformatorischen Schriften, Fragmente aus Friedrich's des Großen historischen Werken, aus Mirabeau's Staatsreden u. a.) einwebt; endlich und vor allem dadurch, daß man den Schüler an den wichtigsten Puncten auf classische Geschichtswerke, besonders auch auf Biographien, verweist und diese Verweisung unterstützt durch nähere Anleitung, Nachfragen und die erforderliche Ausstattung der Schülerbibliothek. Unsere Geschichtschreibung ist jetzt so reich an solchen Werken, daß ich einzelnes kaum hervorzuheben nöthig habe.

Das zweite Bedenken ist an sich groß genug. Denn es scheint zu einem Widerspruch zu führen, wenn wir oben behaupteten, Weltgeschichte gehöre ausschließlich der Wissenschaft und der Universität, und nun doch diesen spröden, ungefügen Stoff auf dieser Stufe einschmuggeln wollen. Denn es bleibt wahr, national deutsch läßt sich die Neuere Geschichte unmöglich behandeln, wenn man sie nicht ihres Wesens und eigenthümlichen Charakters entkleiden, also zu einer Unwahrheit machen will. Es bedarf um aus diesem Dilemma herauszukommen, eines methodischen Mittelwegs, den der Verf. in dem dritten Theil seines historischen Hülfsbuchs versucht hat. Er hat dort durch eine leicht übersichtliche **Gruppenbildung** das Chaos der Thatsachen durchsichtig zu machen und durch Verschmelzung des universellen Charakters mit dem nationalen Gesichtspuncte zugleich dem vaterländischen Interesse sein Recht zu wahren gesucht. Er hat außerdem, um die Gefahr, ins Weite und Allgemeine sich zu verlieren, für den Schüler möglichst zu verringern und **die persönliche That** überall durchscheinen zu lassen, an allen entscheidenden Stellen das **biographische** Element besonders berücksichtigt. Solche Lebensbilder, die der Leitfaden zu skizziren, der Unterricht auszuführen hat, bringen in die Massenbewegungen ethischen Halt und gesteigerten Antheil, ja oft sind sie geradezu die Lichtpuncte und Wärmeleiter für den Schüler. Es giebt historische Persönlichkeiten, wie Luther, Hutten, Cromwell, Friedrich d. Gr., der Minister vom Stein u. a., deren Lebensbilder zu sprechendster Evidenz gebracht werden müßen.

Was jene **Gruppenbildung** anlangt, so verstehen wir darunter eine auf den durchgreifenden Richtungen der Neueren Geschichte beruhende Theilung, die sich ganz natürlich als eine **dreifache** ergiebt: das Zeitalter der Reformation, der absoluten Monarchie, der Revolution. Innerhalb dieser drei Hauptgruppen lassen sich leicht und übersichtlich alle die Ereignisse unterbringen, die überhaupt für den Standpunct der Schule fruchtbar und zuläßig sind. So fallen, um nur beispielsweise die Untertheile unseres Hülfsbuchs zu nennen, 1. unter das Zeitalter der Reformation a) Die Reformation in Deutschland. 1517—1555, b) Der Abfall der vereinigten Niederlande von Spanien. 1559—1609, c) Der dreißigjährige Krieg. 1618—1648, d) Die englische Revolution. 1688; 2. unter das Zeitalter der absoluten Monarchie: a) Zeitalter Ludwigs XIV. von Frankreich. 1661—1715, b) Zeitalter Peters des Großen von Rußland. 1689—1725, c) Zeitalter Friedrichs des Großen von Preußen. 1740—1786; 3. unter das Zeitalter der Revolution: a) Frankreich als Republik. 1804, b) Frankreich als Kaiserreich (bis zur Höhe seiner Macht). 1812, c) Der europäische Freiheitskampf gegen Frankreich. 1813—1815, d) Deutschlands Erhebung bis 1871.

Diese Theilung empfiehlt sich, dünkt mich, durch ihre Einfachheit und Natürlichkeit, indem sie in die Geschichte nichts hineinträgt, vielmehr das Gesetz aus ihr entwickelt. Sehr wichtig ist es, eine solche Theilung von vornherein dem Schüler zum völligen Verständnis zu bringen, so daß sie der Schlüssel zum Ganzen und ein stets gegenwärtiger Anhalt für das Gedächtnis wird.

Die Frage, wie weit culturgeschichtlicher Stoff in die Neue Geschichte hereinzuziehen sei, wird sich nach den oben aufgestellten allgemeinen Gesichtspuncten regeln müßen. Auch hier hat die Culturgeschichte nicht als selbständiges Glied, oder gar als ballastartiges Anhängsel zu erscheinen. Eine ganze Reihe großer Culturfragen liegt in den Ereignissen selbst. Kein Schüler darf diese lehrreichen Jahrhunderte verlassen, ohne einen bestimmten Eindruck mitzunehmen von dem Wesen und Gang einer religiösen Bewegung nach Ursprung, Steigen und Fallen, von Volksbewegungen, in denen sich zu dem religiösen Element das politische gesellt oder zu dem politischen das sociale, und deren Ausartung unfehlbar den Rückfall in ihr Gegentheil hervorruft; von der befreienden Gegenwehr einer unterjochten Nationalität gegen ihren Unterdrücker; von dem Werden und Einwurzeln gesetzlicher Freiheit, von der zeitlichen Nothwendigkeit des Entstehens und Verschwindens unbeschränkter Fürstengewalt, von der Losreißung mündig gewordener Colonien von dem Mutterlande u. s. w. Das verstanden zu haben, diese Gesetze geschichtlicher Bewegung, das heißt Culturgeschichte im besten Sinne. Diese historische Bildung hat dabei geradezu eine **praktische** Bedeutung. Der evangelische Schüler **muß** für die Gründung einer festen Ueberzeugung einen tieferen Einblick in die Kirchenreformation erhalten und allseitiger, freier, als die Religionslehre ihn zu geben vermag, — und steht es bei dem katholischen, wenn auch aus anderen Motiven, nicht gerade so? — und der junge Preuße, ja der deutsche Jüngling muß lernen, wie die Grundfesten des neuen Reichs in dem norddeutschen Sonderstaate gelegt wurden. Preußische Geschichte apart auf höheren Schulen zu treiben, darf auch für diese Zeit jetzt ein veralteter Standpunct heißen; im Zusammenhang mit der allgemeinen Geschichte ist es eine unumgängliche Pflicht.

Aber auch außer diesen allgemeinen culturgeschichtlichen Momenten sind in Verbindung mit der Staatengeschichte culturgeschichtliche Stoffe in knapper Bemessenheit aufzunehmen. So sind die Zustände des Reichs und der Kirche vor der Reformation eingehend zu charakterisiren, die Motive und die Erfolge des Abfalls der Niederlande führen gleichfalls auf innere Verhältnisse. Zustände schaffen eben politische Bewegungen und werden wieder von ihnen geschaffen. Daß in der Glanzzeit der englischen Geschichte unter Elisabeth von Shakespeare ein Wort gesagt wird, ist ebenso selbstverständlich, wie daß das Zeitalter Ludwigs XIV. auch in seinen friedlichen Lebensäußerungen (Hofleben, französische Kunst, Literatur und Wissenschaft, Staatsverwaltung, kirchliche Verhältnisse), die doch auch wie ein stiller Eroberungszug durch die Welt gehen, vor das Auge des Schülers tritt. Und diese friedlichen Bewegungen treten doch als Ausflüsse, also wieder als Thaten des Selbstherrschers auf. Und wenn in diesem Zusammenhang von Racine, Molière, Corneille u. s. w. die Rede sein mußte, so haben in noch höherem Grade die geistigen Vorboten der Revolution, Voltaire, Rousseau, Montesquieu, auch politisch-socialen Charakter. Die deutsche Literatur kann höchstens an charakteristischer Stelle gestreift werden; materiell gehört sie nicht in die historischen, sondern in die deutschen Stunden. Aus der Kunstgeschichte wird man sich auch auf einzelne exempla der Epochen beschränken müssen, wo die Kunst als ein lebendiges Glied eines gehobenen National- oder Culturlebens unmittelbar hervortritt. Von dem Zeitalter Ludwigs XIV. war in dieser Beziehung schon die Rede; das Gleiche gilt von der Periode Rafaels, Michel Angelos, A. Dürers u. s. w., das Gleiche von der niederländischen Kunst nach der glorreichen Erhebung gegen Spanien. Von dem großartigen Aufschwung der deutschen Kunst in Architektur, Malerei und Sculptur in unserm Jahrhundert (Cornelius, Overbeck, Schnorr, Rauch, Schinkel, Veit u. s. w.) könnte am Abschluß der Befreiungskriege ein Wort gesagt werden.

Die Frage, ob die Schule der Neueren noch eine Neueste Geschichte anzufügen habe, beantwortet sich heute leicht und wie von selbst. Vor zehn Jahren noch machte der Unterricht in der Regel am Ausgang der Befreiungskriege, anno 1815 Halt, wenn auch die gangbarsten Lehrbücher in jeder neuen Auflage immer bis auf die Gegenwart herabgiengen. Es zeugte damals von gesundem Takt, überhaupt einen Abschluß zu gerade diesen zu suchen. So schloß für das Bewußtsein des Schülers die Neuere Geschichte mit einem gewaltigen Schlußpuncte ab, der ebenso sehr von nationalem wie von universalem Gewichte war. Von dem folgenden Halbjahrhundert nahm man mit Recht an, daß es mit seinem Gewirr ungelöster Fragen und bei seinem verwickelten und unbefriedigenden Charakter sich dem Verständnis des Schülers entziehe. Das ist nun anders geworden. Was damals durch die Natur der Dinge verboten schien, das ist heute geboten. Der Unterricht kann unmöglich mehr stille stehn bei dem Abschluß der Freiheitskriege, er muß den Abschluß des neudeutschen Reiches erreichen. Dieser Satz bedarf zu seiner Begründung nicht weiterer Worte. Auch ist er jetzt wohl allerseits anerkannt. Aber mit dieser Anerkennung erhebt sich sogleich die große Schwierigkeit, wie man praktisch und methodisch jener Forderung gerecht werden soll. Wenn man früher den historischen Stoff von 1815 bis 1864 oder 1870, und zwar den deutschen ebenso gut wie den außerdeutschen, ungeeignet, ja völlig unverwendbar fand für den Schulbedarf, soll nun, wenn uns der unwiderstehliche Drang und Zwang der Dinge nöthigt, bis 1871 vorzugehen, damit zugleich jenen Stoffen doch Thor und Thür aufgethan werden? Jene Stoffe auch nur in einiger Ausführlichkeit zu verwenden bleibt vor wie nach unpädagogisch, und jeder Versuch, sie den Schülern der obersten Gymnasialclasse gleichwohl vorzuführen, wird sich aus Mangel an verfügbarer Zeit und an günstiger Tragfähigkeit der Jugend als undurchführbar erweisen. Hüten wir uns

Geschichte. **Geschichte und Geographie in der Volksschule.**

hier vor dem verderblichen Encyklopädismus, an welchem unsere Zeit und unsere Schulen schon tief genug kranken.

Es kann kaum eine Frage sein, was wir der Neuesten Geschichte gegenüber zu thun und zu lassen haben. Die Kriegs= und Siegesjahre 1870 und 1871 wurden aus nationalem Interesse, als Abschluß einer nationalen Entwicklung, in den Bereich der Schulbildung aufgenommen. Dieser Standpunct ist bei der Auswahl des Stoffes für die Neueste Geschichte lediglich festzuhalten. Deutschlands Entwicklung blieb 1815 wie ein Fragment, wie ein Provisorium stehen; es müßen die Brücken geschlagen werden zu dem Definitivum des neuen Reichs. Die Zwischenereignisse zwischen beiden Zeitpuncten sind nur insoweit zu berücksichtigen, als sie dieselben verbinden. Hiermit ist ein bestimmtes Princip und eine bestimmte Schranke gewonnen. Es ist dabei nur nöthig, die wichtigsten gemeingeschichtlichen Vorgänge dieser Zeit namentlich und soweit sie Deutschland berühren oder darauf einwirken, durchscheinen zu lassen. Damit ist dem Bedürfnis der Schule genuggethan, wenigstens insoweit man ex officio zu handeln hat. Ein etwaiges Mehr bleibt der eigenen Neigung des Schülers und seiner Lectüre überlassen. Es würde sich die genannte Periode deutscher Geschichte dann am einfachsten in drei Theile zerlegen lassen, in die Abschnitte von 1815—1848, von 1848—1864, von 1864—1871, mit dem dänischen, deutschen und französischen Krieg. Der Frieden vom 10. Mai 1871 würde das Ganze abschließen. Der Culturkampf gehört natürlich nicht in ein Schulbuch.

Man darf erwarten, daß bei geschickter Ausführung dieser methodischen Grundlinien eine wirklich geschichtliche Bildung auf unseren Gymnasien erreicht werde. Vor Ueberschätzung dieser Lehrstunden und vor übertriebenen Hoffnungen wird man sich freilich hüten müssen. Die Fülle intensiver Bildungskräfte, wie sie der altsprachliche Unterricht in Grammatik, Lectüre und Stilübungen birgt, bietet der historische natürlich nicht, da er ein überwiegend receptives Verhalten voraussetzt. Aber er ergänzt sowohl und faßt zusammen die zerstreuten Kenntnisse vom classischen Alterthum, als er darüber hinausgreifend zeigt, daß nicht bloß Griechen und Römer die Cultur der Menschheit vertreten. Die Schule hat sich außerdem gegenwärtig zu halten, daß gerade diese Aufgabe wesentlich durch mitwirkende Factoren erreicht werden muß. Die beste Geschichtsschule, wie für das Volk so für die Jugend, ist eine politisch und patriotisch gehobene Gegenwart, eine lebendige Volksgemeinschaft, aus welcher der Einzelne gern in die Vergangenheit, ihre Ehren wie ihre Erniedrigungen, zurückschaut, weil er ohne Scham und mit freudigem Stolz für das Gewordene die Wege des Werdens erfragen darf. Die Häuser und Familien müssen durch Gesinnung und Anregung unsere Jugend auch hier, ja hier ganz besonders innerlich fördern helfen. Wenigstens für die vaterländische Geschichte. Es giebt dem Vaterlande gegenüber fast eine religiöse Stimmung, die weniger von den Schulbänken und Kathedern herab, als in der Wärme des Familienlebens groß gezogen wird. Ueber häusliche und Privatlectüre in dieser Richtung, über Schülerbibliotheken und deren Verpflichtung, für einen Kanon geschichtlicher Musterbücher zu sorgen, ist oben andeutungsweise gesprochen worden. Daß auch patriotische Feste mit ihrem idealen Gehalt zu dem gewünschten Ziele mitwirken können, bedarf kaum des Wortes. Große vaterländische Fest= und Gedenktage haben ja an sich einen geschichtlichen Hintergrund, und die Schule braucht nur diesen Hintergrund zu beleben, um auf empfängliche Geister dauernde Wirkung hervorzubringen. Wir sind in den letzten Jahrzehnten, nicht am wenigsten unter der Förderung des neu erwachten geschichtlichen Sinnes, in diesem Unterrichte einen Schritt weiter gekommen. Hüten wir uns, durch Uebermaß und Verstiegenheiten wieder Rückschritte zu machen.

Dr. **Wilhelm Herbst.**

Geschichte und Geographie in der Volksschule. — Daß diese beiden Unterrichtsfächer in einem Artikel zusammengenommen werden, scheint kaum einer Rechtfertigung zu bedürfen, da sie, was ihre Berechtigung in der Volksschule, ihren Stoff, den Zweck, den Umfang und die Methode des Unterrichts und den Geist, in welchem dieser ertheilt werden soll, anbelangt, so enge mit einander verwandt sind, daß es nur bei einem starren und unmethodischen Verfahren möglich wäre, jede Beziehung des einen Unterrichtsfaches auf das andere bei Seite zu setzen, wie denn auch in vielen Anleitungen zum Unterricht in der Volksschule und in manchen für diesen bestimmten Lehrbüchern und Lesebüchern beide Fächer mit einander verbunden sind. Gleichwohl scheint es angemessen, diese Verbindung hier nicht von Anfang an festzuhalten, sondern zuvor das einzelne Lehrfach abgesondert von dem andern zu besprechen und erst zuletzt auf ihre Verbindung miteinander überzugehen, theils weil doch nicht immer, was von dem einen zu sagen ist, auch ebendamit von dem anderen gilt, theils weil dadurch die Sache klarer und vor Mißverständnis besser bewahrt sein wird, theils endlich, damit Lehrer, welchen es zunächst nur um ein Urtheil über das eine zu thun ist, nicht genöthigt sind, auch über das andere alles zu lesen.

Die Geschichte, als das idealere, mehr die höheren Geisteskräfte und das Gemüth und den Willen bildende Unterrichtsfach stehe voran.

Die deutsche Volksschule hat eine Seite des historischen Unterrichts längst in ihre Unterrichtskreise aufgenommen, seit Joh. Hübner im Anfang des vorigen Jahrhunderts für die biblische Geschichte so Bahn gebrochen hat, daß sie nach und nach nicht nur ein obligates Unterrichtsfach geworden ist, sondern auch mit Recht für einen der wichtigsten und bildendsten Unterrichtsgegenstände erklärt wird. Dagegen wird der sog. profanen Geschichte, so nahe ihre Beziehung zur heiligen Geschichte liegt, doch erst in neuester Zeit der Eintritt in die Volksschule, und zwar nur da, wo der Zustand und das Streben derselben überhaupt gehobener ist, gestattet. Während in anderen Ländern, z. B. in Frankreich, in England, in der Schweiz, die vaterländische Geschichte und die auf diese bezüglichen Partien der Weltgeschichte als wichtiger und integrirender Theil des Volksschulunterrichts längst angesehen und behandelt werden, hat man sie in Deutschland bis in die neuere Zeit ganz außer Augen gelassen. An Ursachen dieser Hintansetzung hat es freilich nicht gefehlt. Die einen wollten das „Profane" überhaupt von der Volksschule ferne halten; diese sollte damit vor Verweltlichung bewahrt werden, als ob nicht der den Lehrer regierende Geist oder Nichtgeist, sondern irgend ein nicht specifisch religiöses Unterrichtsfach diese Verweltlichung herbeiführte; es sollte ihr somit ein ausschließlich kirchlicher Charakter bewahrt werden, während doch schon im Sinne der Gründer der Volksschule und gemäß den Forderungen der wachsenden Volkscultur, der Unterricht in Schreiben und Rechnen unbeanstandet blieb. Andere wurden durch die Eigenthümlichkeit der Geschicke Deutschlands und der einzelnen deutschen Staaten so in Verlegenheit gebracht, daß sie es nicht für möglich hielten, die Geschichte derselben zu lehren, wie es die Volksschule erfordern würde, da die innere Zerrissenheit Deutschlands, die fortwährenden Feindseligkeiten deutscher Fürsten und Stämme gegen einander, die öfter wiederkehrenden Grenzveränderungen, die tausendfach wechselnden Beziehungen einzelner Stämme und des Ganzen zum Auslande u. dgl. allerdings einer volksthümlichen Behandlung der Geschichte nicht geringe Schwierigkeiten entgegenstellen. Doch sollte man meinen, daß diese wie bei dem höheren Geschichtsunterrichte, so auch bei dem Volksschulunterricht sollten zu überwinden gewesen sein. Freilich drangen auch die Regierungen und Behörden im 18. Jahrhundert noch nicht auf die Einführung eines solchen Unterrichts, theils weil die Schulen überhaupt noch auf einer zu niedern Stufe sich befanden, theils weil man da und dort eine Unwissenheit des Volkes bis zu einem gewißen Grade und in gewißen Dingen, namentlich in historischen, für ganz erwünscht, ja für nothwendig ansah. Selbst aber bei dem Aufschwung, den das Volksschulwesen seit dem Ende des vorigen Jahrhunderts allmählig nahm, wußte man für den Geschichtsunterricht in der Volksschule kaum eine Stelle zu finden, geschweige denn ihn für nothwendig zu erklären; was wohl großentheils daher kam, daß der Haupturheber dieses Aufschwungs, Pestalozzi, gerade die Geschichte zu wenigsten aus seinen drei „einzigen unveränderlichen Elementarmitteln der intellectuellen Bildung" abzuleiten wußte. Darum blieb auch die Literatur lange Zeit arm an tauglichen

Geschichte und Geographie in der Volksschule.

lichen Lehrbüchern und Lehrmitteln der Geschichte für die Volksschule, und die armseligen Skizzen und Zahlen- und Namen-Verzeichnisse, welche man Lehrmittel der Geschichte nannte, konnten keineswegs die erforderlichen Dienste leisten. Wenn demungeachtet da oder dort einiger Unterricht in der Geschichte in besseren Volksschulen ertheilt wurde, so war doch die allgemeinere Einführung desselben erst der neuesten Zeit vorbehalten, welche die Lesebücher für die Volksschulen ins Leben rief. Denn zugleich ist man auch allmählich in weiteren Kreisen zu der Einsicht von der Bedeutung dieses Unterrichtsfaches für die gesammte Volksbildung gekommen. So wahr es nämlich ist, daß die heilige Geschichte aller anderen Geschichte weit vorgeht: so wenig darf verkannt werden, einmal daß jene in ihrem ganzen Umfang und ihrer großen Bedeutung gar nicht recht aufgefaßt und verstanden werden kann ohne einige Kenntnis der Geschichte derjenigen Völker, mit denen das Volk des A. B. in nähere Berührung gekommen, und ohne einige historische Einsicht in den Zustand der bekannten Welt zur Zeit Jesu und der Apostel. Aber auch der große Einfluß auf die Bildung des sittlichen Urtheils, der Phantasie, des Gemüths und Willens, den man mit Recht der heiligen Geschichte zuerkennt, darf der Profangeschichte nicht ganz abgesprochen werden, da sie wie jene als Werk dessen erscheint, der mit wunderbarer Weisheit und heiliger Liebe die Geschicke der Völker wie der Einzelnen in seiner Hand hält und indem er die Menschheit ihrem erhabenen Ziele entgegenführt, sich in seiner Größe und Herrlichkeit offenbart; und da in dieser wie in jener sowohl große, der Achtung und Liebe aller Nachwelt würdige Charaktere auftreten, als auch das Schlechte und den Absichten Gottes Widerstrebende in seiner Verwerflichkeit und von Gott gerichtet sich darstellt. Ueberdies soll die Geschichte des Vaterlandes insbesondere nicht nur keinem Bürger eines civilisirten Staates ganz fremd sein, sondern ist auch das kräftigste Mittel die Verhältnisse der Gegenwart im rechten Lichte anzusehen, das Gute, das nach und nach zu Stande gekommen, dankbar zu schätzen, die Gebrechen, an welchen die Gegenwart leidet, ohne Leidenschaft zu beurtheilen, die richtigen Wege zur allmählichen Abhülfe zu erkennen und die Gemüther an die Heimat und das Volk, dem wir angehören, anhänglich und dafür opferwillig zu machen, kurz die rechte Vaterlandsliebe zu wecken und zu bilden. Daß dies noth thut, leugnet wohl keiner, der unser Volk kennt und durch die Geschichte der neuesten Zeit klug geworden ist, oder der es weiß, was andere Völker in dieser Richtung gethan haben und noch thun. Die alten Juden haben lange ganz in der Geschichte ihres Volkes gelebt; es war ein Hauptgeschäft der Propheten, diese dem Volke immer wieder ins Gedächtnis zu rufen und ans Herz zu legen, und erst als es die Geschichte der Väter vergaß oder sich ihrem Einflusse verschloß, kam das Unglück über dieses Volk in Strömen herein. Die alten Griechen und Römer ließen nicht nur die Jünglinge, welche zu höherer Bildung berufen waren, die Geschichte ihres Volkes lernen, sondern sie suchten auch das gesammte Volk in Dichtung und Prosa damit bekannt zu machen und im Herzen dadurch für das Vaterland zu erwärmen. Sollten wir das nicht von ihnen lernen? Und wenn heutzutage außerhalb Deutschlands nicht nur allgemeine Feste vaterländischer Ereignisse gefeiert werden, die in Rußland sogar den kirchlichen Festen ziemlich gleich stehen, wenn nicht nur die Kunst durch Wort, Pinsel und Meißel die Thaten der Väter dem Volke vor Ohren und Augen führt und im Gedächtnis erhält, sondern auch in manchen Ländern, wie in Frankreich, in England, in der Schweiz, mit Nachdruck darauf gedrungen wird, daß in der Volksschule die vaterländische Geschichte den Kindern eingeprägt werde; so weiß man in diesen Staaten wohl, was man damit will, und thut wohl daran. Aber wir Deutsche dürfen ohne unseren eigenen größten Schaden darin nicht zurückbleiben, unser Volk nicht in Unwissenheit über seine Geschichte lassen, als wären wir Wilde, die keine Geschichte haben. Sage man doch nicht, ein guter Christ sei von sich selbst auch ein guter Bürger des Staats, darum dürfe man nur das Christenthum im Volke recht pflegen, um dieses auch in politischer Beziehung auf den richtigen Weg zu bringen. Allerdings hütet sich ein echter Christ vor allem Unrecht, giebt Ehre, dem Ehre gebührt, Zoll, dem Zoll gebührt, hat die Brüder lieb und ehret den König. Aber die Vaterlandsliebe muß außer diesem noch einen anderen Factor haben, und dieser ist, weil man nur das lieben kann, was man kennt, kein anderer als die vaterländische Geschichte (und Geographie). Und in der That hat bei uns Teutschen schon die Schule den Beruf, das Volk mit unserer Vergangenheit bekannt zu machen und den Sinn für die Geschichte zu wecken, so daß dann auch die Erwachsenen sich mehr und zweckmäßiger mit derselben beschäftigen, als es bisher geschehen ist.

Wenn in dem Bisherigen die Bedeutung und der Zweck des Geschichtsunterrichts in der Volksschule richtig dargestellt ist, so ergiebt sich daraus fast von selbst, was aus dem großen Gebiete der Geschichte für diesen Unterricht auszuwählen sei. Denn ein zusammenhängender vollständiger Unterricht in der Weltgeschichte ist für die Volksschule weder möglich noch nöthig. Jeder Versuch eines solchen Unterrichts scheitert, die Möglichkeit von Seiten des Lehrers vorausgesetzt, sowohl an dem Mangel an Zeit als an der Fähigkeit der Schüler, ihn zu fassen und eine Uebersicht über das Ganze zu gewinnen. Es läßt sich nicht durchführen, mag man nun nach der gewöhnlichen Weise die Geschichte ordnen und abtheilen, oder, damit dieser Unterricht sich mehr an die Bibel anschließe, nach Daniel 7. Kap. (Südd. Schulbote 1860) oder nach sonst beliebigen Eintheilungsgründen. Auf diese kommt es überhaupt viel weniger an, als auf das gegebene Maß von Zeit und die jeweilige Kraft der Schüler. Wollte man aber, um möglichst umfassend und vollständig zu verfahren, eine skizzenhafte Uebersicht von Namen und Jahreszahlen geben, wie es früher öfter geschehen ist, und diese etwa von den Schülern auswendig lernen lassen, so wäre es zwar möglich, mit der Anzahl zum Ziele zu kommen; aber es wäre völlig vergeblich gearbeitet. Denn Namen und Zahlen sind noch nicht Geschichte; das Urtheil, das Gemüth und der Wille der Schüler wird durch sie nicht gebildet, und statt der Vaterlandsliebe wird in den so geplagten Schülern nur ein Widerwille gegen alle Geschichte gepflanzt; nicht einmal das Gedächtniß hat wahren Gewinn davon, denn Namen und Zahlen, ein Gerippe ohne Fleisch und Blut, sind selbst für die formale Uebung des Gedächtnisses wohl der unpassendste Stoff, und nach wenigen Jahren ist alles vergessen, ohne irgend welchen Niederschlag im Geiste zurückzulassen. Wenn aber ausgewählt werden muß, so fragt es sich, welche Partien und Seiten der Geschichte den Vorzug haben sollen, ob alte, mittlere oder neue Geschichte, ob Fürsten- oder Volks-, ob Kriegs-, Cultur-, Kirchen-, Literatur-, Kunstgeschichte u. s. w. gelehrt werden soll. Die Antwort liegt nahe. Keines von allen soll allein getrieben und keines von allen soll ganz aus dem Auge gelassen werden. Was den von selbst gegebenen Wissenskreis des Volkes berührt und mehr Licht in ihn zu bringen geeignet ist, was in näherer Beziehung zu den Verhältnissen und dem Leben des Volkes steht, was besonders geeignet ist, den Geist, das Gemüth und den Willen der Volksjugend zu bilden, dieses aus dem großen Gesammtgebiete der Geschichte gehört ohne Zweifel in die Volksschule. Dürfen wir darum, schon um die heilige Geschichte verständlich zu machen, die Hauptsachen aus der alten Geschichte, namentlich aus der Geschichte des ägyptischen, assyrisch-babylonischen, medisch-persischen, macedonisch-griechischen und römischen Reiches nicht übergehen, so ist aus der mittleren Geschichte die Ausbreitung des Christenthums, die allmähliche Gestaltung der wichtigeren europäischen Staaten, die Entstehung und Ausbreitung des Mahomedanismus, der Kampf zwischen Kirche und Staat, die Geschichte der Kreuzzüge, die Entdeckung Amerika's, die Erfindung des Schießpulvers und der Buchdruckerkunst und besonders die Reformation hervorzuheben, und aus der neuen Geschichte der dreißigjährige und der siebenjährige Krieg, die napoleonischen Kriege mit ihren Folgen für ganz Europa, besonders aber für Deutschland, die religiösen Bewegungen in verschiedenen Kirchen, die neuere Liederdichtung, besonders die religiöse, überhaupt die Fortschritte der Kunst nach verschiedenen Richtungen, die Erfindung der Dampfschifffahrt, Eisenbahnen, Telegraphen &c. mit ihren Folgen für das sociale und gewerbliche Leben ebensowohl, wie für das politische und wissenschaftliche, die nähere Bekanntschaft mit den Ländern und Völkern derer Erdtheile und die Ausbreitung des Christenthums unter ihnen. Was von diesem allem dürfte entbehrt und völlig übergangen werden? Wird auf diese Weise der Blick des Schülers nach den verschiedensten Seiten gerichtet und in der mannigfaltigsten Weise erweitert, so ist es indessen doch das eigene Vaterland, das weitere und das engere, und die Kirche des eigenen Glaubensbekenntnisses und die Sache des eigenen Standes der Schüler, wobei der Geschichtsunterricht länger und ausführlicher zu verweilen hat. Manches wird sich schon an die Heimatskunde anknüpfen lassen, an Denkmale, Gebäude, Ruinen u. dgl. Bei diesem großen Vorrath von Stoff aber, der sich so dem Lehrer aufdrängt, ist es nothwendig, denselben so zu ordnen und zu gestalten, daß immer die Hauptsachen in einen Mittelpunct möglichst zusammengedrängt werden, zugleich aber die Darstellung so viel als möglich lebendig, anschaulich und für Gemüth und Willen bildend wird. Hiefür empfiehlt sich, wo sie zulässig ist, vornehmlich die biographische Form. Für das Volk und für die Jugend gebührt ihr weitaus der Vorzug. Die Geisteskraft des Schülers, welche bei dem Geschichtsunterrichte vorzugsweise thätig ist, ist nicht das Begriffsvermögen und die Urtheilskraft; es kann sich nicht darum handeln, die einzelnen Ereignisse und ihre Ergebnisse mit der Schärfe des Quellenforschers festzustellen und in die Gesammtgeschichte einzureihen, ihre näheren und entfernteren Ursachen und Folgen in ihrem ganzen Umfang und ihrer vollen Bedeutung auszumitteln u. s. w.; ein solcher Unterricht, der über das Ziel weit hinausschöße, würde ohne Anklang und Halt bei den Schülern sein. Vielmehr ist es die Einbildungskraft des Schülers, die sich der Geschichte zuwendet und am meisten in Anspruch genommen werden muß. Diese aber will nicht bloß Begebenheiten sammt ihren Ursachen und Folgen vor sich haben, sondern einzelne hervorragende Gestalten, Personen, die das Interesse des Gemüths auf sich ziehen, die unter göttlicher Leitung groß werden und Großes wirken, oder auch durch eigene Schuld sinken, sammt ihren Werken dahinschwinden und dem Gerichte Gottes unterliegen. Das haben wir für den Geschichtsunterricht von der Bibel zu lernen, deren ganze Geschichte an Personen sich anschließt, biographisch sich gestaltet. Eine Person ist es immer, die in den Vordergrund tritt, an der alle guten oder schlimmen Eigenschaften und Thaten, alles erfolgreiche oder erfolglose Streben in hellen Farben hervortritt, an der sich die Geschichte eines Zeitabschnitts entwickelt, während die Seiten und der Hintergrund des Gemäldes den Zustand und die wesentlichen Verhältnisse der Zeit darstellen. So sollte, so weit es möglich ist, auch die Weltgeschichte in der Volksschule getrieben werden, und an Versuchen solcher biographischen Darstellung ist die neuere Literatur nicht mehr arm. Freilich kommen mitunter auch wieder Partien, für welche es an hervorragenden und darstellungswürdigen Persönlichkeiten fehlt: in solchem Falle aber, z. B. der Geschichte der Erfindungen, hat die Sache selbst den Mittelpunct so zu bilden, daß die Darstellung sich zur Biographie des erfundenen Gegenstandes gestaltet. Es versteht sich hiebei von selbst, daß zu einem lebendigen Bilde, das der Lehrer in solcher Weise zu geben hat, keineswegs eine Ausführlichkeit nöthig ist, welche auch unbedeutende Ereignisse, Beziehungen und Charakterzüge nicht übergehen zu dürfen meint, sondern daß es darauf ankommt, in möglichst gedrängter Weise und in wenigen wesentlichen Zügen die Persönlichkeit und ihre Zeit recht anschaulich darzustellen. Dazu dienen aber manchmal scheinbar unwesentliche Züge besser als lange Auseinandersetzungen, (man denke z. B. an Karls d. Gr. Kleidung, Körperstärke, an das Ei des Columbus); auch einzelne Anekdoten mögen hie und da gerechtfertigt sein, sofern sie mit wenigem die Person in das rechte historische Licht stellen, während die eigentliche Anekdotenjagd beim Unterricht nur zerstreut, der Sache Ernst und Würde raubt und Gemüth und Willen der Schüler wenig zu bilden geeignet ist. Nicht Anekdoten sind es, sondern eine kräftige, ernste, aber lebendige und ergreifende Darstellung der Person in großen und doch ganz speciellen Zügen ist es, welche, wie es beim Lesen der griechischen und römischen Classiker uns in der Jugendzeit widerfahren ist, den Knaben so erfaßt, daß er in seinem Herzen aufjauchzt, den Mann, der mit seinem Charakter, seinem Schicksal und seinen Thaten ihm vor die Seele getreten ist, anstaunt, den Gegnern desselben bitter zürnt und sich so in seinen Helden hineinlebt, daß er auch spielend und träumend seine Rolle übernimmt. — Man hat schon viel darüber verhandelt, ob bei dem historischen Unterricht in der Volksschule auch Urtheile über Rechtmäßigkeit oder Unrechtmäßigkeit einer Handlung, über gute oder böse Eigenschaften und Thaten am Orte seien. Es liegt auf der Hand, daß lange Untersuchungen über solche Fragen, gleichviel ob in akroamatischer oder erotematischer Lehrform, für die Volksschule nicht taugen; aber ebenso gewiß ist es, daß eine Darstellung, welche die vorhin bezeichnete Wirkung haben soll, nicht anders möglich ist, als wenn der Lehrer selbst zum voraus für oder wider den Mann, den er sich zu schildern vornimmt, Partie nimmt und das ganze Gemälde, das er vor den Schülern entwickelt, von selbst und scheinbar unwillkürlich ein sittliches Urtheil ist.

Besonders ist nun aber hervorzuheben die unerläßliche Forderung, daß die geschichtliche Darstellung durchaus w a h r sei. Denn eine Geschichte, die nicht wahr ist, ist keine Geschichte, und eine Darstellung, die die Begebenheiten und Personen anders wendet und schildert, als sie in der Wirklichkeit gewesen sind, ist keine geschichtliche Darstellung, sondern — um der Sache den rechten Namen zu geben — eine Lüge. Wie dürfte aber der Unterricht sich mit Lügen beschäftigen und der Lehrer vor den Schülern sich solcher schuldig machen? — Und dennoch kommt der Lehrer oft und unversehens in diesen Fehler, besonders in der vaterländischen, vielleicht auch in der Religionsgeschichte. Das Streben, das Vaterland in den Augen der Schüler zu verherrlichen und Liebe zu demselben in ihren Herzen zu wecken, ist schon vielfältig in Conflict mit der Wahrheit gekommen, indem man alle Schattenseiten vorsichtig verborgen und überall nur Lichtseiten gezeigt, indem man, um eine lange Reihe edler Fürsten zu zeigen, ihre Fehler und Schwächen völlig verhehlt und dafür gute Eigenschaften ihnen entweder rein angedichtet oder doch die, die sie wirklich hatten, so vergrößert hat, daß sie ganz und allein in dem Nimbus derselben sich darstellten; oder indem man Kriege, Ländererwerbungen, Anordnungen und Einrichtungen, so verwerflich sie auf wahrhaft sittlichem Standpuncte sind, nur darum als dankens= und ruhmeswerth darstellt, weil sie vom Vaterland ausgegangen sind, dagegen alle zum Theil wohlverdienten Züchtigungen desselben durch fremde Mächte für grobes Unrecht und Verbrechen erklärt. Es ist in der That sehr zu bedauern, daß Lehrbücher der Geschichte für die Hand der Schüler und sogar eingeführte Lesebücher sich den Vorwurf zuziehen, daß sie unter Eitelkeit schmeicheln, und selbst einzelne Regierungen durch Anordnung einer „obligaten Vaterlandsgeschichte" wähnen, das Volk, indem es so falsch belehrt und betrogen wird, für ihre Zwecke und für das Vaterland wahrhaft zu gewinnen. „Lasset uns Böses thun, daß Gutes herauskomme!" ist ein längst gerichteter Grundsatz, und eine Vaterlandsliebe, welche auf Lüge gegründet ist, wird nie eine wahre sein, welche auch in Gefahr und Noth, wo sie sich eben bewähren sollte, Stand hält. Ebenso ist es aber auch in der Religionsgeschichte. Wie oft schon ist hier das Große und Edle absichtlich und wissentlich mit Unwahrheit besudelt und in den Koth getreten, das Gemeine, Selbstsüchtige und Feindselige dagegen bemäntelt und verherrlicht, aus Finsterniß Licht und aus Licht Finsterniß, aus Sauer Süß und aus Süß Sauer gemacht worden, — und das alles in majorem Dei gloriam! Was auf diese Weise im mündlichen Belehre und in Schriften gesündigt wird, das pflanzt sich unwillkürlich in manche Seele fort, und so wird statt der Einsicht und Erkenntniß der Wahrheit allerlei Irrthum und falsches Urtheil, statt der Liebe unbilliges Richten und Anfeinden, statt des lebendigen Glaubens starres Halten am Buchstaben und leidenschaftliches Streiten für vorgefaßte Meinungen gewirkt. Wer vermag den Schaden wieder gut zu machen, der so in jungen Gemüthern angerichtet wird, und wer will da seine Achtung wahren und sein Gedächtniß im Segen erhalten, falls früher oder später der in der Schule verübte Betrug entdeckt wird? — Kaum wird es hiebei der Bemerkung bedürfen, daß die Pflicht der Wahrhaftigkeit im historischen Unterricht nicht darin besteht, daß gar nichts übergangen und auch der kleinste Punct im Charakter einer Person hervorgehoben oder gar die Geschicht aus den ersten Quellen erforscht und kritisch untersucht werde, sondern darin, daß ohne Einseitigkeit und Leidenschaftlichkeit die angesehensten und gewissenhaftesten Zeugen der Geschichte gehört und benützt, die Grundzüge der Charaktere, Handlungen und Verhältnisse richtig dargestellt und alles mit einer Milde und Liebe behandelt werde, welche sich zur Entschiedenheit der Lebensansicht gesellt und sich mit ihr sehr wohl verträgt. — Mit dem Bisherigen scheint auch die Frage, wie es beim Geschichtsunterrichte mit den Sagen zu halten sei, erledigt zu sein. So gerne in neuerer Zeit manche Schriftsteller Sage und Geschichte zusammenstellen, so werthvoll für den Forscher manche Sagen sind, so gerne sich das Ohr des Volkes und der Kinder ihnen zuneigt, ist es doch nicht räthlich, in der Volksschule sich auf sie einzulassen. Nicht nur ist ja für die Geschichte selbst die Zeit sparsam genug zugemessen, sondern die Kinder begehren auch immer Wahrheit zu hören, besonders aus dem Munde ihres Lehrers, und wer vermag die Wahrheit der Sage zu verbürgen oder für die Schüler den wahren Kern der Sage von der erdichteten Hülle zu scheiden? Thäte man das aber nicht, so läge die Folge nahe, daß von den Schülern wie die Sage der Geschichte, so auch die Geschichte der Sage gleichgestellt und am Ende mit dieser in Zweifel gezogen, somit der Zweck des Geschichtsunterrichts der Hauptsache nach vereitelt würde.

Was den Lehrgang des historischen Unterrichts in der Volksschule anbelangt, so beschränkt sich dieser bei den jüngsten Schülern auf die Hauptpuncte der biblischen Geschichte. Diese als Kern und Mittelpunct aller Geschichte legt den Grund für allen weiteren historischen Unterricht und bereitet Geist und Gemüth der Schüler am angemessensten für die richtige Auffassung des letzteren vor. Damit ist nicht ausgeschlossen, daß hin und wieder kurze historische Notizen in einer den Kleinen faßlichen Weise gegeben werden, wo etwa der Anschauungsunterricht, die Heimatkunde, die Fibel oder sonstwie der Unterricht Gelegenheit und Anlaß dazu geben. Von einem eigentlichen Geschichtsunterricht aber scheint doch nur höchstens vom 10. oder 11. Lebensjahre an, d. h. in den Classen die Rede sein zu können, in welchen das eigentliche Lesebuch gebraucht wird. Während nun die Theile der alten Geschichte, welche zur Erläuterung der biblischen Geschichte dienen, — und sonst braucht ja die Volksschule aus der alten Geschichte nichts zu geben, — am natürlichsten da eingereiht werden, wo ein eingehenderer und erweiterter Unterricht in der biblischen Geschichte es erfordert, wird der Anfang in der mittleren und neueren Geschichte wohl am schicklichsten mit der Geschichte des engeren Vaterlandes gemacht werden und diese gründlicher und ausführlicher zu treiben sein; ja in Volksschulen, welche durch ungünstige innere oder äußere Verhältnisse gedrückt sind, möchte es an dieser und an den wichtigsten Puncten aus der Kirchengeschichte genügen. Wo dagegen Umstände, Zeit und Kräfte mehr gestatten, da geht der Unterricht später zu der Geschichte Deutschlands über, an welche sich das von selbst anreiht, was aus der Geschichte anderer Völker noch mitzutheilen ist, und bei welcher eine zweckmäßige Wiederholung der Geschichte des engeren Vaterlandes sich leicht ergibt. Für höhere Bürgerschulen aber oder sogenannte Mittelschulen (zwischen der Volksschule und der Realschule) wird eine stoffliche Erweiterung des Gesichtskreises kaum geboten sein, da dieser schon alles umfaßt, was aus der Geschichte dem Volke zu wissen noth thut, und die Schüler solcher Anstalten gewöhnlich in dem Kreise des Volkes (im engeren Sinne) zu bleiben haben. Um so mehr aber gestattet hier die Zeit und Kraft, das, was zu lehren ist, gründlicher und ausführlicher zu treiben, Lücken, die in der Volksschule unvermeidlich sind, so viel möglich auszufüllen und besonders bei denjenigen Partien länger zu verweilen, welche die künftige politische und kirchliche Stellung und das gewerbliche Leben der Schüler näher berühren oder sonst zu den erweiterten Kenntnissen derselben (z. B. in der Geographie) in Beziehung stehen.

Ueber die angemessenste Lehrform für diesen Unterricht ist nicht viel zu sagen. Darüber wird niemand mehr streiten, daß die früher beliebt gewesene Weise nichts taugt, den Unterricht in gemeinnützigen Kenntnissen, zu dem man auch etwas Geschichtsunterricht rechnete, mit den Rechtschreib= und Sprachübungen zu verbinden. Denn so konnte der Geschichtsunterricht doch dem Umfang nach nur höchst armselig und lückenhaft sein, der Gang des einen Unterrichtsgegenstandes mußte nothwendig den Gang des andern beeinträchtigen, und das schlimmere Loos fiel da gewöhnlich dem stofflichen Unterrichtsfache zu, indem über der Sorge für die sprachliche Form das Interesse für den Inhalt, das Verständnis und die gemüthliche Aneignung desselben ungebührlich in den Hintergrund gedrängt wurde. — Besser ist es gewiß, wenn der Lehrer die Geschichte mündlich mittheilt und die Schüler nur zuhören. Dabei taugt Vorlesen jedenfalls weniger als ein freier Vortrag; denn nicht immer ist die Darstellung des Buches den individuellen und zeitweiligen Bedürfnissen und Fähigkeiten der Schüler ganz entsprechend; der Lehrer, genöthigt seinen Blick ans Buch zu heften, hat die Schüler zu wenig im Auge, überhaupt ist der Eindruck, den das Vorlesen macht, immer schwächer als der eines freien Vortrages. Dabei ist aber freilich durchaus zu fordern, daß der Lehrer durch tüchtige Vorbereitung auf die einzelne Lehrstunde seines Stoffes völlig mächtig sei und die Gabe einer würdigen populären Darstellung gewonnen habe, der es an innerer Lebendigkeit, Anschaulichkeit und Gemüthlichkeit nicht fehlt. Ein Nachschreiben von Seiten der Schüler aber, das in eitler Nachäfferei gegen höhere Lehranstalten da und dort gerne gesehen wird, wird ein einsichtiger Lehrer in keinem Falle dulden. Denn dabei würde ebenso der stoffliche Unterricht unter der ungeübten Fassungskraft und der unvollkommenen Schreibfertigkeit der Schüler bedauerlich nothleiden, als in kalligraphischer, orthographischer und stilistischer Hinsicht mancher Fehler sich einschleichen und in kurzem in sprachlich-formaler Hinsicht eine schwer zu heilende Gleichgültigkeit und Nachläßigkeit zur Gewohnheit werden. Wenn ja geschrieben werden soll, so ist es doch gewiß besser, zunächst die wichtigeren Namen und Zahlen während des Vortrags an die Tafel zu schreiben und dann den vorgetragenen Abschnitt, wenn er nachher noch gehörig durchgesprochen worden ist, als Aufsatz sorgfältig niederschreiben zu lassen. — Da indessen zu befürchten ist, daß bei einer bloß mündlichen Behandlung der Geschichte, selbst alle Tüchtigkeit des Lehrers vorausgesetzt, nicht alles von allen richtig und vollständig aufgefaßt werde, und da zur Unterstützung des Gedächtnisses Anhaltspuncte für das Auge unerläßlich nöthig sind, ist immer einem gut gewählten geschichtlichen Lehrstoffe, den die Schüler vor Augen haben, der Vorzug zu geben. Eine chronologische Zeittafel, welche auswendig gelernt werden soll, genügt hiezu keineswegs, und mnemonische Künste und Hülfsmittel, wie sie von Reventlou, Epth, Raud u. a. ersonnen und empfohlen worden sind, taugen für die Volksschule am wenigsten. Die Zahlen, so wichtig sie sonst für die Uebersicht der Geschichte und für ein tieferes Eingehen in dieselbe sind, sind mit Ausnahme der wichtigsten Zahlen für die bedeutendsten Personen und Ereignisse, welche allerdings einzuprägen sind, in der Volksschule unnützer, ja hemmender Ballast. Eine gute Erzählung und Schilderung aber, die von den Schülern gelesen wird, ist von unverkennbarem Werthe. Weil jedoch theils in einer solchen Schrift die Geschichte des engeren Vaterlandes nicht immer die rechte Berücksichtigung findet, theils der Volksschule die Mittel fehlen, für jedes Unterrichtsfach ein besonderes Lehrbuch in die Hände der Schüler zu geben, ist es in hohem Grade erwünscht, daß in jedem Lande (und für die Schulen jeder Religionspartei) ein besonderes Lesebuch eingeführt werde, welches neben anderem die Geschichte in angemessener Form, richtigem Maße und guter Auswahl und Ordnung enthält. Da kann nun der Geschichtsunterricht mit den Leseübungen verbunden werden, jedoch nicht so, daß noch auf das sogenannte mechanische Lesen das Hauptaugenmerk zu richten ist, sondern so, daß die Schüler angeleitet werden, den Inhalt beim Lesen sich anzueignen, sowie auf eine richtige und allgemein faßliche Weise beim Vorlesen anderen mitzutheilen. Der Lehrer fragt nachher das Gelesene ab, um sich von der richtigen Auffassung desselben zu überzeugen und es dem Gedächtnis der Schüler tiefer einzuprägen, und hat hier Gelegenheit und Aufforderung genug, ergänzende und erläuternde Bemerkungen einzuflechten, wohl auch hie und da in längerer zusammenhängender Rede den Schülern das lebendige Charakterbild einer Person oder einer Zeit vorzuhalten und sie zur Bewunderung und Verehrung oder zum Bemitleiden oder Verabscheuen derselben hinzureißen. Auch ist es ganz geeignet, schöne vaterländische Gedichte an diesen Unterricht anzureihen und die Schüler im guten Vortrag derselben zu üben, wohl auch zu andauernderer Ergetzung und Erhebung sie auswendig lernen zu lassen, wozu es häufig nicht einmal der besondern Aufgabe bedarf, sondern nur des öfteren Lesens in Verbindung mit Versuchen, sie auswendig vorzutragen.

Zur Belebung des Sinnes für vaterländische Geschichte und einer echten Vaterlandsliebe sind bekanntlich in Preußen **historische Gedenktage** (zuerst von Jahn angeregt) für die Schule angeordnet, deren Feier in besonderer Beschäftigung mit dem Gegenstande des Tages, im Singen patriotischer Lieder, in gemeinschaftlicher Fürbitte für König und Vaterland u. s. w. besteht. Der Beifall, den diese Sache findet, reizt auch in anderen Ländern zur Nachahmung. Während sie jedoch in Beziehung auf die Geschichte des engeren Vaterlandes kaum überall möglich und allgemein räthlich sein möchte, könnte es gewiß doch nur erfreulich und heilsam sein, wenn die wichtigsten Ereignisse des deutschen Gesammtvaterlandes aus neuer Zeit z. B. die Schlacht bei Leipzig oder bei Waterloo, durch solche Feier in lebendigem und begeistertem Andenken erhalten würden. Wenn man indessen bereits besonnene Stimmen aus Preußen hört, welche beklagen, daß solche jährlich wiederkehrende Feier auch minder großer und wichtiger Ereignisse den Lehrer und die Schüler ermüde, so wird man daraus lernen dürfen, daß auch in dieser Sache wie sonst überall eine weise Sparsamkeit noth thue. (Seit 1870—71 ist das nun doch wesentlich anders geworden. Die Ereignisse jener Jahre, die Thaten unserer Krieger und ihrer Führer haben der deutschen Geschichte einen neuen, erhebenden Inhalt gegeben und der Sedanstag sollte nun auch in jeder Landschule feierlich begangen werden. D. Red.)

Die **Geographie** hat ihre Berechtigung in der Volksschule etwas früher und in etwas weiteren Kreisen gefunden als die Geschichte. (Vgl. die genauere Darstellung der Geschichte des geographischen Unterrichts von Merz in Schmid's pädagogischem Handbuch I. S. 517 ff. D. Red.) Um nichts davon zu sagen, daß schon in den Francke'schen Schulanstalten, unter welchen ja auch Volksschulen waren, und nach diesen in den Schulen der Brüdergemeinde seit mehr als 100 Jahren Geographie gelehrt wird; schon die „Kinderfreunde" von Rochow, Wilmsen u. a. haben etwas weniges aus der mathematischen Geographie enthalten, und Pestalozzi hat die Geographie unter die Fächer der allgemeinen Menschenbildung aufgenommen, in seinen Anstalten (wenn auch in eigenthümlich unzweckmäßiger Weise) gelehrt und so in viele Schulen, welche in seine Bahn einlenkten, eingeführt. Der Stimmen dagegen vernahm man von jeher weniger als gegen die Geschichte, und zwar nur von solchen, welche eben überhaupt der Einführung der sogenannten Realien in die Volksschule entgegen waren. Gegen diese treten aber jetzt viel gewichtigere Stimmen für die Sache auf. Ist auch der formale Bildungswerth dieses Unterrichtsfaches von einigen Seiten bezweifelt, so ist dagegen der materiale um so größer. Es ist allgemein anerkannt, daß es jedem Genossen eines civilisirten Volkes gebührt, die Erde, „die unser aller Mutter ist," in weiterem Umfang zu kennen, als sein Blick reicht von der Scholle aus, auf welcher er steht. Auch dem ärmsten Bauern und Tagelöhner gebührt es, sein engeres und weiteres Vaterland, die anliegenden Länder und manches aus andern Welttheilen zu erfahren und zu wissen.*) Warum und wie lange sollte denn aber unser Volk in einer Unwissenheit über seine zeitliche Heimat bleiben, die wir selbst bei rohen Völkern beklagen und die so leicht gehoben werden kann? Und wie kann ohne geographische Kenntnis mancher andere Unterricht, z. B. in der Geschichte, Naturgeschichte, biblischen

---

*) Im Sommer 1859 sprach ich einen Professor aus Odessa, dem ich u. a. erzählte, wie es mich f. Z. gefreut habe zu sehen, daß eine arme Weibsperson in einem Dorfe als Frucht ihrer Schulbildung die Fähigkeit gehabt, jede Predigt, die sie gehört, nach dem Gottesdienste so niederzuschreiben, daß wenigstens nichts Wesentliches fehlte oder geändert wurde. Darauf sagte er: Ich kann Ihnen ein Seitenstück dazu geben. In der Gegend von Kiel gesellte sich auf dem Wege,

Geschichte, gedeihen, wie können ohne jene die Schüler aus Dämmerung und Nebel in diesen Fächern herauskommen? Aber auch die Lebens= und Berufsverhältnisse, in welche die Schüler hernach eintreten, machen den Unterricht in der Geographie in der Schule nöthig, jetzt dringender und in weiterem Umfang als in früherer Zeit. Denn wer bei dem neueren Aufschwung der Landwirthschaft und der Gewerbe nicht kläglich zurück= bleiben will, der muß lesen oder mit eigenen Augen sehen, was auswärts getrieben wird, muß für Einkauf und Absatz sich in Correspondenz setzen auch mit dem Aus= lande, wie jetzt schon vielfache Erfahrung in Stadt und Dorf zeigt, und dazu ist doch einige Kenntnis der Geographie nöthig. Ebenso nöthig ist diese geworden durch die unter unserem Volke längst begonnene und immer noch fortwährende Auswanderung in fremde Länder und Erdtheile, welche — wer kann es wissen? — jetzt noch in kleineren oder größeren Bächlein erscheinend zum bedeutenden Strom werden könnte. Da thut dem Volke zu Verhütung von Fehlgriffen und Schäden bei der Auswanderung, zu leichterer Orientirung in den neuen Verhältnissen, zum Verkehr zwischen den Aus= gewanderten und der Heimat u. s. w. Unterricht in der Geographie noth. Thun die Regierungen und einzelne Vereine oder Personen, was sie können, zum Schutze und zur Förderung der Interessen der Auswanderer, warum sollte die Schule nicht in ihrem Theile auch thun, was sie so leicht vermag? — Ob dieser Unterricht auch ein sittliches und religiöses Element in sich trage, wird oft gefragt, um nur im Bejahungsfalle ihn für berechtigt in der Volksschule zu erkennen. Darauf hat L. Bölter längst in seinem „Unterricht in der Erdkunde. Andeutungen zur organischen Gestaltung desselben auf christlich=wissenschaftlichem Standpuncte. Reutlingen, Mäcken 1839" bejahend geant= wortet. Ebenso gut als die Naturgeschichte und Naturlehre, dient in ihrem Theile die Geographie, im rechten Geiste gelehrt, dazu, die Größe und das weise und gütige Walten des Schöpfers aller Dinge dem Schüler zu enthüllen, ihn zu demüthigen im Gefühle, daß er nur ein Tropfen im Meere der Wesen aller Art sei, aber auch ihn zu erheben in dem Gedanken, wie Gott für alle sorgt und überall seine Gaben in weiser Liebe spendet und vertheilt; sie kann ihn demüthigen, indem sie das durch die Sünde verschuldete Elend und Verderben der Völker der Erde, den beklagenswerthen Zustand derer, die ohne Gott und Christus in dieser Welt sind, ihm aufdeckt, aber auch ihn erheben in der Hoffnung, daß der, der für alle zum Heil gekommen ist, sein Werk ausbreiten und vollenden und alle Welt Gott unterthan machen werde. Je mehr ins= besondere die Ausbreitung des Reiches Christi auf Erden fortschreitet, je tiefer und allgemeiner sie die Herzen der christlichen Welt in Anspruch nimmt, desto billiger und nöthiger ist es, daß auch die Volksschule auf den Zweck und die Fortschritte derselben deutlich und anreizend hinweise, desto weniger kann ein immer tiefer gehender und seinen Umfang ausdehnender geographischer Unterricht ihr erlassen werden.

Die Frage, wie viel und was aus dem reichen Gebiete der Geographie den Volksschülern mitgetheilt werden könne und solle, ist ungleich schwieriger als die vorhin besprochene, ob sie überhaupt darin etwas thun dürfe und solle. Doch wenn diese mit nicht abzuweisenden Gründen bejaht ist, so muß auch für jene die richtige Antwort ge= sucht und gefunden werden. Gesucht haben sie freilich schon viele; aber die Ansichten sind immer noch verschieden. Bald will man ausschließlich oder wenigstens überwiegend nur die topische, bald die physikalische, bald die politische, bald die mathematische Geo= graphie der Volksschule zuweisen, bald die Darstellung der hauptsächlichen Producte der Länder und des damit in engem Zusammenhang stehenden Lebens und Treibens der Völker u. s. w., und des Streitens, wer mit seiner Ansicht Recht habe, ist noch kein

---

den ich zu Fuß machte, ein Landmann zu mir und ließ sich in ein Gespräch mit mir ein. Bald wollte er wissen, woher ich sei, und als ich ihm sagte, ich sei in Odessa zu Hause, erwiderte er, er wisse wohl, daß das eine Stadt in Rußland sei, aber er bitte mich, ihm genauer anzugeben, „unter welchem Breitegrade" sie liege. Das, setzte der Professor hinzu, war mir ein sicheres Zeichen, daß es um das Schulwesen in der Heimat des Mannes gut stand.   Et.

Ende. Fassen wir aber die oben ausgeführten Gründe für diesen Unterricht einestheils und anderntheils den Stand ins Auge, auf welchen die methodische Untersuchung im ganzen jetzt gediehen ist, so kommen wir ungefähr auf das gleiche Ergebnis, zu welchem wir oben in Betreff des Unterrichts in der Geschichte gelangt sind. Die Volksschule, so beschränkt ihr geistiger Horizont und ihre Zeit ist, kann und darf keineswegs nur auf Eine Seite der Geographie beschränkt werden, sondern hat sämmtliche Seiten derselben in eigenthümlicher Weise in ihren Lehrplan aufzunehmen und ebenso in Kürze und weiser Wahl als in lebendig anschaulicher und Geist und Gemüth bildender Weise zu behandeln. Verweilt da der Unterricht mit Recht am längsten beim Vaterlande, so muß er doch auch mit den angrenzenden Ländern, ja mit allen Ländern unsers Erdtheils sich beschäftigen, er muß sich auf die Meere ausdehnen und auf die übrigen Erdtheile und die wichtigsten Länder derselben, ja auf den ganzen Erdball und sein Verhältnis zu Sonne, Mond und Sternen. Ist eine Bestimmung der Grenzen, einzelner Städte, Gebirge und Flüsse, des Klima's, der Umgebungen des Landes nicht zu umgehen, so ist auf der andern Seite bald mehr bald weniger von den politischen und kirchlichen Verhältnissen, von dem Culturstande, von den Naturproducten und der dadurch bedingten Lebensweise, von dem Gewerbe, dem Handel u. s. w., von den Gefahren und Beschwerden wie von den Vortheilen und Annehmlichkeiten einzelner Länder und ihrer Bewohner zu reden. Ebenso ist auch die Stellung der Erde in dem Weltall, ihre Bewegung um ihre Axe und um die Sonne und die Folgen derselben, die Bewegung des Mondes um sie, Sonnen- und Mondfinsternis u. dgl. deutlich zu machen. So viel das ist, so ist es doch möglich, bei zweckmäßigem Verfahren diesen Unterricht befriedigend zu ertheilen; nur keine Ueberladung mit Stoff, damit die Kinder des „hartschaffenden Volkes" ihn wirklich aufnehmen und verarbeiten können, und dazu Lehrer, die das Land selbst durchwandert, geschaut und gemessen haben und im Stande sind, es auf der Wandtafel zu veranschaulichen.

Wir sehen aber hieraus, wie wichtig es ist, die rechte Methode in Beziehung auf Lehrgang und Lehrform zu wählen.

Der Anfang wird füglich schon bei dem Anschauungsunterricht gemacht. Hier werden die Kleinen angeleitet auf ihren Wohnort näher zu achten, sich die ansehnlicheren Gebäude, die bedeutenderen Straßen, Gassen und freien Plätze, die größeren Gärten ꝛc. vor die Seele zu stellen, die Ausdrücke Quelle, Brunnen, Bach, Fluß, Teich, See, Insel, Berg, Hügel, Anhöhe, Thal, Ebene ꝛc. zu verstehen, die Umgebungen des Wohnorts in allmählich sich erweiterndem Gesichtskreise und damit die Richtung der Wege und die Himmelsgegenden kennen zu lernen. Dazu thut ein topographischer Plan des Wohnorts und seiner Umgebungen sehr gute Dienste, der, wenn er nicht vorräthig ist, von dem Lehrer gezeichnet wird. Ehre dem Lehrer, der ein solches Bild, dann von der Markung, der Provinz, von Deutschland, Europa, Palästina in großen, weitsichtbaren Zügen etwa mit Leimfarben an die Wände seines Schulzimmers zeichnet! Dies ist der Anfang des geographischen Unterrichts, der auf das Anschauungsvermögen der Schüler gegründet am besten für den weiteren Unterricht und das so nöthige Verständnis der Karten den Grund legt; so lernen sie auch am leichtesten das Kartenbild in Worte übersetzen, Karten lesen. Das Natürlichste scheint nun immer noch, nach Pestalozzi, Graser u. a. zuerst mit dem engeren Vaterland oder der Provinz die Schüler genau bekannt zu machen. Dies ist doch für jeden am wichtigsten, dafür hat auch das jüngere Kind am meisten Verständnis, dafür hat es ein Herz und soll es haben. Zugegeben, daß gar vieles da zu sagen wäre, wofür die Schüler auf der untern Stufe noch nicht Sinn und Verständnis genug haben; damit ist die Forderung, daß sie zuerst die Heimat kennen lernen sollen, nicht abgewiesen. Die wichtigsten topischen Begriffe und Benennungen und allmählich auch die wichtigsten Beschäftigungen und Verhältnisse der Menschen können sie schon auf dieser Stufe vorläufig kennen lernen. Aber allerdings sollte der Unterricht später auf der oberen Stufe wieder auf das engere Vaterland zurückkommen, und zwar nicht bloß repetitorisch, sondern erweiternd und auf politische, physikalische, gewerbliche, kirchliche u. a. Verhältnisse genauer eingehend, welche beim ersten Unterricht nur erst gestreift werden konnten. Vom engeren Vaterlande schreitet dann der Unterricht synthetisch zum weiteren fort, indem Flüsse und Gebirge schon zu den benachbarten Ländern führen und von diesen weiter zu den an sie angrenzenden u. s. f. Da ist es weder nöthig noch von Werth, überall in topographischen Bestimmungen ins einzelne zu gehen, oder die sämmtlichen Flüßchen, welche zu einem Fluß oder Stromgebiet gehören, zu nennen und behalten zu lassen, ebensowenig taugen viele Zahlen über Quadratmeilen, Einwohner oder Höhe der Berge. Viel besser ist's, eine lebendig wahre Beschreibung des Landes und seiner Bewohner zu geben, ein Charakterbild, wie sie die Literatur jetzt reichlich darbietet, in welchem eben das, was zum Interessantesten und Charakteristischen eines Landes gehört, mit frischen Farben vor die Seelen der Schüler geführt wird. Schreitet nun der Unterricht zu den anderen Erdtheilen fort, so ist es naturgemäß, falls man nicht gleich beim Uebergang auf die obere Stufe analytisch vom Erdganzen (Globus) hat ausgehen können und wollen, zuerst die Gestalt der Erde überhaupt, die beiden Hemisphären, die Lage der Erdtheile und ihr Verhältnis zu einander, das Meer im ganzen und die wichtigeren einzelnen Theile desselben den Schülern deutlich zu machen und einzuprägen. Dann erst kann man einen weiteren Erdtheil nach dem andern nach seinen Grenzen, seiner orographischen und hydrographischen Eigenthümlichkeit, seinen klimatischen, naturhistorischen und socialen Verhältnissen kennen lehren, wobei es nicht nöthig ist, ja nur ein unnützer Aufwand von Zeit und Kraft wäre, alle einzelnen Länder und Völker durchgehen zu wollen. Es genügt an den bedeutendsten Ländern; solche sind aber nicht immer die größten nach Umfang, sondern die, welche in politischer, gewerblicher, mercantilischer, religiöser Beziehung sich auszeichnen, also auch mit den europäischen Völkern in dem meisten Verkehre stehen. Hier ist es am Orte, die Ausdehnung der europäischen Mächte in andere Welttheile nachzuweisen, hieher gehört die Missionsgeographie und das Wichtigste aus der Handelsgeographie und über die Auswanderung je in angemessener Ordnung. Nun ist noch über die Stellung der Erde im Weltraum, über ihr Verhältnis zu der Sonne und den Planeten, über das Verhältnis des Mondes zu ihr, über Mond- und Sonnenfinsternisse u. dgl. nach Maßgabe der Zeit und des ganzen Standes einer Oberclasse mehr oder weniger zu sagen. Mit Weiterem aus der Geographie, besonders der mathematischen, mag sich die Mittelschule (Bürgerschule) beschäftigen. Von ihr ist zu erwarten, daß sie über Aequator und Pole, Längen- und Breitekreise und die dadurch gegebenen Grade, über die Zonen, über Rotation der Erde, Nebenbewohner, Gegenbewohner, Gegenfüßler u. dgl. Belehrung gebe, die bedeutendsten Puncte durch die Grade bestimmen lasse, etwa auch über Isothermen, regelmäßige und veränderliche Winde, Meeresströmungen, Gebirgsarten, Rasseneintheilung der Menschen u. s. w. das Faßlichste und Zweckmäßigste mittheile. In die Volksschule aber scheint dieses nicht zu gehören; es wird vielmehr vollkommen genügen, wenn nur das Obenbezeichnete in ihr zum deutlichen und bleibenden Eigenthum der Schüler gemacht wird.

Soll übrigens dies gelingen, so kommt auf die **Lehrform** sehr viel an. Diese hat sich in den letzten Decennien wesentlich verbessert und leistet darum auch ungleich mehr, als in unseren Knabenjahren geleistet worden ist. Sie bestand anfangs darin, daß der Lehrer sich vor seine Karte hinstellte und, ohne irgend was zu ihrer Erläuterung zu sagen, einen Namen, der ihm ins Auge fiel, aussprach und die Schüler denselben zu suchen aufforderte, ein Verfahren, das offenbar kaum mehr als Null ist. Später wurde der geographische Stoff zu einem bloßen Gedächtniskram gemacht, wobei es nur darauf abgesehen war, daß die Schüler eine Menge Namen von Ländern, Städten, Gebirgen, Flüssen u. s. w. und eine Menge Zahlen von Quadratmeilen, Einwohnern, Höhen, Ortsbestimmungen u. dgl. auswendig hersagen konnten, oft ohne eine Karte zu sehen oder irgend zu verstehen, ein Verfahren, das den Schülern diesen Unterricht wahrhaft zur Pein machte und nach wenigen Jahren in lauter abgefallenen, tauben Blüten untergieng. Jetzt aber hat man die Sache anders angegriffen, und es ist nicht zu verkennen, daß die Methode dieses Unterrichtsfaches wesentliche Fortschritte gemacht hat. Wie nämlich der Unterricht in der Geographie von dem Anschauungsunterrichte ausgeht, in welchem er seine ersten Wurzeln schlägt, so ist es durchgehends Aufgabe, ihn so anschaulich als möglich zu machen. Die Anschauung, die der Schüler dabei haben soll, ist theils eine äußere, theils eine innere. Die äußere ist anfangs die Anschauung des Wohnorts und der Umgegend, so weit das Auge des Schülers reicht, zugleich aber und im weiteren Unterricht immer die Anschauung der Karte, welche niemals fehlen darf. Ob einzelne Schüler eigene Karten haben oder nicht, jedenfalls sollten in jeder Schule gute Wandkarten vom engeren Vaterlande, von Deutschland, von Europa, von Palästina und wenigstens noch von den beiden Hemisphären sich befinden. An diese ist aber die Forderung zu stellen, daß sie nicht nur richtig, sondern auch groß genug sind, so daß das Auge der Schüler auch in etwas weiterer Entfernung sie ohne große Anstrengung sehen kann, daß sie zwar nicht mit Namen überladen sind, aber doch die wichtigsten Namen zur Nachhülfe für das Gedächtnis geben, und daß die Namen der Länder, Städte, Gebirge, Flüsse ꝛc. je mit einer besonderen Schrift geschrieben sind. Sie sollen ferner eine deutliche, jedoch nicht zu dunkle Darstellung der Gebirge, der Flüsse und der Meeresküsten geben, das Colorit soll gut gewählt, nicht zu stark sein und auch die politische Eintheilung darstellen, weil die Mittel der Volksschule gewöhnlich nicht die Anschaffung mehrerer Karten für dieselbe geographische Partie gestatten, sondern eine für alle Zwecke dienen muß. Bei der Karte von Palästina ist noch besonders zu wünschen, daß sie nur die biblischen Namen enthalte, die späteren aber weglasse, weil das jetzige Palästina bei der Geographie von Asien nur kürzer zu behandeln, zum Behuf des biblischen Unterrichts aber das alte Palästina genauer durchzugehen ist. — Die Erklärung des Kartenbildes ist nun vor allem andern nöthig, sodann aber muß bei allem geographischen Unterricht, mögen die Schüler im Lesebuch selber lesen, oder mag der Lehrer allein sprechen, die Karte fortwährend so angeschaut werden, daß sich ihr Bild der Einbildungskraft der Schüler lebendig und bleibend einprägt, so daß sie nachher, von was immer in der Geographie die Rede sein mag, es innerlich schauen. Dazu dient besonders, daß der Lehrer mit den Schülern, wenn ihm ein Land bekannt geworden ist, auch Reisen in Gedanken macht, wobei er entweder nur bald diese, bald jene Richtung angiebt, die er einschlagen will, und die Schüler dabei die Namen der Puncte, die auf der Reise berührt werden, sagen läßt, oder den Ausgangspunct und das Ziel der Reise nennt und von den Schülern die Angabe der Länder, Städte, Gebirge, Flüsse, Straßen ꝛc., zu welchen die Reise führt, fordert. — Die Karte sei so aufgehängt und der Lehrer stelle sich so, daß alle Schüler alles sehen können. — Ein sehr gutes Mittel, das Kartenbild den Schülern einzuprägen, wäre auch das Abzeichnen desselben; allein dieses setzt so viele Vorkenntnisse und Fertigkeiten voraus, daß es in der Volksschule in der Regel nicht, in der Bürgerschule nur ausnahmsweise wird getrieben werden können. — Was fürs andere die innere Anschauung betrifft, so wird diese vornehmlich durch das Wort vermittelt, belebt und bereichert. Hiezu ist, so oft sich Gelegenheit bietet, ein Bild der klimatischen und physikalischen, der politischen, religiösen, socialen und gewerblichen Eigenthümlichkeiten eines Landes und Volkes von dem Lehrer nicht aus einem Buche vorzulesen, sondern nach gründlicher Vorbereitung und Benützung guter Hülfsmittel in freiem lebendigem Vortrag zu geben. Das Lesebuch diene „zur Belebung, Ergänzung und Wiederholung" (Preuß. Allg. Bestimmungen vom 15. Oct. 1872). Kann dabei durch Vorzeigen guter und einfacher Bilder die äußere Anschauung der inneren Hülfe leisten, so ist es um so besser. Nach Umständen könnte auch zuweilen durch Niederschreiben des Gehörten die innere Anschauung noch mehr angeregt und festgehalten werden.

Nun erst ist es am Platze, von einer **Verbindung der Geschichte und der Geographie** bei dem Unterrichte zu reden. Der Gedanke an dieselbe liegt, wie schon eingangs gesagt worden, von selbst nahe und es haben darum auch seit längerer Zeit Verschiedene ihn auszuführen versucht. Die Geschichte bedarf immer und überall des

Bodens, den die Geographie ihr bietet, wenn sie nicht in der Luft schweben, wenn die von ihr dargestellten Personen und Handlungen in einem lebendigen und richtigen Bilde erscheinen sollen. Auf der andern Seite ist es die Geschichte, welche eine anschauliche Darstellung der jetzigen Grenzen und Verhältnisse des engern und des weitern Vaterlandes in Vergleich mit den früheren möglich macht, den einzelnen Puncten und größeren Theilen der Geographie erst Farbe und Leben giebt und vermittelst der Einbildungskraft dieselben dem Schüler frischer und tiefer einprägt. Es fragt sich hiebei immer nur, in welcher Weise und Ordnung diese Verbindung zu Stande kommen soll. Von selbst ist deutlich, daß, wenn vom Anfang des Unterrichts an beide Fächer mit einander verbunden werden sollten, nicht das eine wie das andere seinen eigenthümlichen, in der Natur der Sache liegenden Gang gehen könnte, sondern das eine den Vorrang haben und das andere nur gelegentlich sich an jenes anschließen müßte. Dieser Vorrang kommt aber seltener der Geschichte zu als der Geographie. Man könnte zwar die Geschichte des engeren Vaterlandes so erzählen, daß dabei stets auf das Geographische Rücksicht genommen und die Sache auf der Karte verfolgt würde, könnte es ebenso bei der Geschichte des weiteren Vaterlandes und sodann bei der Geschichte anderer Völker halten, oder in einer anderen Ordnung mit der vorderasiatischen und ägyptischen Geschichte beginnend und zu der griechischen und römischen fortschreitend die Geographie dieser Länder zugleich lehren und so nach und nach zum deutschen Vaterlande und zur nächsten Heimat kommen. Allein es fällt in die Augen, daß die Sache so nicht wenige Schwierigkeiten hätte. Die geographische Uebersicht eines Landes, ein lebendiges Charakterbild desselben, besonders wie es in der Gegenwart sich darstellt, wäre kaum zu geben möglich, manche geographisch wichtigen Puncte und Momente könnten kaum berührt oder nur kurz behandelt werden, wenn nicht die lebendige Auffassung der Geschichte gehört und gehindert werden soll, während bei anderen geographisch minder wichtigen Momenten lange verweilt würde, und für die allgemeinen Partieen der physikalischen und mathematischen Geographie ließe sich nur mit Gewalt und auf Kosten der historischen Fortschritte ein Ort finden. Man hat darum häufiger die Geographie als Hauptbild aufgestellt und die Geschichte als Einfassung und Rahmen hinzugethan. Da wird denn theils eine kurze Geschichte des Landes vorausgeschickt oder nachgetragen, theils bei den einzelnen historisch wichtigeren Puncten erzählt was sich früher oder später daselbst zugetragen hat. Wenn aber dadurch allerdings Leben in die Geographie gebracht wird, so ist doch nicht zu verkennen, daß die Geschichte dabei — selbst für das Maß und Bedürfniß der Volksschule zu kurz kommt, an eine chronologische und einigermaßen zusammenhängende Ordnung nicht zu denken ist, in den Köpfen der Schüler Bruchstücke aus der alten und neuen Geschichte in völligem Gewirre sich aneinander hängen und historische Gesammt- und Charakterbilder entweder ganz wegfallen oder auf unangemessene Weise den Faden des geographischen Unterrichts verwirren oder abschneiden. Was immer über den Werth der Concentration des Unterrichts gesagt werden mag: die Forderung der Einfachheit im Unterrichte, der Klarheit und des objectiven oder subjectiven Zusammenhangs muß jedenfalls festgehalten werden. Darum dürfte einer anderen Art der Verbindung von Geographie und Geschichte in der Volksschule der Vorzug gebühren. Anfänglich und grundlegend wird jedes Fach getrennt behandelt, wobei selbstverständlich einzelne gelegentliche angemessene Bemerkungen aus dem andern Fache nicht verwehrt sein können; bei weiterem Fortschritte aber wird in der Geographie das, was hieher bezügliches in der Geschichte schon vorgekommen ist, und in der Geschichte, wo die Geographie schon vorgearbeitet hat, repetitorisch und mit weiteren Erläuterungen angeknüpft, auch ausnahmsweise hie und da in dem einen oder andern Fache ein wenig vorgegriffen; hauptsächlich aber ist es ein Wiederholungscurs, der ja doch in keinem Fache fehlen darf, bei welchem nach Vollendung des abgesonderten Unterrichts in beiden Fächern nun eine lebendige und innige Vereinigung derselben am Platze ist und die besten Dienste leistet. Dazu ist aber freilich eine besondere Tüchtigkeit des Lehrers nöthig, umsomehr, als bis jetzt noch kein Lehrbuch erschienen ist, in welchem

Geschichte und Geographie in der Volksschule.

eine solche zu einem schönen Gewebe gewirkte Verbindung in befriedigender Weise gegeben wäre.

Eine Ausnahme hievon dürfte die biblische Geographie und Geschichte machen. So nöthig es für eine richtige und lebendige Auffassung der biblischen Geschichte ist, daß die Schüler ein im allgemeinen und im einzelnen treues Bild des heiligen Landes in der Seele haben: so wenig thut ein abgesonderter Unterricht in der Geographie desselben noth. Vielmehr verbindet sich die letztere mit jener fast von selbst. Mit der Geschichte der Patriarchen ist eine Darstellung der Lage und Grenzen des Landes, seiner Gebirge und Gewässer und einzelner und zwar anfangs in willkommener Weise nur weniger Orte gefordert. Mit der Eroberung des Landes unter Mose und Josua vermehren sich die Namen der einzelnen Orte und Gegenden, das Bild wird reicher und durch Einreihung der mancherlei Eigenthümlichkeiten des Landes, seiner Bewohner und Producte lebendiger. Noch mehr ist dies der Fall bei der Geschichte der Richter und der Könige, welche auch den Blick auf die umliegenden Länder immer mehr erweitert und ihr Verhältnis zu Palästina aufhellt. In der Geschichte der nachexilischen Periode vermehren sich weniger die Namen der Orte des Landes, als die Nachbarländer in ihrem Verhältnis zu Palästina in weiteren Kreisen hervortreten. Die neutestamentliche Geschichte aber, besonders die Geschichte der Apostel, setzt nicht nur das Bisherige als bekannt voraus, sondern führt noch mehr in die Einzelheiten der westlich gelegenen Länder, Kleinasiens, Macedoniens, Griechenlands und Italiens ein. So schließt sich hier in natürlicher Ordnung die Geographie an die Geschichte an und ist durch diese ebenso gegeben als gefordert, und es wäre nur zu wünschen, daß sich das Bild des Landes und der in Beziehung zu ihm tretenden Länder so vor den Augen der Schüler allmählich gestaltete und vervollständigte, oder daß für jede Periode dieser Geschichte besondere Wandkarten vom Lehrer gemacht würden, welche nichts weiter enthielten, als was eben die Geschichte dieser Periode nennt und für ihre Veranschaulichung fordert. Dies wäre für wohlunterrichtete und sinnige Lehrer eine ebenso leichte als lohnende Arbeit.

Literatur. Geschichte: Böttiger, die Weltgeschichte in Biographieen, 8 Bde. — Dittmar, Geschichte der Welt vor und nach Christus, 4 Bde. — Derselbe, Die deutsche Geschichte in ihren wesentlichen Grundzügen. — Grube, Charakterbilder aus der Geschichte und Sage, 3 Thle. — Derselbe, Deutsche Geschichten in deutschen Gedichten. — Kappe, Geschichten aus der Geschichte. — Stade, Erzählungen aus der Geschichte. — Kriebitsch, Allgemeine Geschichte in Charakterbildern. — Kohlrausch, Kurze Darstellung der deutschen Geschichte. — Lange O., Die neue Zeit und der Geschichtsunterricht. — Redenbacher, Lesebuch der Weltgeschichte. — Rohden, L. v., Leitfaden der Weltgeschichte. — Schwartz, K., Handbuch für den biographischen Geschichtsunterricht. 2 Thle. — Spieß, Dr. M. und Berlet, Br., Weltgeschichte in Biographieen für höhere Schulen. — Vogel, Dr. E., Geschichtsbilder. — Weber, Dr. G., Weltgeschichte in übersichtlicher Darstellung. — Derselbe, Lehrbuch der Weltgeschichte mit Rücksicht auf Cultur, Literatur und Religionswesen.

Geographie. Lübde, Die Methodik der Erdkunde. — Völter, L., Der Unterricht in der Erdkunde. — Winkler, Methode des geograph. Unterrichts. — Zeune, Die drei Stufen der Erdkunde. — Die Methode der concentrischen Curse ist durchgeführt in Stößner, Elemente der Geographie in Karten und Text (mehr für Stadtschulen). — Hummel, Kleine Erdkunde für Volks- und Landschulen. — Zum Unterricht in der Heimatskunde: F. A. Finger (Gegend von Weinheim), Rommel (Leipzig), Th. Cotta, Marget, Wetzel (für Berlin). — Guth, Prakt. Methodik (Württemberg), Lutz, Prakt. Methodik, Largiadèr, Volksschulkunde (Schweiz), Kehr, Praxis der Volksschule (Thüringen), Schütze, evang. Schulkunde (Sachsen), Bock, Volksschulunterricht (Preußen). — Leitfäden für die Hand der Schüler: für den Marbacher Schulbezirk (von H. Merz, Marbach bei Gattinger, 20 Seiten), Heimatskunde von Schönmann mit Kärtchen (Eßlingen 1872), Streich, Beschreibung von

Württemberg mit 4 Kärtchen (Eßlingen 1873). — Für den Lehrer: **Berthelt**, Die Geographie in Bildern. — **Blanc**, Handbuch des Wissenswürdigsten aus der Geschichte der Erde und ihrer Bewohner. Herausg. von **Diesterweg**. — **Daniel**, Handb. der Geographie. — **Dommerich**, Lehrbuch der vergleichenden Erdbeschreibung. — **Guthe**, Lehrbuch der Geographie umgearb. von **Wagner**. — **Raumer, K. v.**, Lehrbuch der allgemeinen Geographie. — **Roon, A. v.**, Grundzüge der Erd=, Völker= und Staatenkunde. — **Grube**, Geographische Charakterbilder, 2 Bde. — Derselbe Bilder und Scenen aus dem Natur= und Menschenleben. — **Külb**, Länder= und Völkerkunde in Biographieen, 4 Bde. — **Kutzen**, Das deutsche Land.

Geschichte und Geographie in Verbindung: **Schacht**, Lehrbuch der Geographie alter und neuer Zeit ꝛc. — **Tetzner**, Allgemeine Geschichte in Verbindung mit Geographie. — **Zachariä**, Lehrbuch der Erdbeschreibung in Verbindung mit Geschichte ꝛc. von Dr. v. d. **Smissen**.

Wandkarten von **Berghaus, Handtke, Kiepert, Petermann, Stülpnagel, Sydow, Wagner**. Musterhaft ist die Schulwandkarte Württembergs von **Henzler** in Ulm. — Volksschulatlas von **Lange**, von **Andree**, der kleine Schulatlas von **Kiepert**, der Bruchsaler. Schulatlas von **Sydow, Stieler**.

Stockmayer †.

Geschichtlicher Sinn. Er ist im allgemeinen Empfänglichkeit für das Geschehene, Thatsächliche, Wesenhafte, im Gegensatze von dem Erdichteten, Gemachten, Scheinenden. Dieser Sinn liegt tief in der Menschennatur; er dürfte einer von den Zeugen ihrer ursprünglichen Einheit und Gemeinschaft mit Gott sein als dem Grunde alles Realen. In diesem Wesensgrunde allein hat der Mensch für seine höhere Natur Befriedigung. Die Sünde hat ihn von diesem Grunde abgekehrt, und er ist damit dem Unwesen, dem Scheine, der Täuschung verfallen. Aus diesem Scheinleben heraus sehnt sich aber der innere Mensch nach Wahrheit und Wesenhaft als Nahrung für seinen zu Gott geschaffenen Geist. Darum hat alles Geschehene, Thatsächliche für ihn einen Reiz, wie die Speise für den Hungernden. — Hierin liegt wohl die tiefste Quelle des geschichtlichen Sinnes, den wir in der Menschheit gewahren. — Er findet sich schon im Kinde. Wer kennt nicht den unlöschbaren Durst so einer jungen Seele nach geschichtlichem Stoffe? Erzählen und wieder Erzählen! Das Kind wird nicht müde, Erzählungen von Menschen und Thieren zu hören. Auch bereits Gehörtes und Bekanntes vernimmt es immer wieder gerne, wie wenn es Lebenskräfte daraus in sich söge. Reflexionen lassen es kalt oder ermüden es zeitig; eine geschichtliche Erzählung, und sei sie noch so unbedeutend, frischt alsbald seine Aufmerksamkeit, seine Theilnahme auf. Und wird das mit der Zeit viel anders? Der Kreis der Thatsachen, welche die Theilnahme des Menschenkindes ansprechen, erweitert, vergeistigt sich, aber der Sinn für das Thatsächliche, Geschichtliche bleibt. Man beobachte eine Schule auch von schon gesetzterem Alter und Bildungsstand, eine im Hause Gottes versammelte Gemeinde, eine Volksversammlung, einen akademischen Hörsaal sogar, und man wird finden: eine in den Lehrvortrag einfließende Geschichte wirkt elektrisch oder wie ein erfrischender Lufthauch, die Stille wird stiller. Die versammelten Richter zu Athen plaudern, da der Redemeister Demosthenes spricht; seinem Geschichtlein von des Esels Schatten lauschen alle begierig. Auch der gebildetste Geist macht im Grunde davon keine Ausnahme. Je concreter, je thatsächlicher der Stil eines Schriftstellers, desto anziehender; je mehr dem Geschichtlichen sich annähernd, je mehr aus Leben und Erfahrung heraus der Redner spricht, desto überzeugender, desto hinreißender. Geschichte ist die Heimat des menschlichen Geistes. Darum kommt auch Gott dem tiefsten Bedürfnisse der Menschheit entgegen nicht in bloßen vernünftig=sittlichen Lehrsätzen, Idealen und Theorien, sondern in lebensvoller, concretester Geschichte. Das Leben Gottes in der ins Eitle und Nichtige gesunkenen Menschheit, das ist der Hauptinhalt der Bibel, und alle Lehre in selben, auch die geistigste und idealste, ruht auf und entwickelt sich aus dem realen Grunde der Geschichte. So ist auch der Geschichtscharakter des göttlichen Erziehens wortes und seines Mittelpunctes, der Erlösung durch Christum, ein Beweis für den in jedem Menschen vorhandenen **geschichtlichen Sinn** als Anlage betrachtet. Mehr praktisch gefaßt ist er der Sinn für das im Laufe der Zeit Gewordene, im Gegensatze zu dem heute erst Gemachten oder unvermittelt ins Leben Gestellten, und darum auch die Fähigkeit und Geneigtheit zu anerkennender und liebender Würdigung der geschichtlichen Vergangenheit, ihrer Denkmäler, Schauplätze, Rechte, Sitten und ihres Zusammenhanges mit dem später gewordnen.*)

Der Geschichtssinn, als Anlage ist im Menschen vorhanden, so gewiß als der Gesichtssinn. Der Erziehung aber liegt es ob, ihn zu pflegen, zu bilden, zu üben, wie das die anderen Sinne auch bedürfen; denn ohne Pflege und Uebung bleiben die Kinder trotz sehender Augen und hörender Ohren für eine Menge von Formen und Farben, Tönen und Tonverhältnissen blind und taub. So auch mit dem geschichtlichen Sinne. Trotz der natürlichen Befähigung und Neigung für das Geschichtliche sind doch unzählige Menschen blind und taub für die Geschichte, wo es sich um ein Verstehen und Werthhalten des geschichtlich Gewordenen und Vorhandenen handelt. Darum sorge die Erziehung einerseits, daß aus der Fähigkeit eine Fertigkeit werde, geschichtliche Erscheinungen zu sehen, zu betrachten, in ihrer Bedeutung für ihre wie für die folgende Zeit zu begreifen, Wesentliches und Zufälliges, Wahres und Falsches, Bleibendes und Vorübergehendes, Berechtigtes und Unberechtigtes zu unterscheiden und aus der Vergangenheit für die Gegenwart und Zukunft zu lernen, andererseits, daß das Gemüth das Wahre und Wesentliche in der Geschichte, das innerlich und äußerlich Berechtigte mit Ehrfurcht und Liebe erfasse und festhalte.

Was soll und kann nun dafür geschehen? Auf diese Frage hier nur einige Andeutungen, bei denen es übrigens der Natur der Sache nach ohne einiges Anstreifen an verschiedene Nachbargebiete nicht abgehen wird.

Die ersten Bemühungen für Bildung des geschichtlichen Sinnes fallen schon in die Zeit **vor der Schule**, also in die Kinderstube. Man nähre und pflege frühe schon den Sinn für Wahrheit und pflanze Scheu vor bloßem Schein und Lüge überhaupt. Wahrheitssinn ist die Grundlage des geschichtlichen Sinnes. Man hüte sich z. B. vor angeblich „pädagogischen Lügen." Warum soll etwa „der Storch das Brüderlein gebracht haben? Kann es nicht auch der liebe Gott geschenkt haben? Dieses wäre Wahrheit, jenes Lüge. Das Kind beruhigt sich bei der einen auf immer, während es

---

*) Er ist „das sinnige Nachspüren nach den Ursprüngen des Bestehenden und nach dessen Abwandlungen im Laufe der Zeiten bis auf die Gegenwart herab, das Feingefühl für geschichtliche Continuität und Entwicklung, welches die Brücke von dem Sonst zu dem Jetzt nicht abbrechen, vielmehr die abgebrochene so weit möglich wieder herstellen möchte. Um diesen dem deutschen Volke großentheils verloren gegangenen Sinn wieder zu wecken, zu üben und zu bilden, muß man bei der Jugend anfangen und sie gewöhnen, über den Zusammenhang der Gegenwart mit der Vergangenheit nachzudenken. Es giebt einzelne Gegenden in Deutschland, wo sich ein solcher geschichtlicher Sinn noch in weiten Kreisen des Volks findet, wo nicht bloß der Bürger in den Städten, sondern auch der Dorfbewohner gern die alten Ortschroniken und andere dergleichen Urkunden studirt, welche in der Gemeinde- oder Zunftlade aufbewahrt sind oder welche der Geistliche und Lehrer ihm mittheilt; diese Richtung ist zu unterstützen" (Biedermann, der Geschichtsunterricht in der Schule 1860). Im Gegensatz gegen die Verstandesreflexion, ein Hauptkennzeichen unseres Zeitalters, welche alles a priori construiren will, als ob wir keine Geschichte hätten, welche nicht die Wahrheit liebt, deren Geschöpfe wir sind, sondern die, welche unser Geschöpf ist, im staatlichen und kirchlichen Leben nicht an die Urzeit des eigenen Volkes, an sein Kämpfen und Ringen und die glorreichsten Epochen seiner Geschichte anknüpfen, sondern allein an der französischen Aufklärung des vorigen Jahrhunderts ihr Licht anzünden will, und statt den frommen Glauben, die alte Sitte und Treue zu pflegen, solche Kleinodien unseres Volkes preisgiebt und die protestantische Glaubensfreiheit in der Freiheit von allem Glauben zu haben meint, im Gegensatz hiegegen preist den geschichtlichen Sinn, der das Erbe der Väter von Geschlecht zu Geschlecht in den Häusern der deutschen Familie fortpflanzt, in einer geistvollen Rede Heiland (Die Aufgabe des evang. Gymnasiums. Weimar 1860). Schmid.

bei der andern, wann es dahinter kommt, sich getäuscht und in seinem Glauben verletzt fühlt. Dies Eine für vieles Aehnliche, womit schon frühe am Wahrheitssinn des Kindes gesündigt wird. Insonders erzähle man dem erzählfrohen Kinde, soweit nur immer möglich, Wahres, Thatsächliches. Damit sei aber keineswegs über erdichteten Stoff der Stab gebrochen; denn es liegt in der Natur des Menschenkindes neben dem Triebe nach dem Realen auch ein nicht minder starker Zug nach dem Idealen hin, der besonders die Einbildungskraft in seinen Dienst nimmt und mit ihr hoch über die auf dem Boden geschichtlicher Wirklichkeit stehenden Dinge hinwegfliegt. In jedem Kinde ist ein Poet, der alles auf alles zu reimen und in sein Geistes= und Gemüthsleben zu verweben versteht. Diesem idealen Phantasieleben des Kindes entspricht nun ganz die sinnige Dichtung, die ihm, wenn auch nicht immer geschichtlich Wirkliches, so doch Wahres im schönen Gewande der erfundenen Erzählung, Fabel, Gleichnißrede, des Märchens ꝛc. zuführt. Der junge Geist spielt mit den Thieren der Fabel, den Feen und Prinzen und Prinzessinnen des Märchens, wie das Mägdlein mit der Puppe, mit der es menschlich redet und die es doch nimmermehr mit einem leibhaften Menschen verwechseln wird. Es ist ein Traum bei offenen Augen, doch ist Beschränkung auf ein gewisses Maß zu rathen. O. Spekter und Grimm reichen zu. Wenig und tief verdient auch für unsern Gegenstand den Vorzug. Ein länger fortgesetztes, oberflächliches Flattern des jungen Geistes von Blume zu Blume dürfte auch dem geschichtlichen Sinne nichts weniger als förderlich sein.

Vor allem versäume man nicht, die **biblischen Geschichten** auch dem jungen Kinde schon vorzuführen in ihrer plastischen Anschaulichkeit, ihrer reizenden Einfalt und Wahrheitstiefe. Die wichtigsten Namen der ältesten Menschheit mögen schon frühe die Phantasie des Kindes erfüllen als Führer in das so ferne und uns Christen doch so nahe Morgenland, vor allen der Name, welcher über alle Namen ist und uns die Centralsonne nennt, um welche alle Sterne der Menschheit und ihrer Geschichte kreisen.

Die heiligen Geschichten der Bibel sind aber nicht bloß für die Kinderschule, so daß sie später mit Fabel und Märlein bei Seite gelegt werden könnten, sondern die heilige Schrift muß auf allen Stufen der Jugendbildung in Haus und Schule als rechte Magna charta zu Grunde liegen, auch was die Bildung des geschichtlichen Sinnes betrifft. Sie liefert billig der Volksschule den größten Theil des Stoffes, an dem der junge Geist sich nähren, bilden und üben soll; aber auch die höhere Schule bis zu Gymnasium und Polytechnicum hinauf sollte sich niemals über sie hinausgewachsen dünken, sondern vielmehr den in der Geschichte eingehüllten Wahrheits= und Lebenskeim nur weiter entwickeln und dem Wirken des göttlichen Geistes in den jungen Herzen die nöthige Handreichung thun. Sie sind zum Theil auf eine klägliche Weise der Bibel entfremdet worden und sind es noch vielfach. Diese Vernachlässigung desjenigen Stoffes, der so recht geeignet wäre, grundlegend für das innerste Leben von Geist und Gemüth zu wirken, ist vor allem auch eine Versündigung an dem geschichtlichen Sinne und Bedürfnisse der Jugend. An dem biblischen Volke Israel haben wir ein Volk vor uns, ganz geeignet zu einem Lehrvolk für alle Völker und auch schon für die Jugend. Es erwächst, so zu sagen, vor ihren Augen aus kleinstem Anfang in die tausendmal tausend, es empfängt Gesetz und Ordnung für sein sittliches, kirchliches und bürgerliches Leben unmittelbar von dem höchsten Gesetzgeber. Die Bedeutung der Familie, des Gehorsams, der Zucht, der Gottesfurcht für das Gedeihen des großen Ganzen, die Macht des Geistes, Glaubens, Gebets, die Wechselwirkung von Land und Volk, die Verbindung von Kunst und Leben, die mannigfaltigen Formen des socialen Lebens von der Patriarchie eines Abraham an durch die Richterzeit hindurch, da „ein jeglicher that, was ihm gut däuchte," bis zur Monarchie, der Segen der Eintracht, aber auch der Jammer der Entzweiung, die Herrlichkeit eines Volkes, das für seine höchsten Güter auch mit dem Leben einsteht und die Schmach der Ausländerei, tiefes Verderben und hoffender Glaubenstrost, — und über dem allen die heilig waltende Liebe und Gerechtigkeit des Herrn, — alles das ist hier vor den Augen aufgerollt zu einer Objectivität, Durchsichtigkeit und Ueberschaulichkeit, wie sonst nirgends. Welche plastisch anschaulichen Persönlichkeiten! jede gewißermaßen die Verkörperung einer großen Idee! ein Moses, Samuel, ein Elia und Elisa, ein Jesaia und Jeremia, ein Petrus und Paulus, welche Bilder heiliger, aufopfernder und furchtloser Liebe zu ihrem Volke! ein David, Salomo, Hiskia, echte Könige, groß, erhaben, weise und doch so menschlich wahr! Das Walten Gottes in der Führung eines Volkes, sonst so tief verhüllt unter den dasselbe vermittelnden Handlungen der Menschen und Wirkungen der Naturkräfte, ist hier aufgedeckt und vor das Auge gelegt. Dabei alles wahr und klar, kurz, epitomarisch und doch lebensvoll und concret, wie in usum Dolphini zugerichtet. Fürwahr, in der heiligen Schrift liegt, von allem andern abgesehen, ein Lehr= und Bildungsbuch für den geschichtlichen Sinn vor uns und unseren Kindern, wie kein zweites möglich ist. Aus ihm ist nicht bloß geschichtliches Verständnis zu gewinnen, sondern zugleich auch jene Gesinnung, welche alles geschichtlich Berechtigte mit Liebe und Treue umfaßt und festhält. Selbst ausdrückliche Anweisung zur pädagogischen Benützung des Sinnes für das Monumentale giebt uns die heilige Schrift. Man denke an die Steine am Jordan (Jos. 4, 6—9) und an 2. Mos. 13, 14. (Vgl. den Art. Bibel.)

Wird der geschichtliche Sinn an dem göttlich=realen Stoffe der heiligen Geschichte nicht ordnungs= und — wir möchten sagen — naturgemäß entwickelt und gebildet, wird so der Unterbau vernachläßigt, entweder gar nicht, oder in falscher Weise gelegt, wird das Gemüth gar frühe schon in vernünftelnde Zweifel an der geschichtlichen Wahrheit des göttlichen Wortes eingeführt und der Verstand zu allerlei Künsten mythischer Deutung und "innerer" d. h. hohler, bodenloser Kritik und Wühlerei angeleitet, dann darf es nicht wundern, wenn der im Kern des Geistes= und Gemüthslebens angerichtete Schade auch in Auffassung von Geschichte und Leben nachwirkt. Wer dem realsten Stoffe gegenüber ein oberflächlicher Raisonneur geworden, der wird auf dem Gebiete der Profangeschichte und geschichtlichen Wirklichkeit überhaupt schwerlich die selbstver= leugnende Demut mitbringen, die jedes Verständnis von Thatsachen bedingt, und wo man an dem ehrwürdigsten Stoffe keine Pietät gelernt und geübt, da wird schwerlich jene Pietät zu erwarten sein, ohne die kein treues Festhalten am eigenen Land und Volke, seiner Sprache, Sitte, Eigenthümlichkeit und Ordnung sich bilden dürfte. Schon diese Versäumnis allein vermag uns eine ganze Reihe von Erscheinungen zu er= klären, bei denen man immer fragen möchte: Giebt es denn für diese Leute keine Ge= schichte? — Daraus werden dann, freilich unter Mitwirkung von noch mancherlei an= deren Einflüssen, die idealen Träumer, die doctrinären Theoretiker, die das Leben eines Volkes sich nach ihrer Schablone zuschneiden, die allweisen Kannengießer, die ohne alle Ahnung, welch ein verwickelter Organismus Staat und Kirche sei, mit ihrem Urtheil über sie herfallen und alles vernichten, was nicht ihrem Meinen und Dünken entspricht; daraus die "Meister Klügel" mit Luther zu reden, die überall Bescheid wissen, die Weltverbesserer, die für jeden Schaden ein Pflaster hätten, wenn man sie nur wollte ankommen lassen, daher die mit nichts zufriedenen, an allem positiven nagenden und rüttelnden Leute, die Männer des absoluten Fortschritts, welche, dem ewigen Juden gleich, nur immer laufen und nie und nirgends zur Ruhe kommen, die pflanzen, ohne reifen zu lassen, und je nach dem Maße ihrer Thatkraft und nach Zeit und Gelegen= heit aus dem Negiren in Worten endlich in das Negiren der Gewalt, in Umsturz und Revolution vorschreiten.

Wo dagegen der Sinn für das Geschichtliche, Thatsächliche in der Jugend zunächst und hauptsächlich an der realsten aller Geschichten, der biblischen, gebildet ist, da ist für weiteren Unterricht in der allgemeinen und vaterländischen Geschichte, wie für eine rich= tige Anschauung des Lebens überhaupt ein guter Grund gelegt.

Für die Volksschule ist und bleibt die Bibel das Ein und Alles zur Bildung geschichtlichen Verständnisses, und was die Weltgeschichte sonst an Stoff dazu liefern könnte, beschränke sich auf dasjenige, was zum Verständnis der biblischen Geschichte und Bibellehre dient: Assyrier, Babylonier, Perser, Griechen, Römer; dann Papsthum,

Reformation, deutsche und neuere evangelische Mission; überall nur Hauptsächliches. Auch die niedere Realschule wird nicht weit über dieses Ziel hinaus geführt werden können. Lateinschule und noch mehr Gymnasium haben den großen Vortheil, an der Hand der alten Sprachen in Geschichte und Leben der classischen Culturvölker einzublicken und an ihrem Thun in Krieg und Frieden, in Staatseinrichtungen, in Kunst, Wissenschaft und Sitte sich zu spiegeln, die Beurtheilung der Dinge in Vergleichung theils mit dem biblischen Stoffe, theils mit eigenen vaterländischen Zuständen zu fördern und das, was wir haben und genießen, verstehen und würdigen zu helfen. Man lasse nur immer möglichst die Thatsachen reden und leite der reiferen Jugend gegenüber die Aufmerksamkeit von den äußeren Thatsachen mehr und mehr auf den inneren, genetischen Zusammenhang der Zustände und Schicksale der Völker, wie nach höheren sittlichen Gesetzen eines auf das andere und aus dem anderen folgen konnte und mußte. — Für die Zöglinge der höheren Schulen thut sich bei der Möglichkeit, neben der biblischen und classischen Geschichte auch auf die vaterländische näher einzugehen, ein weites Feld auch für die Bildung des geschichtlichen Sinnes auf. Wer in der Schule mit der Geschichte seines Landes und Volkes Bekanntschaft gemacht hat, dessen Theilnahme wird durch eine Menge Dinge erregt, an denen ein anderer gleichgültig vorübergeht. Städte, Burgen, Geburtsorte berühmter Menschen, Ströme, Berge, Steine, Schlachtfelder, Kirchen und Kapellen sind für ihn geweiht und reden zu ihm. Die Schule fördere das Verständnis dieser Sprache und knüpfe namentlich auch an geschichtlichen Denkmälern an, wie sie etwa die Heimat bietet. Cuvier sah durch einen fossilen Wirbelknochen in die Thier- und Pflanzenwelt der Urzeit; so sieht der Mensch mit geschichtlichem Blick durch einen Denkstein, ein Bild, ein Geburtshaus, ein Grabmal in ferne Jahrhunderte zurück.

Mit dem, was die Schule thun soll und kann, muß die häusliche Zucht und Gewöhnung Hand in Hand gehen. Man halte vor allem über dem vierten Gebot: Ehrfurcht vor Eltern und Alten! Man pflege den Sinn für des Hauses Ordnung und Sitte, für verwandtschaftliche Liebe, für Familienehre ꝛc. (s. d. Art. Familie). — Man beurtheile nicht öffentliche Personen (Lehrer, Prediger, Beamte ꝛc.) im Beisein der Kinder, weise vielmehr das schnabelschnelle Urtheil der Jugend über Personen und Einrichtungen in seine gebührenden Schranken. Man gebe ihr ihre Unreifheit gelegentlich zu empfinden und gewöhne sie, zu dem Großen und Tüchtigen der Vorzeit wie der Gegenwart ehrerbietig hinaufzusehen. Man pflanze dem alles Bestehende wespenartig annagenden kritischen Geist unserer Zeit gegenüber Vorurtheile (Palmer Pädagog. S. 262) für das Bestehende und Alte, zunächst nur, weil es das ist und sich, wenn auch unter Mängeln, bewährt hat, und Mistrauen gegen das Neue, als das erst seine Probe zu bestehen habe. Namentlich helfe man der Jugend auch zum Verständnis deutschen Wesens und suche Hochachtung, Ehrfurcht, Liebe ins deutschen Vaterlande gegenüber zu pflanzen und zu pflegen, eine Liebe, die je die rechte Liebe, treu aushält auch bei Mängeln und Gebrechen des Geliebten. Unsere Nationalfehler und Gebrechen liegen offen zu Tage; unsere Nationaltugenden sind verborgener und tiefer als die manches äußerlich glänzenden Volkes. Uns fehlt das lecke Selbstvertrauen des Franzosen, der stolze, rücksichtslose Egoismus des Briten und das durchherrschende Nationalbewußtsein, das diese Völker beseelt; daher ihr Zunehmen und unser Abnehmen an politischer Macht und Bedeutung. Dafür ist unser Volk zum Träger einer tieferen und nachhaltigeren Macht, zum Pfleger eines höheren Schatzes angethan. Es sind die tiefsinnigsten Aufgaben, deren Lösung dem deutschen Volke zugedacht sein dürfte. Seine politische Jammergestalt scheint dieser Aufgabe nicht fremd zu sein. Dennoch wecke und fördere man in der Jugend das rechtmäßige vaterländische Selbstgefühl, den gesunden Egoismus, ohne den weder ein Volk noch ein Individuum bestehen kann, die Selbstachtung, die mit der Demut wohl besteht. Man zeige die Herrlichkeit der deutschen Sprache und Literatur, und strafe die häßliche Ausländerei in Sprache wie in Sitte. Wie lange wird z. B. — um Kleines zu nennen — ein deutscher Vater seinen Sohn mit Jean, George, Louis ꝛc. benamsen?

Geschichtlicher Sinn.

„Wirf den geſtückelten Bettelrock ab!" hat ſchon ein biederer deutſcher Mann aus Mannhold von Sittewald Zeit und Geiſt der deutſchen Sprache zugerufen. Man fördere die Bekanntſchaft mit gediegenen Werken unſerer Literatur, lenke die leſende Jugend auf geſunden Stoff, behüte ſie vor den Giftbuden der Leihbibliotheken, den Belladonnabeeren der Romane ꝛc. Man richte die Augen der Jugend auf vorhandene Denkmäler der Vorzeit: Dome, Burgen ꝛc. Die Dome von Straßburg, Freiburg, Bamberg, Ulm, Cöln, welche Zeugen deutſchen Geiſtes! Was ſagt nicht das kleine noch übrige Mäuerlein auf Hohenſtaufen dem hörenden Ohre und das unten am Bergkegel ſtehende Kirchlein mit ſeinem: „Hic transibat Cäsar!" was Wartburg, was die Trümmer des Schloſſes zu Heidelberg! was das wiedererſtandene Hohenzollern! — Man rüttle nicht radicaliſtiſch an der Gliederung der deutſchen Stämme und bilde dem jungen Geſchlechte nicht ein, daß Deutſchland durch irgend eine willkürlich gemachte Einheit Wunder was an politiſcher Kraft gewinnen würde; denn dieſe landſchaftliche Trennung, wie auch immer zu beklagen, hat doch nun einmal ihre geſchichtliche Berechtigung; aber man ſtärke das Bewußtſein der Zuſammengehörigkeit dieſer Glieder zu Einem Leibe auch ſchon bei der Jugend. Wie ſinnig thut das Rückert in ſeinem ſchönen Gedichte: „die hohle Weide"!

„Du gleicheſt meinem Vaterlande, dem tief in ſich geſpaltenen,
Von einem tiefern Lebensbande zuſammen doch gehaltenen."

Wenn denn die „mit eigner Vor!" umrüſteten" getrennten Glieder im Laufe geſchichtlicher Entwicklung ſich auch äußerlich zuſammenſchließen, wenn, wie nach unſerem großen Kriege von 1870 u. 71 geſchehen, eine gemeinſame Ordnung um die andere im Staats-, im Rechts-, Handels-, Gewerbs-, Poſt- und Eiſenbahnweſen, im Lehr- und Wehr- und Nährleben, bis auf eine gemeinſame Rechtſchreibung hinaus Vereinigungsringe um alle Aeſte des einen Baumes legt und den früher verlachten und verfolgten Traum der deutſchen Jugend von einem deutſchen Kaiſer und Reiche zur Wirklichkeit macht, dann iſt die Freude an ſolch einer gezeitigten Frucht um ſo tiefer und nachhaltiger. — Man wahre darum das Andenken großer Volksereigniſſe und halte ihre Gedächtnistage. Von den großen Tagen von Leipzig und Waterloo konnte ſchon im Jahr 1816 Uhland ſingen: „Man ſprach von einem Feſtgeläute, Man ſprach von einem Feuermeer; Doch was das große Feſt bedeute, Weiß es denn jetzt noch irgend wer?" Solche ſchnöde Vergeßlichkeit eines Volkes iſt traurig. Keine Schule, hoch oder niedrig, ſollte den 18. October und 18. Juni ungefeiert, mindeſtens nicht unerwähnt laſſen. Ganze Gemeinden und Landſchaften Deutſchlands in Unkenntnis deſſen verſinken zu laſſen, was der Herr in den Jahren 1812, 13 und 15 am deutſchen Volke gethan hat, iſt eine wahre Sünde am Volk und ſeiner Geſchichte. Schreiber dieſes iſt als Knabe am 18. October 1814 an einem flammenden Scheiterhaufen geſtanden, ein vaterländiſches Lied mitſingend, und das dort angezündete Feuer brennt noch in ſeinem alten Herzen. Auch die deutſchen Lieder aus der großen Zeit der Freiheitskriege ſollten der Jugend erhalten werden. Im Geſange von Körner's, Arndt's, Schenkendorf's Liedern lebte ſie in etwas die Noth und Errettung ihres Volkes nach. Jener großen Zeit der Freiheitskriege ſchließen ſich mit Recht die Tage unſeres großen Einheitskrieges an, namentlich der Tag von Sedan. Es wäre ein Gewinn für die Pflege des geſchichtlichen Sinnes in unſerem Volke, wenn das Beſtreben, ihn zu einem allgemeinen Feſte des Dankes zu machen, mehr und mehr in demſelben durchdränge, und mit ihm manch edles Lied, das dieſer Zeit entſprungen iſt.

Daß unſere Zeit und namentlich unſer deutſches Volk ſeit ſeiner harten Trübſalsſchule unter dem Fremdenjoch ſich mehr und mehr wieder in ſeine Vergangenheit zurückwendet, daß es ſich nach einer Zeit leichtfertiger Geringſchätzung des Alten wieder auf ſein Vorleben beſinnt und auf den Gebieten der Geſchichte, der Sprache, der Kunſt (L. Ranke und ſeine Schule. Grimm mit den Germaniſten. Joh. Eccard. Seb. Bach. Händel ꝛc.) lang verborgene Schätze hebt und ans Licht ſtellt, iſt ein erfreuliches Zeichen eines wiedererwachten geschichtlichen Sinnes. Wird derselbe auch in unserer Jugend geweckt, genährt, gebildet und geübt, vor allem auf dem Grunde des göttlichen Worts, durch Kirche, Haus, Schule, bürgerliches und vaterländisches Leben, so ist viel gethan, (freilich noch weit nicht alles), um ein Geschlecht heranzuziehen, das sich liebend an alles bewährte Alte anschließe, ohne sich an Veraltetes zu hängen und für wahren Fortschritt unzugänglich zu sein. Männer mit gehörig gebildetem geschichtlichen Sinne werden das Leben nehmen, wie es ist, sie werden sich keine romanhaften Darstellungen von den Verhältnissen machen in Kirche und Staat, in Amt und Haus, aber doch auch nicht in jene Resignation gerathen, die an allem Höheren und Idealen verzweifelt; sie werden sich hüten, irgend ein geschichtlich unvorbereitetes Gedankending z. B. eine Republik, eine Kirche von lauter Heiligen oder sonst etwas im Leben hinstellen zu wollen, sie werden aber darum nicht den Kampf aufgeben gegen verderbliche Mächte oder Verhältnisse. Sie werden nicht von jedem Winde einer neuen Lehre sich wiegen und wägen lassen, aber auch eine neue Sache nicht bloß deshalb verwerfen, weil sie neu ist; denn sie wissen, daß alles gute Alte auch einmal neu war. Geschichtlicher Sinn, richtig entwickelt und geleitet, ist ein wesentliches Moment mit, um gute Bürger, sie mögen befehlen oder gehorchen, in ihrem Gott zufriedene Menschen, praktische Leute in geistlichen und weltlichen Dingen zu bilden. Namentlich uns zu Subjectivismus und idealer Träumerei, zu Ueberschätzung des Fremden und Unterschätzung des Eigenen geneigten Deutschen thäte die gesunde Bildung des genannten Sinnes vor vielem anderen noth. Unsere Ausländerei in Religion und Sitte, in Sprache und Geschmack, in Erziehung und Politik ist uns, besonders Frankreich gegenüber, schon hoch genug zu stehen gekommen. Thun wir dazu, daß unsere Jugend aus dem theuer bezahlten Lehrer der Erfahrung lerne; denn wer nicht hört — das lehrt auch die Geschichte — der muß fühlen. (Vgl. d. Art. Heimatsinn.) B. Strehl.

Geschichtstabellen, s. Geschichte.

Geschlechter. Literatur: Burdach, Anthropologie. Stuttg. 1837. §. 423 bis 428; Heidenreich, die Verkehrtheit in der Erziehung und Bildung der weiblichen Jugend. 2te Aufl. Ansbach 1847. — Kant, Anthropologie (Hartenstein'sche Ausgabe X, S. 339—348); W. v. Humboldt, Ueber den Geschlechtsunterschied und dessen Einfluß auf die organische Natur (Gesammelte Werke IV, S. 272—301); Des. Ueber die männliche und weibliche Form (Ebendas. I, S. 215—261); Fichte, Grundlage des Naturrechts II, S. 158—226, bes. S. 213—226; Schleiermacher, Grundriß der philosophischen Ethik, herausgeg. v. Twesten, S. 123 ff. — Jean Paul, Levana §. 75—101; Schleiermacher, Erziehungslehre, S. 95 ff. 116 f. 224 ff. 356 ff. 601 f. 638; Benecke, Erziehungs= und Unterrichtslehre I, S. 455-465; II, S. 478 bis 488; K. v. Raumer, die Erziehung der Mädchen (Geschichte der Pädagogik, III, 2, S. 165—238); Palmer, Evangelische Pädagogik, 1ste Lfg. I, S. 303—306; II, 163—168; A. Monod, Weibliches Leben, 2. Aufl. Berlin 1862; Wiese, Zur Geschichte und Bildung der Frauen, 2. Aufl. Berlin 1873; Schäfer, Verschiedenheit der Auswahl und Behandlung des Unterrichts in Knaben= und Mädchenschulen. Gekrönte Preisschrift. Frankfurt 1876; Baur, Erziehungslehre. 3. Aufl. §. 14. 23. 75.

Dieser Artikel bezieht sich weder auf das natürliche geschlechtliche Verhältniß und dessen pädagogische Behandlung (vgl. die Art. Entwicklungsperiode und Geschlechtliche Verirrungen u. s. w.), noch auf das Einzelne der besonderen Schuleinrichtungen, welche etwa durch den Geschlechtsunterschied nöthig werden (vgl. hierüber die Artikel Geschlechtertrennung, Mädcheninstitute, Mädchenschulen, höhere Mädchenschulen), sondern nur von dem allerdings auf der natürlichen Grundlage erwachsenden Unterschiede des geistigen Geschlechtscharakters hat er zu handeln und daraus die allgemeinen pädagogischen Folgerungen abzuleiten, indem er auf einzelnes nur insoweit eingeht, als es zur Erläuterung der allgemeinen Grundsätze erforderlich ist.

Geschlechter.

I. Der Grundunterschied ist der mit der Differenz der natürlichen geschlechtlichen Functionen zusammenhängende, zwischen der vorherrschenden nach außen wirkenden **Selbstthätigkeit** des Mannes und der vorherrschenden aufnehmenden und aneignenden **Empfänglichkeit** des Weibes. Freilich überwiegt auch im kindlichen Alter und im sanguinischen Temperament die Empfänglichkeit, wie denn in der That eine gewiße Verwandtschaft des weiblichen Charakters mit dem Kindesalter und dem sanguinischen Temperament nicht zu verkennen ist; aber das Vorherrschen der Empfänglichkeit ist in diesen verschiedenen Fällen von verschiedener Art. Während nämlich das Kind sich deswegen vorzugsweise empfänglich verhält, weil die Selbstthätigkeit, die der Anlage nach sehr bedeutend sein kann, in ihm noch nicht entwickelt ist, während im sanguinischen Temperament die Empfänglichkeit in größerem Maße als die Selbstthätigkeit vorhanden ist: so beruht dagegen, nach Humboldts*) überaus feiner und treffender Ausführung, die Verschiedenheit des Geschlechtscharakters auf dem Unterschiede einer vorherrschend selbstthätigen, oder vorherrschend empfänglichen Richtung. Der Mann beginnt selbstthätig mit der Einwirkung auf ein Object und es thut seiner überwiegenden Selbstthätigkeit keinen Eintrag, wenn er dann mit mehr oder weniger lebhafter Empfänglichkeit die Gegenwirkung aufnimmt; das Weib verhält sich zuerst empfänglich gegen eine Einwirkung, durch die es aber zur lebendigsten Rückwirkung angeregt werden kann. Durch sein selbstthätiges Wirken macht sich der Mann von der Naturbestimmtheit und von der Bedingtheit durch äußere Umstände in höherem Grade frei, es ist seine Bestimmung in freier Thätigkeit seinen Wirkungskreis sich zu schaffen und die **persönliche Selbständigkeit** in vollem Maße zu repräsentiren. Das Weib dagegen, wie es in höherem Sinne, als der Mann, bestimmt ist, die Gattung zu erhalten, den Keim der künftigen Generation in seinem eigenen Leben zu hegen und sie dann in ihrem frühesten Leben zu bewahren und zu pflegen, stellt auch in höherem Grade den Gattungscharakter dar, zwar in einer Mannigfaltigkeit **natürlicher Individualitäten**, aber nicht in der Mannigfaltigkeit verschiedenen, mit persönlicher Selbständigkeit ergriffenen Lebensberufs.**) Eben weil ihm die Richtung, selbstthätig aus sich herauszugehen, fehlt, bleibt das Geistige bei dem Weibe mehr an das Physische, seine Thätigkeit in höherem Grade an die natürlichen Grundlagen gebunden, vor allem an das natürlichste und primitivste gesellige Verhältnis, welches die Grundlage des gesammten gesellschaftlichen Lebens bildet, an die Ehe und an die Familie. Den Mittelpunct der Familie als Mutter zu bilden, bleibt doch des Weibes eigentliche Bestimmung,

---

*) Er sagt a. a. O. IV, S. 381 f.: „Alles Männliche zeigt mehr Selbstthätigkeit, alles Weibliche mehr leidende Empfänglichkeit. Indes besteht dieser Unterschied nur in der Richtung, nicht in dem Vermögen. . . . der selbstthätigste Geist ist auch der reizbarste; und das Herz, das für jeden Eindruck am meisten empfänglich ist, giebt auch jeden mit der lebhaftesten Energie zurück. Nur also die verschiedene Richtung unterscheidet hier die männliche Kraft von der weiblichen. Die erstere beginnt, vermöge ihrer Selbstthätigkeit, mit der Einwirkung, nimmt aber, vermöge ihrer Empfänglichkeit, die Rückwirkung gegenseitig auf. Die letztere geht gerade den entgegengesetzten Weg. Mit ihrer Empfänglichkeit nimmt sie die Einwirkung auf, und erwidert sie mit Selbstthätigkeit."

) Auf solche Weise diesen Unterschied zwischen der männlichen und der weiblichen Eigenthümlichkeit zu fassen, dürfte sachgemäßer sein, als mit Burdach (a. a. O. S. 475 f.) im Manne den Vertreter der **Individualität, in dem Weibe die Repräsentantin der **Gattung** zu finden. Unstreitig zeigen doch Frauen im Durchschnitt mehr individuelle Eigenthümlichkeit, als Männer; aber es ist eben die natürliche, angeborene Individualität, in welcher sie in höherem Grade befangen bleiben, während auch diese für die Selbstthätigkeit des Mannes ein Material wird, auf welches er nach allgemeinen Grundsätzen und Zwecken bestimmend einwirkt, und wenn dieses selbst in einer Weise geschieht, daß durch die abstracte Regel auch berechtigte Aeußerungen der Individualität zurückgedrängt werden, so wird man dies nicht unmännlich finden können, unweiblich aber wäre es gewiß. Dagegen hat der Mann vor dem Weibe die persönliche Selbständigkeit voraus und einen seiner natürlichen Anlage und Neigung entsprechenden bestimmten Beruf: bei dem Manne ist das **Wirken** eigenthümlicher, bei dem Weibe aber das **Sein**.

und daraus ergiebt sich für alle eine wesentliche Gleichheit des Berufes. Mit Recht ist darauf aufmerksam gemacht worden (Oldenberg, Grundlinien der Pädagogik Goethe's, S. 33 ff.), wie Goethe, dieser feine Zeichner weiblicher Charaktere, seine schönsten Frauengestalten, Lotte, Dorothea, Ottilie, in dem mütterlichen Berufe thätig sein läßt; und Schiller hat im Lied von der Glocke, in der Würde der Frauen und a. a. O. in bedeutungsvolle Bilder auf das klarste und anschaulichste zusammengefaßt, was sein Freund Humboldt philosophisch entwickelte, daß der Mann hinaus muß, um im feindlichen Leben zu kämpfen und zu gewinnen, während das Weib im häuslichen Kreise ordnend und erhaltend wirkt und zu dem Guten das Schöne fügt.

Verfolgen wir nun den angegebenen Grundunterschied kurz durch die verschiedenen Erscheinungsformen des individuellen Lebens,*) so offenbart sich in der Sphäre des Gefühls die aus sich selbst herausgehende Selbstthätigkeit des Mannes darin, daß er vorzugsweise durch das die einzelnen Erscheinungen zusammenfassende Gesammtbild bewegt wird, daß er am meisten empfänglich ist für erhabene Eindrücke und daß durch die Eindrücke, welche er aufnimmt, seine Phantasie zu freier Thätigkeit angeregt wird; dagegen zeichnet die Empfänglichkeit des Weibes der seine Sinn für das Einzelne aus, es wird durch das Anmuthige in höherem Grade angesprochen, als durch das Große, und ergreift, wovon es unmittelbar berührt wird, mit der größeren Lebendigkeit und Innigkeit seines Gefühls. Im Denken schreitet der männliche Geist von der concreten Einzelheit rasch zum allgemeinen Gesetz fort, das aus diesem das Einzelne folgende constructive Verfahren ist das ihm angemessene, und eben darum ist die eigentliche Erfindung sein fast ausschließliches Vorrecht; das Weib dagegen haftet mehr an der einzelnen Vorstellung, die es um so lebendiger sich aneignet, und über die Reflexion treibt das Bedürfnis des weiblichen Geistes nicht hinaus, aber sein natürliches Unterscheidungsvermögen für das Richtige leitet sicherer, als das noch nicht zur Reife gediehene Raisonnement des Mannes, „man kann sagen: der Mann muß sich erst vernünftig machen, aber das Weib ist schon von Natur vernünftig" (Fichte). Darum bildet die Sprache auch nur der Mann zur eigentlichen Rede aus, denn nur er besitzt die Umsicht, die Allgemeinheit der Gesichtspuncte, die Fähigkeit, aus sich selbst herausgehend in die objectiven Verhältnisse und in andere Ansichten sich zu versetzen, wie dies alles bei einer umfassenden Rede, welche auf eine größere Versammlung wirken soll, vorausgesetzt wird; die Virtuosität des Weibes liegt im Gespräch, durch dieses herrschen die Frauen im Kreise freier Geselligkeit und es bietet auch eine angemessenere Form der Belehrung für sie dar, als die modernen „Vorlesungen für ein gemischtes Publicum." So wenig, wie als Redner, sollte das Weib als Schriftstellerin vor das größere Publicum treten, und zwar aus denselben Gründen nicht. Ausnahmen werden die beste Rechtfertigung in sich tragen, wenn ohne Prätension Selbsterfahrenes in frischer Unmittelbarkeit und zunächst für das weibliche Geschlecht selbst mitgetheilt wird; dagegen giebt es wieder eine Art nicht der Schriftstellerei, aber doch der schriftlichen Darstellung, worin vor allen die Frauen zur Meisterschaft berufen sind, nämlich das Briefschreiben, sofern der Brief dazu dient, der individuellen Anschauung und Stimmung unmittelbar den individuellsten Ausdruck zu geben: nur wenig Männern ist es gegeben, mit der frischen, unbefangenen, völlig unreflectirten Unmittelbarkeit zu schreiben, welche aus des jugendlichen Goethe und aus Mozarts Briefen uns so sehr anspricht. Im Gebiete des Wollens und Handelns verfolgt der Mann fernerliegende Zwecke, die

---

*) Alles wesentliche faßt Schleiermacher (Grundriß der philos. Ethik, S. 123) in seiner prägnanten Weise, aber freilich auch in seiner eigenthümlichen Terminologie in folgenden Sätzen zusammen: „Das Wesen desselben (des Geschlechtscharakters) geht aber aus der Geschlechterreihe am deutlichsten hervor, wo im weiblichen Uebergewicht der Receptivität und im männlichen der Spontaneität. Daher: eigenthümliches Erkennen: Gefühl weiblich, Fantasie männlich; Nachgang weiblich, Invention männlich. Eigenthümliches Bilden: nach Sitte weiblich, über Sitte hinaus männlich. Identisch Erkennen: weiblich mehr Aufnehmen als Fortbilden. Identisch Bilden: weiblich mehr mit Bezug auf die eigenthümliche Sphäre, männlich mehr mit reiner Objectivität."

sich von allgemeinen Grundsätzen leiten, nach welchem er das Rechte zu schaffen sucht, wogegen das Weib, von ihrem natürlichen Gefühl für das Rechte geleitet, sich an die nächstliegenden Aufgaben hält und darauf bedacht ist, daß das Gute auch angemessen und schön geschehe, damit die weibliche Empfänglichkeit es sich als etwas übereinstimmendes aneignen könne, und so sucht das Weib, während die Thätigkeit des Mannes neuschaffend über die herrschende Sitte hinausgeht, vielmehr die Herrschaft der Sitte zu erhalten und zu begründen („Nach Freiheit strebt der Mann, das Weib nach Sitte." Goethe im Tasso). In Bezug auf das leibliche Leben kommt dem Manne die Kraft zu, und es steht ihm an, für einen bestimmten Zweck bestimmte Organe zeitweise einseitig anzustrengen und dann in längerer Ruhe und Erholung ihre Kräfte sich wieder sammeln zu lassen; dagegen fordert die Anmuth, welche im Unterschied von dem starken Geschlechte das Vorrecht des schönen ist, daß die verschiedenen Functionen in einer gewissen stetigen Gleichmäßigkeit harmonisch wirksam sind, wodurch das Weib zu ruhiger Ausdauer in höherem Grade fähig wird. Das beiderseitige Verhältnis zum Besitze ist im wesentlichen durch das Wort Kant's (a. a. O. S. 345) charakterisirt: „des Mannes Wirthschaft ist Erwerben, die des Weibes Sparen." Und was endlich die Form der Nationalität anlangt als einer gleichfalls nothwendigen eigenthümlichen Erscheinungsform des Allgemeinmenschlichen, so ist es die Aufgabe des Mannes, sich der eigenen nationalen Eigenthümlichkeit im Unterschiede von anderen bewußt zu werden, in diesem Bewußtsein sie zu behaupten und die großen nationalen Zwecke zu verfolgen; aber in dem Weibe stellt sich die nationale Eigenthümlichkeit unmittelbar und im ganzen noch deutlicher dar, als in dem Manne, weil es eben auch von der natürlichen Grundlage der Volksthümlichkeit sich weniger losmachen kann. Auf die bürgerliche und religiöse Gemeinschaft als solche wirkt nur die Selbstthätigkeit des Mannes unmittelbar ein, aber auch in dieser Beziehung ist die Einwirkung der Frauen, wie so viele epochemachenden Ereignisse in der äußeren und inneren Geschichte der Menschheit beweisen, sehr bedeutsam, „namentlich durch den billigen und in der Natur der ehelichen Verbindung gegründeten Einfluß, den sie auf ihre Männer haben" (Fichte, a. a. O. S. 217). Das Weib übt auf die ursprünglichste Gemeinschaft, auf die Familie, den intensivsten Einfluß, und da in dieser auch die bürgerliche und die religiöse Gemeinschaft wurzeln, so kann es nicht fehlen, daß die weibliche Einwirkung von dort aus auch auf diese Gemeinschaften sich verbreitet. Insbesondere im Gebiete der Religion gilt zwar in Bezug auf kirchliche Lehre und Organisation fortwährend das mulier taceat in ecclesia; in Bezug auf die erste Anregung und Begründung des religiösen Lebens in der heranwachsenden Generation aber ist der weibliche, insbesondere der mütterliche Einfluß von der höchsten Bedeutung. Vgl. in dieser besondern Beziehung: Neander über den Einfluß frommer Mütter, in seinen Denkwürdigkeiten. II. Berlin. 1823. S. 66—88. J. P. Lange, Ueber den Antheil des weiblichen Geschlechts an der Entwicklung und der Geschichte der christlichen Kirche, Protest. Monatsblätter, 1858, S. 87—122, und dazu H. Merz, Christl. Frauenbilder. 2. Aufl. Stuttg. 1855. Burk, Spiegel edler Pfarrfrauen. Stuttg. 1855.

Wir dürfen nach diesem allen zusammenfassend sagen: der Mann entspricht seiner Bestimmung vorzugsweise durch das, was er thut, das Weib durch das, was es in seinem gesammten Wesen ist. An dem Mann schätzen wir die bestimmte Leistung und das bestimmte Talent, welches ihn dazu befähigt; bei dem Weibe aber kann das reichste und in glänzenden Leistungen bewährte Talent, kann selbst die bewunderungswürdigste Seelenstärke für den Mangel an jener alle einzelnen Lebensregungen zusammenhaltenden Innigkeit des Gemüthes und an jener Schönheit der Seele nicht entschädigen, welche das Unangemessene von selbst von sich fernhält und das Angemessene als lebendiges Element einer harmonischen Gesammtbildung sich aneignet, und auf welcher der eigenthümliche Reiz edler Weiblichkeit eigentlich beruht.*) Eben

---

*) Oldenberg a. a. O. S. 40: „In Lucianen und Ottilien (in Goethe's Wahlverwandtschaften) ist eine unweibliche Bildung einer echt weiblichen entgegengestellt. Lucianens Geist

weil bei dem Weibe das Geistige unmittelbarer aus dem Natürlichen sich entwickelt, soll das Weib auch in seiner gesammten Erscheinung selbst schon das Natürliche als von dem Geistigen durchdrungen und geadelt darstellen, während der Mann vorzugsweise dem außer ihm liegenden Stoff das Siegel des Geistes aufdrückt. „Man sieht, sagt darum Goethe ebenso treffend als bündig, an dem Mädchen, was es ist, und an dem Jüngling, was er ankündigt," und man ehrt, dürfen wir hinzusetzen, an dem Manne, was er leistet.

II. Wie, wenn auch mit Uebergewicht der einen oder der andern Richtung, doch in einem jeden Gliede der menschlichen Gesellschaft Selbstthätigkeit und Empfänglichkeit vorhanden sein muß, weil sie nur so im wechselseitigen Geben und Empfangen lebendige Glieder einer lebendigen Gemeinschaft werden können: so ist auch die Verschiedenheit des geistigen Geschlechtscharakters, wie sie im Bisherigen dargestellt worden ist, keine absolute, sondern sie beruht nur auf dem vorzugsweisen Hervortreten der einen oder der andern Seite, denn auch Mann und Weib sollen, soweit es ohne Beeinträchtigung des eigenen Geschlechtscharakters geschehen kann, ihre Eigenthümlichkeit wechselseitig sich mittheilen, und in ihrer Verbindung erst stellt der volle Begriff des Menschlichen sich dar. In der vollkommensten Weise wird diese Verbindung in der Ehe, als der vollkommensten Lebensgemeinschaft zweier Individuen, vermittelt: aber auch in dem weiteren gemeinschaftlichen Leben darf sie nicht fehlen, und die Erziehung hat auf die rechte wechselseitige Ergänzung des männlichen und des weiblichen Elementes vorbereitend hinzuwirken. Zunächst wäre es nicht gut, wenn bei der erziehenden Thätigkeit überhaupt nur männlicher, oder nur weiblicher Einfluß sich geltend machte, oder wenn insbesondere, wie es wohl vorgeschlagen worden ist, Knaben nur von Männern, Mädchen nur von Frauen erzogen würden. Einen bedeutsamen Wink in dieser Beziehung bietet die Erfahrung, daß das Herz der sanftesten Mutter gerade an den wildesten Jungen am innigsten hängt, und daß umgekehrt der kräftigste, thätigste Vater zur sanftesten, sinnigsten Tochter ganz besonders sich hingezogen fühlt; denn offenbar hat diese Thatsache nicht, wie Kant will, darin ihren Grund, daß der eine Gatte für den Fall des Todes des andern in den Kindern vom Geschlechte des verstorbenen einen Ersatz für diesen voraussieht, sondern eben in dem Bewußtsein, daß das eine Geschlecht an dem andern seine Ergänzug hat und wiederum berufen ist, auf dieses ergänzend einzuwirken. Wir fordern also in Bezug auf die erziehende Thätigkeit ein Zusammenwirken des männlichen und weiblichen Einflusses. Der Knabe, von Natur darauf angelegt, bestimmten äußeren Zielen rücksichtslos nachzustreben, soll durch die weibliche Einwirkung an Innigkeit des Gemüthes gewinnen, an ruhiger Aufmerksamkeit auch auf das Näherliegende und scheinbar Unbedeutende, er soll lernen, daß das Zweckmäßige auch in angemessener Form geschehen, daß auch in der Art und Weise menschlichen Thuns die Herrschaft des Geistes über den Stoff sich offenbaren muß; und andererseits soll durch den erziehenden Einfluß von Männern der weibliche Geist aus seiner größeren Gebundenheit an die Naturbedingungen befreit werden, indem er dem Interesse für die großen Ziele erschlossen wird, welche dem Individuum und der Gesammtheit vorgesteckt sind, und erkennen lernt, daß das Streben nach diesen Zielen auch über die herrschende Sitte hinausgehen darf, um mit Geltendmachung neuer geistiger Mächte auch den Grund für neue Formen der Sitte zu legen. Auch in dieser Beziehung ist die rechte Familienerziehung vorbildlich, da hier Vater und Mutter in Verbindung die pädagogischen Qualitäten repräsentiren, welche auch der ausgezeichnetste einzelne Erzieher schwerlich in sich vereinigen kann; und insbesondere kann nur eine

---

ist glänzend entwickelt, wie sie auch der Stolz ihrer Pension ist, aber dem Hause und der Natur entfremdet. In rastlosem Wechsel macht sie ihre Talente geltend, doch wird sie von Ottilien überstrahlt, die ihre Stelle im Hause Charlottens eingenommen hat. Ottilie hat keine Talente, aber das höchste weibliche Genie, in der Schönheit und jungfräulichen Mütterlichkeit ihres Wesens."

halb der Familie, und zwar vorzugsweise durch den weiblichen Einfluß in ihr, auch in dem künftigen Manne jener Familiensinn begründet werden, welcher, wie sehr auch Denken und Thun nach außen dem öffentlichen Berufe zugewendet ist, doch das Herz stets in der Familie seine eigentliche Heimat finden läßt und zugleich die gediegene Grundlage und die immer neu stärkende Lebensquelle für eine kräftige Berufsthätigkeit. Aber auch wenn der Knabe und Jüngling, je mehr er einer bestimmten Berufsthätigkeit sich annähert, um so mehr der Familie äußerlich entzogen wird, darf ihm die ermäßigende und formende weibliche Einwirkung nicht fehlen, so wenig, als der gereifte Mann dieses bildenden Einflusses entbehren kann. Andererseits wirken die Lehrer in der Schule zur Erweiterung des Gesichtskreises ihrer weiblichen Zöglinge. Denn daß **der eigentliche pädagogische Beruf eine Sache des Mannes ist**, kann doch wohl als unzweifelhaft gelten, da nur die männliche Selbstthätigkeit diejenigen Eigenschaften einschließt, welche jener Beruf vor allen erfordert: die umfassende Uebersicht über die Gesammtheit der Aufgaben, welche das Leben stellt, und über die daraus folgenden pädagogischen Aufgaben; das organisatorische Talent, welches die entsprechenden Maßregeln und Einrichtungen zu erkennen und zu schaffen versteht; die Richtung auf das Objective und die damit zusammenhängende Fähigkeit, auf den Standpunct des Zöglings sich zu versetzen und nach bestimmten Grundsätzen auf ihn einzuwirken. Auf die Frage, inwieweit Erzieherinnen von Fach nothwendig oder berechtigt sind, gilt die Antwort: sie sind es um so mehr, je mehr der pädagogische Beruf mit dem mütterlichen zusammenfällt, also ganz besonders für Kinder und demnächst für Mädchen. Und doch ist auch für diese Fälle zu wünschen, daß nicht bloß die obere Leitung der Schule, sondern auch der Unterricht, sobald er einen mehr systematischen Charakter annehmen muß, Männern überlassen bleibt, indem sonst der Erzieherin eine vorherrschende Verstandesthätigkeit und ein vielseitig regierendes Wirken nach allgemeinen Grundsätzen und feststehenden Regeln zugemuthet werden muß, wie es selten ohne jede Beeinträchtigung der harmonischen Totalität und der schönen Unmittelbarkeit, welche im weiblichen Geschlechtscharakter liegt, übernommen wird. (Vgl. den Art. Lehrerinnen).

Es ist vorhin vorausgesetzt worden, daß auch die weibliche Jugend in der Schule von Lehrern von Fach gebildet werde. Dagegen läßt sich nun einwenden, daß das Mädchen, wie für die Familie, so auch ausschließlich in der Familie zu erziehen sei, eben so gewiß, als der Knabe die öffentliche Schule nicht bloß als Unterrichtsanstalt besuchen müsse, sondern zugleich als eine für seinen künftigen öffentlichen Beruf ihn vorbereitende Erziehungsanstalt. Aber abgesehen davon, daß auch das Mädchen durch die Schule vor beschränkten Familienansichten und Familiengewohnheiten und vor einem selbstsüchtigen Familieninteresse bewahrt und für den weiteren geselligen Verkehr vorbereitet wird, in welchem die Frau eine so bedeutende Stellung einnimmt: so macht schon die Nothwendigkeit eines methodischen Unterrichtes durch geschulte Lehrer, wie er in der Regel nur in der Schule gefunden werden können, auch für Mädchen den Schulbesuch nöthig.*) Gewiß sind in neuerer Zeit die Ansprüche nicht sowohl an weibliche Bildung, als an weibliche Kenntnisse, vielfach ins Uebertriebene gesteigert worden: aber man muß sich doch auch hüten, die berechtigte

---

*) Daß in der einzelnen Familie der Schulunterricht vollständig durch Vater und Mutter ersetzt werden könne, ist aus inneren und äußeren Gründen gewiß nur in den allerseltensten Fällen anzunehmen. Aber auch für die von Raumer (a. a. O. S. 209) vorgeschlagenen Vereine von Müttern zur Bildung der Töchter, worin eine jede Mutter den Unterricht in der gerade ihr geläufigsten Fertigkeit beizusteuern hätte, möchten sich auch bei dem besten Willen die geeigneten Persönlichkeiten und die ausreichenden Kräfte nicht allzuhäufig finden. Und ob nicht selbst, wo sie sich fänden, der Vorzug des Schulunterrichts Beachtung verdiente, welcher darin liegt, daß dieser das Mädchen auch auf den Verkehr mit solchen vorbereitet, die ihm nicht durch seine eigene oder durch der Eltern Wahl zugeführt, sondern durch die Macht der Verhältnisse zu ihm in Beziehung getreten sind? Daß dabei die Mitschülerinnen im ganzen die Bildungsstufe und die gesellschaftliche Stellung seines elterlichen Hauses vertreten müssen, setzen wir voraus.

Forderung, daß das Mädchen vor allem zur Hausfrau zu erziehen sei, in die völlig unberechtigte zu verkehren, daß von ihm alles fern zu halten sei, was nicht die vier Wände des Hauses einschließen, eine Beschränkung, welche um so gefährlicher ist, weil der weibliche Geist, welchen man für Höheres zu interessiren unterlassen hat, da er so sich schon mehr an dem Nächstliegenden haftet, leicht sein Interesse dem Alltäglichen und Ordinären zuwendet. Ein normaler Bildungsstand fordert eine verhältnismäßige Theilnahme des weiblichen Geschlechtes an dem Beruf und an den geistigen Interessen des Mannes, wie sie ohne eine entsprechende Theilnahme an seiner Vorbildung nicht möglich, aber schon um des Einflusses willen nöthig ist, welchen die Mutter in den Knaben, und zwar weit über dessen eigentliche Kinderjahre hinaus, auf die Bildung des künftigen Mannes üben soll. Fordern wir sonach auch für die weibliche Jugend Theilnahme an der Schulbildung, so bleibt doch für das Mädchen fortwährend die eigentliche Stätte der Erziehung das elterliche Haus, welchem es schon täglich durch die Schule nicht zu lang entzogen werden darf und in welches es nach kürzerer Schulzeit als an die eigentliche Stätte auch seines Berufes gänzlich zurückkehrt, während den Jüngling die längere Lehrzeit in seinen besonderen Beruf hinausführt. Und wie eben durch die Beziehung auf diese ausgebreitetere Berufsthätigkeit von der männlichen Jugend eine größere Masse von Kenntnissen wirklich lebendig angeeignet werden kann, so giebt es für die weibliche Jugend ein lebendiges Wissen nur insoweit, als dieses irgendwie zu dem häuslichen Leben in Beziehung tritt. Was das Mädchen in der Schule lernt, hat nur insoweit bleibenden Werth, als das Gelernte nicht bloß in dem künftigen häuslichen Berufe den Boden, in welchem es lebendige Wurzel schlagen kann, sondern auch von Anfang an in der Familie seinen Widerhall findet und namentlich von dem lebendigen Interesse der Eltern begleitet wird: ein Mädchen, welches durch Schulunterricht über die intellectuelle Bildung seiner Familie bis zur Unmöglichkeit eines beiderseits befriedigenden geistigen Verkehrs hinausgehoben wäre, würde für uns geradezu etwas Widerwärtiges haben, während ein solches Verhältnis bei dem Jüngling durchaus nichts Anstößiges hätte.

Wenn nun Mädchen und Knaben bis zu einem gewißen Grade denselben Schulunterricht genießen müßen, so fragt es sich, warum nicht auch beide Geschlechter gemeinschaftlich den Unterricht genießen sollen; denn wenn doch beide im gesellschaftlichen Leben später durch ihr eigenthümliches Wesen und Wirken sich wechselseitig unterstützen und ergänzen sollen, die Schule aber auf das Leben vorzubereiten bestimmt ist, so scheint es am nächsten zu liegen, daß beide Geschlechter auch miteinander und in steter Beziehung zu einander erzogen werden. In der That möchte auch hiergegen aus der Sache selbst kaum ein gegründeter Einwand zu erheben und der gewöhnlichen Bedenken mit der Betrachtung zu begegnen sein, daß doch unstreitig die Erziehung unter sonst gleichen Verhältnissen besser und leichter in einer Familie gelingt, in welcher Knaben und Mädchen nebeneinander erzogen werden, als in einer solchen, in welcher nur Ein Geschlecht unter den Kindern vertreten ist. Wenn gleichwohl die Stimme der Pädagogen besondere Mädchenschulen mit einer Allgemeinheit und Entschiedenheit fordert, daß Benecke (a. a. O. II, S. 478) diese Forderung, wenigstens in Bezug auf die Mädchen aus den mittleren und höheren Ständen, als ein Axiom hinstellen kann, das einer Begründung gar nicht bedarf: so erklärt sich dies aus dem Umstande, daß bei der herrschenden Ueberfüllung der Schulen eine eigentlich pädagogische Einwirkung auf den Einzelnen überhaupt unmöglich ist, und deswegen, um Irregularitäten zu vermeiden, zu welchen die Differenz der Geschlechter Anlaß werden könnte, und um überhaupt die pädagogische Aufgabe zu vereinfachen, die Trennung der Geschlechter allerdings als geboten erscheint. Aber diese thatsächlichen Hindernisse eines gemeinschaftlichen Unterrichtes hindern nicht, es als die wünschenswertheste und dankbarste pädagogische Aufgabe zu erkennen, wenn ein Erzieher in einer Zahl, welche eine pädagogische Ueberwachung und Leitung noch möglich macht, Knaben und Mädchen neben einander zu erziehen hat. Die Gefahr, daß die Knaben weibisch und die Mädchen männisch werden, ist da nicht vorhanden, wo beide Geschlechter in ungefähr gleicher Zahl vertreten sind, vielmehr sagt dann einem jeden sein Gefühl, daß es dem andern Geschlecht nur dadurch achtungs= und liebenswerth wird, daß es seinen eigenthümlichen Charakter rein bewahrt und darstellt, und geschlechtliche Roheiten und unnatürliche Excesse werden durch ein solches Zusammensein sicher nicht sowohl befördert als verhindert. Dagegen kann sich in ihm schon der bildende Einfluß in sehr förderlicher Weise geltend machen, welcher, das männliche vorzugsweise anregend, das weibliche ermäßigend und zügelnd, beide Geschlechter auf einander auszuüben bestimmt sind. Und da dem Knaben für die Gegenstände, in welchen nur er allein zu unterrichten ist, ohne Schwierigkeit eine Anzahl von Stunden mehr zugemuthet werden kann, so fällt auch das Hauptbedenken in Bezug auf den Unterricht weg; denn in den für beide Geschlechter bestimmten Unterrichtsgegenständen kann die allerdings verschiedene männliche und weibliche Auffassungsweise gerade zur vielseitigeren und erschöpfenderen Erkenntnis und Behandlung des Gegenstandes benutzt werden. (Vgl. hiermit den folgenden Artikel. D. Red.)

III. Nachdem in dem Bisherigen die Eigenthümlichkeit des männlichen und des weiblichen Geschlechtscharakters dargestellt und gezeigt worden ist, wie beide sowohl in den Erziehern zusammenwirken, als in den Zöglingen in Beziehung auf einander hervorgebildet werden müssen, ist noch übrig, etwas bestimmter und soweit es sich nicht aus dem bereits Gesagten von selbst ergiebt, die Art und Weise darzulegen, wie die Erziehung dabei doch die Eigenthümlichkeit eines jeden Geschlechtes wahren muß.

Was zunächst die Erziehung im engeren Sinne angeht, so fordert die lebhafte und vordringliche Selbstthätigkeit der männlichen Jugend eine stetigere und strengere Disciplin, als sie bei der weiblichen erforderlich ist, deren Empfänglichkeit ein natürliches Gefühl für das in jedem Verhältnisse Angemessene in sich schließt und welche den Anforderungen der jedesmaligen Umgebung mehr von selbst sich fügt. Das Mädchen braucht nicht in dem Grade, wie der Knabe, an die zügelnde Hand fortwährend erinnert und durch den imponirenden Ernst des Erziehers in den Schranken gehalten zu werden, vielmehr muß, wie Benecke treffend bemerkt, auch in den Schulen für Mädchen die Disciplin mehr der freieren und milderen Ordnung der Familie sich nähern. Strenge Strafen, wohl gar körperliche Züchtigungen, wie sie nöthig werden, um die rohen Aeußerungen eines unbändigen Eigenwillens bei Knaben zurückzubrängen, würden das weibliche Selbstgefühl verletzen und unterdrücken; dagegen wird die Erinnerung daran, wie lautes und wildes Wesen u. dgl., eben weil es etwas unweibliches ist, dem Mädchen nicht ziemt, in dem Munde des Erziehers um so wirksamer sein, da der Schülerin das Gefühl sagt, daß sie nur durch Bewahrung des Charakters der Weiblichkeit die Liebe und Achtung des Mannes sich erwerben kann. Freilich muß, um eine solche Wirkung hervorzubringen, der Erzieher eben ein Mann sein. Einem solchen kommt von Seiten der weiblichen Zöglinge nicht selten eine wahrhaft begeisterte Innigkeit persönlicher Zuneigung entgegen, wie der von Natur nach Unabhängigkeit strebende Knabe ihrer gar nicht fähig ist, auf der anderen Seite wird aber auch die auf schwachen Füßen stehende Auctorität des energielosen allzunachgiebigen Lehrers durch den feinen Blick für Schwächen, welcher dem weiblichen Geschlechte eigen ist, und durch dessen kleine Listen noch sicherer und vollständiger zu Fall gebracht werden, als durch die offene Derbheit der Knaben. Wenn nun, wie so eben angedeutet, der Erzieher bei Knaben vorzugsweise darauf bedacht sein muß, daß deren Selbstthätigkeit nicht in ungehöriger Weise gegen die Umgebung sich herausbewegt, so handelt es sich dagegen bei Mädchen darum, deren Empfänglichkeit vor verderblichen Eindrücken der Umgebung zu beschützen. Dem Manne kann die Berührung mit dem feindlichen Leben nicht erspart werden, aber er besitzt in seiner vorherrschenden Selbstthätigkeit auch die Kraft, das Widrige zurückzuweisen oder zu überwinden und so den Kampf zu bestehen, und die Erziehung hat die Aufgabe, diese Kraft zu stärken und ihr die rechte Richtung zu geben. Dem Weibe fehlt infolge seiner vorherrschenden Empfänglichkeit diese Widerstandskraft, es ist von den Eindrücken der Umgebung in höherem Grade abhängig, und der Satz: „Jugend muß gewagt werden" ist für Mädchen nicht gesagt; vielmehr müssen sie vor störenden Einflüssen bewahrt werden, bis ihr Wesen zu der inneren Selbständigkeit gelangt ist, welche das Ungehörige von selbst meidet oder von sich abweist.*) Mit einem Worte: Bei der Erziehung der männlichen Jugend muß, nach Schleiermachers Ausdruck, die kühne, bei der weiblichen die vorsichtige Maxime leiten. Darum darf denn die stetige und strenge Disciplin, welche durch das Naturell des Knaben erfordert wird, doch auch keine pedantische, kleinliche und mäkelnde werden, welche ihm Kraft und Lust zu dem in seiner Bestimmung liegenden selbständigen Wirken nach außen nimmt, seine Thätigkeit in Nebendingen sich verzehren und ihn zur rechten Selbständigkeit nie kommen läßt, oder ihn zu trotzigem Widerstande reizt. Ist es gelungen, den Knaben in kräftiger Thätigkeit den wahren Zielen zuzuwenden, so darf man, ohne den Werth der Ordnung auch im Kleinen und Alltäglichen zu unterschätzen, doch in diesen Dingen nachsichtiger sein. Bedeutenden Männern rechnet man eine geniale Unordnung nicht an; dagegen vermögen glänzende Leistungen einer Schriftstellerin mit Saloperie in ihrem Wesen und Auftreten uns nicht auszusöhnen. Denn eben weil das Weib nicht auf die Erreichung bestimmter äußerer Zwecke hingewiesen ist, fordern wir von ihm, daß es um so sorgfältiger auf sich selbst und auf seine nächste Umgebung achte: Ordnung und Reinheit im Aeußeren wird nicht nur ihm selbst ein Schirm, welcher Störendes und Verunreinigendes von der Seele abhält,**) sondern indem das Weib dadurch als Gehülfin des Mannes diesem die Sorge für das Kleine und Alltägliche abnimmt und ihm eine freundliche behagliche Umgebung schafft, befreit und erhöht sie das Wirken des Mannes für die Aufgaben seines besonderen Berufes. Gerade auf die unterstützende Thätigkeit des Weibes in diesem Sinne möchten wir die schönen Worte des Dichters beziehen:

> Dienen lerne bei Zeiten das Weib nach ihrer Bestimmung,
> Denn durch Dienen allein gelangt sie endlich zum Herrschen,
> Zu der verdienten Gewalt, die doch ihr im Hause gehöret.
> Dienet die Schwester dem Bruder doch früh, sie dienet den Eltern,
> Und ihr Leben ist immer ein ewiges Gehen und Kommen,
> Oder ein Heben und Tragen, Bereiten und Schaffen für andre.

Rücksichtlich des Unterrichtes ist, in Anwendung der oben ausgesprochenen allgemeinen Grundsätze, vor allem darauf aufmerksam zu machen, daß der auf harmonisches Zusammenwirken der verschiedenen Functionen angelegte weibliche Organismus langandauernde einseitige Kopfarbeit und anhaltendes Sitzen nicht verträgt, wie es wohl dem Knaben zugemuthet werden kann. Durch die Ignorirung dieser Thatsache hat es die moderne Ueberspannung des Mädchenunterrichtes glücklich dahin gebracht, daß es schon fast als eine Ausnahme angesehen werden kann, wenn eine Mutter aus den sogenannten gebildeten Ständen noch im Stande ist, die erste und süßeste Mutterpflicht zu erfüllen und dem Kinde die erste naturgemäße Nahrung selbst zu bieten, und daß die Bleichsucht immer mehr das unerläßliche Kriterium eines gebildeten „Frauenzimmers" wird (vgl. in dieser Rücksicht die oben angeführte vortreffliche Schrift von

---

*) J. Paul, a. a. O. §. 91: „Die Sittlichkeit der Mädchen ist Sitte, nicht Grundsatz. Den Knaben könnte man durch das böse Beispiel trunkener Heloten bessern, das Mädchen nur durch ein gutes .... Sie sollten, wie die Priesterinnen des Alterthums, nur an heiligen Orten erzogen werden; und nicht einmal das Rohe, Unsittliche, Gewaltthätige hören, geschweige sehen... Ein verdorbener Jüngling kann ein herrliches Buch aus der Hand legen, im Zimmer mit feurigen Thränen auf- und abgehen, und sagen: ich ändere mich; und es — halten ... Ich habe noch von wenig Weibern gelesen, die sich anders geändert hätten, als höchstens durch einen Mann ... Vielleicht entschuldigt sich daraus das Betragen der Welt, nach welchem männliche Fehler Masern sind, die wenig keine Narben lassen, weibliche aber Blattern, die ihre Spur in die Wiedergenesene, wenigstens in das öffentliche Gedächtnis graben."

**) Auch hierüber treffende Bemerkungen bei J. Paul, a. a. O. §. 98 geg. Ende.

Heidenreich). Dazu pflanzt sich die aus der Schule mitgebrachte geistige Ueberreiztheit zu Hause in jener unersättlichen nervösen Lesewuth fort. Um solchen Verkehrtheiten zu begegnen und wo sie eingerissen sind, von ihnen zu heilen, ist das sicherste Mittel, daß man das Mädchen seiner Bestimmung gemäß zu häuslicher Arbeit anhält, und zwar nicht sowohl zur Handarbeit, welche gleichfalls mit Sitzen verbunden ist und leicht zu einem den Geist erschlaffenden dumpfen Hinbrüten Anlaß wird, sondern zu jenen die Aufmerksamkeit vielseitig anregenden und den ganzen Körper beschäftigenden Dienstleistungen, wie sie Goethe in den vorhin mitgetheilten Versen angedeutet und in der zweiten seiner "Episteln" auf so ergötzliche Weise näher specificirt als Panacee gegen die unseligen Bücher "vom Bücherverleiher gesendet." Für die verschiedene Art des Unterrichtes, wie sie durch die Verschiedenheit des Geschlechtes bedingt ist, folgt alles Wesentliche aus dem Grundsatze, daß dem männlichen Geiste das construirende, dem weiblichen das reflectirende Verfahren am angemessensten ist. Unterrichtszweige, in welchen die constructive Methode eigentlich herrscht, die philosophischen und höheren mathematischen Fächer, sind überhaupt nicht für das weibliche Geschlecht, und ein Mädchen, welches mit Lineal und Kreide vor die Tafel träte, um den magister matheseos zu demonstriren, gäbe ebenso wenig ein ansprechendes Bild, als der Knabe, welcher, zumal bei gesundem Leibe und guter Witterung, Stramin näht; dagegen ist das auf die concreten Anforderungen des wirklichen Lebens bezogene Kopfrechnen recht eigentlich ein weibliches Geschäft. Auch der reich entwickelte grammatische Organismus der alten Sprachen ist nur für männliche Zöglinge ein entsprechendes Lehrobject, wie auch nur sie die Fähigkeit besitzen, aus den gegenwärtigen Verhältnissen lebendiger in das eigenthümliche Leben des classischen Alterthums sich zu versetzen; dagegen entsprechen die neueren Sprachen, deren einfacherer Bau gestattet, die Regel bald gegen die lebendige Uebung zurücktreten zu lassen, mehr der Eigenthümlichkeit der weiblichen Auffassung, welcher übrigens ebenfalls kein bloßes instinctmäßiges Parliren, sondern auch ein Erfassen der grammatischen Regel zugemuthet werden muß, damit der Schülerin auf diesem Wege auch ein bewußterer und mit größerer Sicherheit verbundener Gebrauch der Muttersprache vermittelt werde. Während der Knabe auf den pragmatischen Zusammenhang hinzuweisen ist, wird dem Mädchen die Geschichte zu einer Reihe von Biographien und "Lebensbildern", wie sie früher Becker in der ursprünglichen Gestalt seiner Weltgeschichte, neuerdings Grube dargestellt hat. Der naturgeschichtliche Unterricht leitet den Knaben bald zum System hin, während das Mädchen von der concreten Erscheinung nicht bloß ausgeht, sondern auch fortwährend mehr an ihr haftet, denn es ist die Weise des weiblichen Geistes, das Allgemeine dadurch mitzubekommen, daß er das Einzelne lebendig auffaßt. Eben darum ist auch dem weiblichen Geschlechte, obgleich ihm auch auf dem Gebiete der Kunst die eigentlich schöpferische Kraft abgeht, doch ein natürliches Interesse und Verständnis eigen für das Kunstschöne, welches in concreter Form einen allgemeinen geistigen Gehalt ausdrückt, und wenn der Dilettantismus auf diesem Gebiete, sobald er nicht auf einem ausgesprochenen Talent ruht, bei dem Knaben und Jünglinge nicht zu begünstigen ist, weil er diesen leicht von seinen ernsteren Aufgaben abzieht, so kann man dagegen eine anspruchslose Neigung zur Beschäftigung mit der Kunst bei dem Mädchen willkommen heißen, weil sie dieses vor dem Versinken in die Alltäglichkeiten seines Berufes bewahrt. Wie der künftige Mann, um einst die Versuchungen der Welt bestehen zu können, vor der Berührung mit denselben nicht allzu ängstlich bewahrt werden darf, so dürfen endlich auch beim Religionsunterrichte dem Jünglinge die wichtigsten Einwendungen gegen Religion, Christenthum und Kirche nicht verschwiegen werden, vielmehr wird gerade dadurch, daß diese Angriffe von vornherein in ihrer Haltlosigkeit dargestellt werden, der Gefahr, welche sie für den unvorbereiteten jugendlichen Geist haben können, am besten vorgebeugt. Bei dem Mädchen dagegen ist darüber zu wachen, daß sein Gemüth niemals aufhöre, in dem mütterlichen Boden der Religion möglichst ungestört zu wurzeln, denn nicht bloß weibliche Freigeisterei ist ekelhaft, sondern schon zu vieles Reflectiren über religiöse Dinge steht dem Weibe nicht an; das religiöse Bewußtsein muß zur gleichmäßigen Grundstimmung seines gesammten Seelenlebens werden, dann werden auch die Mütter erzogen werden, welche im Stande sind, den Söhnen in den ersten Jahren des Lebens schon jenen unvertilgbaren Eindruck frommer Mutterliebe in die Seele zu legen, welcher zugleich die sicherste Bürgschaft dafür giebt, daß auch der verlorene Sohn den Weg zu seiner wahren Heimat wieder zurückfinden werde.

G. Baur.

Geschlechtertrennung.*) Die Frage, ob die Geschlechter verschiedenen Unterricht erhalten, also verschiedene Lehranstalten für sie vorhanden sein sollen, ist nach zwei Hauptrücksichten zu beantworten: nämlich 1) ob sowohl die Fähigkeit als die künftige Bestimmung der Mädchen wirklich eine so ganz andere ist als die der Knaben, daß das Zusammennehmen beider, das sich sonst wegen der Gleichheit der eine Classe bildenden Kinder empfehlen würde, aus diesem Grunde unthunlich erscheint? und 2) ob in sittlicher Hinsicht Nachtheil von dem Beisammensein beider zu befürchten ist? In ersterer Hinsicht müßen wir, was die Fähigkeit, überhaupt die innere Disposition anbelangt, den Gegensatz der Geschlechter, wie er oft von den pädagogischen Theoretikern aufgefaßt wird, durchaus bestreiten; in keinem Fach, auch nicht in den reinen Verstandesoperationen, mit denen das so sehr betonte weibliche Gemüth lediglich nichts zu schaffen hat, wie im Rechnen, ist das eine Geschlecht als solches hinter dem andern zurück; giebt es Orte, wo sich eine vorgeschrittene Intelligenz bei den Knaben zeigt, so giebt es andere, wo dies ganz ebenso zu Gunsten der Mädchen der Fall ist. Alles, was bis zum 14. Jahre für Mädchen zu abstract ist, ist es auch für Knaben; das Interesse für die Lehrfächer ist durchschnittlich bei den Geschlechtern dasselbe, d. h. individuell größer oder kleiner. Ein tüchtiger Religionsunterricht ist für beide ganz gleich; und wenn auch sehr natürlich der Lehrer den Mädchen gegenüber in mancher Hinsicht leichtere Arbeit hat, weil sie vermöge weiblichen Instincts ihm mehr zu Gefallen leben, so gleicht sich dies dadurch wieder aus, daß Plauderei, Ausgelassenheit, Leichtsinn bei der weiblichen Jugend ebenso unangenehme Objecte der Disciplin sind, als die Wildheit der Knaben. Auch daß, worauf Schleiermacher und Raumer Gewicht legen, die Mädchenerziehung viel mehr den Charakter der Familienerziehung haben solle, ist unseres Erachtens hier nicht entscheidend; eine Schule kann unter allen Umständen nicht den Typus der Familie haben; gehen die Mädchen einmal in die Schule, so müßen sie auch in die Art einer Schule sich fügen, und es schadet dies nichts. Was aber den künftigen Lebensberuf anbelangt, so macht dieser allerdings in den mittleren und höheren Ständen eine andere Unterrichtsorganisation insofern nöthig, als die Knaben schon vor dem 14. Jahre in Real= und lateinischen Schulen den Grund zu ihrer Bildung legen, also Fächer betreiben müßen, auf welche die Mädchen ihr künftiger Beruf nicht führt. Beim Landvolk dagegen ist der Beruf in vieler Hinsicht derselbe; das Bauerweib hat auf dem Felde und im Stalle so gut ihre Arbeit, wie der Mann; ist doch (von Riehl) längst bemerkt worden, daß Stimme, Gesichtszüge und Benehmen der beiden Geschlechter in dieser niederen Schichte sich sehr ähnlich sind, der charakteristische Unterschied also erst in der Atmosphäre der höheren Bildung sich auch schärfer ausprägt. Also ist zu sagen: bei der Landjugend ist von den beiden obigen Gesichtspuncten aus gegen das Zusammennehmen der Geschlechter nichts zu erinnern; auf der Stufe des Bürgerthums und der höheren Gesellschaft dagegen ist die Trennung der Geschlechter durch den Unterschied der ganzen Lebensbestimmung nothwendig gemacht und kann nur, wofern nicht weitere Gründe (s. unten) auch hiegegen sprechen, in einzelnen Lehrstunden aufgehoben werden, wie z. B. im Religionsunterricht und in den Gesangstunden.

Allein die Frage hat zweitens auch eine sittliche Seite. Zwar wenn in dieser Beziehung z. B. gesagt wird, für Mädchen wäre eine öffentliche Prüfungsfeierlichkeit gefährlich, weil die weibliche Bescheidenheit dabei Noth leide, so müßen wir sagen:

---
*) Vgl. d. Art. Geschlechter. D. Red.

Geschlechtertrennung.

Prüfungen und Feierlichkeiten, welche die weibliche Bescheidenheit gefährden, wie öffentliche Declamationen u. dgl., sind auch für Knaben vor dem 14. Jahr eine ebenso große Verkehrtheit; auch finden derlei Solennitäten jedenfalls nur in Gymnasien und Realschulen Statt, mit denen Mädchenclassen zu verbinden niemand einfallen kann. Die Frage ist vielmehr, ob das Zusammensein in Einem Local, das tägliche Sichsehen nicht einen Reiz auf das Geschlechtsleben ausübe, der gefährlich wäre, und eine Gelegenheit zu Neckereien, ja zu Sünden gebe, die nicht mehr gut zu machen wären? Die einen unter den Pädagogen befürchten das in der That; so, um andere, unbedeutendere Stimmen nicht zu citiren, Schwarz, Lehrb. der Erz. III. S. 159. (Wenn andere, wie Beneke, die Trennung für die höheren Stände verlangen, so geschieht das aus den unter 1. berührten, nicht aber sittlichen Motiven.) Dagegen ist die Mehrzahl der Pädagogen keineswegs für absolute Trennung, wenigstens nicht in der Volksschule und während der ersten Schuljahre. Auch Beneke und Palmer lassen hier eine Vereinigung zu. Mit Entschiedenheit haben für eine solche gesprochen Spieß, Allg. Schulz. 1836, Nr. 122—129 (wobei die Urtheile sehr vieler Pädagogen angeführt sind). Baur, Erz.-Lehre 296—303. Curtman, Lehrbuch der Erz. II. 518 sagt: „Vor dem 10. J. wäre die Trennung kein pädagogisches und von da an kein sittliches Bedürfniß." Harnisch, Handbuch S. 355, will die Mädchenschulen nicht gerade verwerfen, meint aber, man verspreche sich von der gänzlichen Trennung der Geschlechter in der Schulwelt weit mehr als der Fall wäre. Hergang, Encyklopädie I. 787 führt für die Vereinigung noch an Pestalozzi, Dinter, Zerrenner, A. Krummacher, Nebe, Pölitz u. a. m., deren Aussprüche größtentheils auch in dem Aufsatz von Spieß zu lesen sind. In Nr. 26 der Allg. Schulzeitung von 1858 wird vom christlichen Standpuncte aus der Vereinigung das Wort geredet.

Als Vortheile, die das Zusammennehmen der Geschlechter auch in sittlicher Beziehung gewährt, erkennen die genannten Pädagogen Folgendes an: Die Knaben werden durch den Verkehr mit den Mädchen sanfter, bescheidener, anständiger; sie gewinnen an Ehr- und Ordnungsliebe. Dagegen werden die Mädchen leichter vor falscher Sentimentalität bewahrt, sie verlieren die allzu große Schüchternheit und lernen sich freier bewegen. Es ist eine allgemeine Erfahrung, daß in gemischten Gesellschaften die jungen Leute gewöhnlich mehr Anstand beobachten, daß die Unterhaltung auf der einen Seite weniger roh und ausgelassen, auf der andern weniger gehaltlos und läppisch ist, als wenn Jünglinge und Jungfrauen nur mit ihresgleichen verkehren. Der rechte, edle Ton, die rechte sittliche Haltung findet sich meistens da, wo beide Geschlechter in größerer Anzahl bei einander sind. Ueber die sexuellen Verirrungen bemerkt Harnisch a. a. O. S. 338: „Ich bin nach meiner Erfahrung der Meinung, daß gerade durch das Zusammensein von Knaben und Mädchen ein Grund zur Sittlichkeit gelegt wird, daß die Einbildungskraft der Knaben und die Sehnsucht der Mädchen durch die Wirklichkeit sich mäßigt, daß die Schamhaftigkeit weit eher bei gehöriger Schulaufsicht erhalten wird, als wenn beide Theile getrennt sind. Die Knaben, welche am wenigsten mit Mädchen zusammenkommen, und die Mädchen, welche am wenigsten Knaben sehen, sind der Verführung am ersten ausgesetzt. Sie gehören gewöhnlich zu den stillen Brunnen, die tief sind. Es sollen auch in der Regel die Knaben, welche keine Schwestern haben, weit eher verführt werden können als die, welche mit Schwestern aufwachsen. Jedes Absperren reizt." Madame Necker L'education progressive III. 191 wünscht darum, daß die Brüder ihre Freunde in die Gesellschaft der Schwestern mitbrächten. In der Schule gewöhnen sich die Geschlechter an einander, welche doch im Leben bei dem täglichen Verkehr, Volks- und Familienfesten, Spinnstuben u. s. w. zusammenkommen. Kommen auch bisweilen Liebeleien vor, so sind diese, weil sie unter der Controle der Mitschüler stehen, deren Neckereien herbeiführen, weniger bedenklich als sonst. Der Verfasser hat bei einer sehr zahlreichen gemischten Volksschule noch nie vom Zusammensein beider Geschlechter, wohl aber vom unbewachten Verkehr von Knaben allein sittliche Nachtheile wargenommen. Salzmann und Pestalozzi hatten anfangs

Geschlechtertrennung.

Knaben und Mädchen bei ihren Instituten, wenn auch nicht geradezu vereinigt, doch je verbunden, daß beide in häufige Berührung kamen, wie sie versichern, mehr zur Förderung der Sittlichkeit (Allg. Schulz. 1838. Nr. 125). In Sachsen-Weimar sollen vor einigen Decennien mehrere Gemeinden die Aufhebung der eingeführten Trennung verlangt haben, „weil die Sinnlichkeit durch die Trennung auf eine höchst gefährliche Weise gereizt werde" (Allg. Schulz. 1838. Nr. 128).

Wenn also die bezeichneten sittlichen Nachtheile nicht zu befürchten sind, so kann das oben erwähnte didaktische Motiv um so eher Platz greifen, so daß man Denzel Recht geben muß, wenn er sagt: „Eine Abtheilung der Kinder nach dem Geschlechte darf in der Volksschule nie auf Kosten der Classeneintheilung nach Entwicklungsstufen stattfinden." Einl. in die Erz. u. s. w. II. 260. Hergang S. 787. Auch Curtman nennt die Abtheilung nach Geschlechtern verwerflich, so lange die unterrichtlichen Forderungen noch so wenig erfüllt sind. Also in solchen Schulen, wo nur zwei oder drei Lehrer vorhanden sind, da scheide man um so mehr nach Kenntnissen, weil hier meistens die einfachen ländlichen Verhältnisse obwalten, bei welchen weder um des Unterrichts noch der Erziehung willen eine Sonderung nach dem Geschlechte Bedürfniß ist. Curtman will das Dorf, wo eine sittliche Nothwendigkeit der Trennung vorhanden sei, in den pädagogischen Belagerungszustand erklären. Dagegen führt Palmer ein Beispiel an, daß die Schule eines größeren Dorfes nach dem Geschlecht hätte getrennt werden müßen, weil die weibliche Jugend im Durchschnitt schon im 13—14. Jahre ganz entwickelt sei. Selbst in den höheren Ständen kann die Vereinigung bei wenigen Kindern bei einem Hauslehrer oder kleineren Privatinstituten ohne Bedenken gebilligt werden, weil unter solchen Umständen genaue Aufsicht und individuelle Behandlung möglich ist. Sind 4 oder mehr Lehrer vorhanden, oder verlangt es der sittliche, resp. unsittliche Zustand, so mag man vom 8—10 Jahre, je nach den Verhältnissen auch vom Beginne der Schule an, die Geschlechter trennen, dann aber auch vollständig. Dieselben dürfen auch beim Confirmandenunterricht nicht wieder vereinigt werden, sonst wird die Gefahr in den Jahren der Entwicklung durch den Reiz der Neuheit um so größer. Die Schullocale müßen möglichst auch räumlich geschieden sein, damit nicht beim Schulgang oder in den Zwischenstunden oder an geheimen Orten bedenkliche Neckereien und Annäherungen stattfinden.

Wo die Geschlechter vereinigt sind, da ist natürlich eine sorgfältige Aufsicht und Ueberwachung dringendes Bedürfniß. Alle sexuellen Beziehungen im naturgeschichtlichen Unterricht, die Verirrungen der Unzucht in der Geschichte, das sechste Gebot, müßen mit besonderer pädagogischer Weisheit behandelt werden. Wehe, wenn das Schamgefühl der Mädchen in Gegenwart der Knaben verletzt oder eine Schamröthe veranlaßt würde, welche zu Neckereien reizt! Daß die Subsellien gesondert und zweckmäßig gestellt werden müßen, versteht sich von selbst.

Die Verordnungen über den fraglichen Gegenstand sind sehr verschieden. Im Königreich Sachsen soll die Trennung in größeren städtischen Schulen durch alle Classen, in kleineren Städten und größeren Dörfern in den oberen Classen bewerkstelligt werden. In Kurhessen sollen schon bei zwei Lehrern die Geschlechter getrennt werden, daß jedes Kind bei demselben Lehrer bis zu seinem Austritt bleibt. In Weimar wird bei Volksschulen die Trennung der Geschlechter nur ausnahmsweise gestattet. In Oesterreich wird die Trennung für heilsam erklärt. In Hessen-Darmstadt soll bei erst vier und mehr Lehrern eine Trennung in der Oberclasse stattfinden. Ueber Baden vgl. Bd. I S. 380. In Frankreich ist es Sache der Departementalschulbehörde zu bestimmen, ob eine Schule eine nach Geschlechtern getrennte oder eine gemischte sein soll. Bemerkenswerth ist die Thatsache, daß die Trennung hauptsächlich von den katholischen Pädagogen (wie auch in Rolfuß Encyklop.) empfohlen und in katholischen Staaten vollzogen wird, die Vereinigung mehr in evangelischen.

K. Strack.

Geschlechtliche Verirrungen. Der richtige naturgemäße Gebrauch der Geschlechtsorgane, der richtige Weg, ist diejenige Vereinigung des geschlechtsreifen Mannes mit dem geschlechtsreifen Weibe, welche geeignet ist, einem Kind das Leben zu geben. Jede Reizung der Geschlechtsorgane, namentlich mechanischer Art, die nicht damit zusammenhängt, ist als Verirrung zu bezeichnen. Da wir hier nur mit denjenigen Lebensaltern uns beschäftigen, welche Gegenstand der Erziehung sein können, so genügt daran zu erinnern, daß ein natürlicher nicht selten auch künstlich gesteigerter Trieb zur Begattung schon vor vollendeter Mannesreife mitunter sich einstellt. Ob bei einem gesunden Mädchen ein ähnlicher vorzeitiger Reizzustand jemals von selbst sich einfinde, ist zu bezweifeln; wo er vorkommt, da ist er doch wohl immer die Folge künstlicher oder krankhafter Reizung. Auch abgesehen von den Geboten der Ehre und Selbstachtung, der Sitte und Religion weist schon die Rücksicht auf Erhaltung der Kraft und Gesundheit und die natürlichen Folgen der Ausschweifung darauf hin, wie verwerflich und gefährlich es wäre, dem Anreiz sofort zu folgen. Ein Vorbild, auch für unsere Tage gültig, stellt Tacitus auf in seiner Schilderung der altgermanischen Familie (Germ. 30): „Spät erst kostet der Jüngling die Liebe, und darum auch seine unerschöpfliche Manneskraft. Auch mit den Mädchen übereilt man sich nicht. In ebenbürtiger Kraft finden sich Jüngling und Jungfrau und die Stärke der Eltern lehrt wieder in den Kindern."

Sodann sind hier zu erwähnen die im Strafgesetzbuch §§ 174—184 bezeichneten Verbrechen der widernatürlichen Unzucht, Nothzucht, Kuppelei, Verführung zur Unzucht und sonstiger unzüchtiger oder ärgerlicher Handlungen. Jedenfalls kommt nur ein kleiner Theil solcher Schandthaten zur Kenntnis der Gerichte, da die größere Zahl überhaupt nicht entdeckt oder, wenn entdeckt, nicht angezeigt wird.

Endlich haben wir als besondere Art der geschlechtlichen Verirrungen zu besprechen die unnatürlichen Reizungen der eigenen Geschlechtstheile zum Zweck der Erregung wollustähnlicher Empfindungen, welche auf mannigfaltige Weise zu Stand gebracht werden können, bei Erwachsenen und Kindern und bei beiden Geschlechtern vorkommen und gewöhnlich mit dem Ausdruck „Onanie" bezeichnet werden. Nach seiner Ableitung — 1. Mose 38, 9 — würde dem Worte nur eine eingeschränkte Bedeutung zukommen. Unter „Selbstbefleckung", „Selbstschwächung", „Masturbation" u. s. w. wird wohl gewöhnlich die mit der eigenen Hand ausgeübte Reizung der Geschlechtstheile verstanden. Eine praktische Bedeutung haben solche Unterscheidungen nicht. — Dieses Uebel als Leiden der Kindheit und Jugend, in der Regel zuerst eine schlechte Gewohnheit, die aber bald zu einem schwer zu besiegenden Laster wird, ist der besondere Gegenstand der folgenden Abhandlung. Zuerst durch die Schrift von S. A. Tissot: „Von der Onanie, eine Abhandlung über die Krankheiten, die von der Selbstbefleckung herrühren", latein. 1758, französ. 1760, deutsch 1769, 1792, 1798, sodann durch eine reiche medicinische, pädagogisch-theologische und populäre Literatur ist die Aufmerksamkeit der Erzieher und Aerzte und auch weiterer Kreise auf diese Art heimlicher Unzucht hingelenkt worden, welche viel häufiger vorzukommen scheint, als gewöhnlich angenommen wird. Daß aber das Uebel hauptsächlich eine Krankheit der neueren Zeit sei, daß es fort und fort weiter um sich greife, diese Annahme würde doch des Beweises entbehren. Zunahme nach Grad und Ausbreitung müßte sicherlich mit fehlerhafter, ebenso Abnahme mit richtiger diätetischer und pädagogischer Erziehung zusammenhängen. Ein in hohem Grad bedeutungsvoller Umstand ist es immerhin, daß das Uebel überwiegend nur in den Städten und in den höheren Schulen und Erziehungsanstalten vorkommt, wo es schon ganz nach Art einer Epidemie sich verbreitet hat, während die Ackerbau treibende Landbevölkerung, so weit ärztliche Erfahrung reicht, wenn auch nicht ganz frei davon, doch immerhin viel weniger damit behaftet ist, namentlich aber weniger an dessen Folgen leidet. Jedenfalls wäre es nicht statthaft, namentlich für den Lehrer, wenn er dem Uebel aus dem Weg gehen, von der ganzen Sache am liebsten nichts wissen wollte und am besten zu thun glaubte, wenn er sie ignorire.

Wir betrachten die Onanie hinsichtlich ihrer Ursachen, Folgen, Erkennung,

Verhütung und Heilung. In allen diesen Beziehungen ist jedesmal das Lebensalter und Geschlecht von wesentlicher Bedeutung.

Bei einem weitverbreiteten Uebel darf man zum voraus erwarten, die Gründe seiner Entstehung seien mannigfaltiger Art. Zunächst wird zu unterscheiden sein zwischen der **spontanen** Entstehung und jener durch **Beispiel und Verführung.** Unbestreitbar verfällt manches unverdorbene Kind dem Uebel durch das schlechte Beispiel von Schul- und Spielgenossen oder durch directe Verführung erwachsener Personen, namentlich unsittlicher Dienstboten, und erfahrungsgemäß bilden die heimlichen Gemächer zumal der Mädchenschulen und das Zusammenschlafen in Pensionaten und Erziehungsanstalten die häufigste Gelegenheit, während in der Familie neben der Scheu vor den Geschwistern auch die strengere Ueberwachung und individuellere Beobachtung in Anschlag kommt. Die ärztliche Beobachtung lehrt jedoch die spontane Entstehung als die vorherrschende betrachten. Es wäre überflüssig und ein vergeblicher Versuch, alle die Umstände für sich aufzuzählen, wodurch der erste Mißbrauch der Geschlechtstheile herbeigeführt und zu deren weiteren Reizungen Anlaß gegeben wird. Wir werden zum Behuf der Uebersicht die Ursachen in einige Gruppen zusammenfassen. Damit erhalten wir zugleich einen allgemeinen Maßstab für die moralische Beurtheilung der mit dem Uebel Behafteten.

Ganz kleine Kinder schon können sich der Onanie ergeben und sie mit wahrer Wuth betreiben. Man fand sie, was fast unglaublich erscheint, bei Kindern, die noch an der Brust lagen, man hat genauere Beschreibungen des Uebels bei einem 10 Monate alten Knaben, einem 20 Monate alten Mädchen, einem 3 Jahre alten Mädchen, bei welchem, nachdem es beinahe 6 Monate der Onanie obgelegen hatte, wiederholt Anfälle der Epilepsie vorkamen. Die Onanie solcher unmündiger Kinder, wenn sie auch Schule und Schulaufsicht unmittelbar nicht angeht, ist doch zuweilen der erste Anfang des später vorhandenen Lasters und außerdem für Entstehungsart und Fortgang des Uebels von größter Bedeutung. Darum soll zunächst ihr Vorkommen in diesem Lebensalter abgesondert betrachtet werden. Der erste Anlaß kann ein rein zufälliger sein. Das Kind spielt mit seinen Geschlechtstheilen wie mit allen möglichen Dingen. Daß sich seine Hände auch einmal dahin verirren, ist um so begreiflicher, wenn es bei schlechter Pflege und Aufsicht, zumal in der Langeweile kranker Tage, längere Zeit sich selbst überlassen im Bett liegt. Es giebt aber auch dumme und schamlose Kindsmägde, die sich den schlechten Spaß machen, das Kind an seinen Geschlechtstheilen zu kitzeln. Kein Wunder, wenn dann das Kind selber es auch so macht. Als disponirende Ursachen der in ihren Folgen so gefährlichen Gewohnheit bei Kindern, die doch von einem Unterschied zwischen Gut und Böse noch nichts wissen können, werden angeführt: besonders große Erregbarkeit des Nervensystems, etwa noch gesteigert durch Zahnentwicklung, zu warme und zu weiche Betten, Anhäufung von Koth im Mastdarm, Würmer, besonders die kleinen, die bei Mädchen zuweilen in die Geschlechtstheile gelangen, Genuß erhitzender und aufregender Dinge, Ansammlung von Unreinlichkeit und in Zersetzung begriffener Haut- und Drüsenabsonderungen an den Geschlechtstheilen, bei kleinen Mädchen zwischen den Schamlippen, bei Knaben zwischen Vorhaut und Eichel, wozu besonders allzugroße Länge und Enge der Vorhaut (Phimosis) Anlaß geben kann, Steine in der Harnblase und Harnröhre, Entzündungen der Genitalschleimhaut, scharfer Urin u. s. w., endlich Hautausschläge an den Geschlechtstheilen und in deren Nähe, insbesondere der juckende Bläschenausschlag, der ganz ähnlich, wie er häufig um den Mund herum vorkommt (Herpes labialis), auch an den Geschlechtstheilen nicht so gar selten sich einstellt, und der seltene dafür aber hartnäckige juckende Knotenausschlag an After und Geschlechtstheilen (Prurigo ani, pudendorum). Hierher gehören auch habituelle Verstopfung, Hämorrhoidalcongestionen und Knoten und dergl., welche Zustände aber mehr späteren Lebensperioden eigen sind. Verdächtige auf Onanie hinweisende Zeichen sind in diesem Lebensalter: ein Zustand von Hinfälligkeit, allmähliches Hinwelken, Stupidwerden, leibliche und geistige Schwäche und Reizbarkeit, ohne daß eine wirkliche Krankheitsursache aufgefunden werden könnte. Die Untersuchung der Bett- und Leibwäsche kann selbst verständlich nur die vieldeutigen Merkmale eines Schleimflusses ergeben. In der Mehrzahl der Fälle sind solche Kinder schlecht genährt, Fettpolster und Muskeln schlecht entwickelt, Appetit und Schlaf oft gestört; zuweilen erkennt man rhachitische Veränderungen der Knochen: die Zahnbildung bleibt zurück, die Endstücke der Rippen und der Knochen der Gliedmaßen treiben sich auf, die Kopfknochen zeigen deutliche rhachitische Symptome, starkes Hervortreten der Stirnhöcker, die Fontanelle ist sehr groß und die Näthe der Schädelknochen weichen von einander. Öfter jedoch fehlen alle derartige Erscheinungen; man sieht alsdann, vielleicht nicht allemal, das Glied bei Knaben etwas stärker entwickelt als normal, die Vorhaut lang, augenscheinlich gezerrt, oft wund und etwas geschwollen; bei Mädchen Röthung der äußeren Geschlechtstheile, zuweilen schleimige und selbst eitrige Absonderungen. Sicherheit giebt endlich in den meisten Fällen doch nur die Beobachtung des gewohnheitsmäßigen Betastens der Geschlechtstheile, Zupfens oder Kitzelns an denselben. — Das Kind ist mit allen Mitteln zu überwachen und es bedarf großer Umsicht und Sorgfalt, um den Kleinen das verderbliche Spiel zu wehren. Und das ist um so nothwendiger, als nicht immer gerade die Einwirkung der Hände nothwendig ist, um die Onanie zu bewirken, sondern auch, namentlich während der Nacht im Bett, eine Art instinctiver oder convulsivischer Bewegung dazu genügt. Das Angesicht des Kindes wird zur Zeit einer solchen Bewegung ganz roth, mit Schweiß bedeckt; seine Augen werden glänzend und es wird gleichsam von der Welt um sich her ganz abgezogen; es ist dabei gewöhnlich still, fixirt seine Augen auf einen Gegenstand und stützt sich selbst irgendwo an. Es liegt eine kurze Zeit wie in Verzückung, bis eine krampfhafte Bewegung eintritt, worauf es auffallend bleich wird und gleichsam zusammensinkt.

Die Onanie wird, wie so eben gezeigt wurde, zuweilen aus der frühesten Kindheit in den folgenden Lebensabschnitt, in die Zeit des erwachenden Selbstbewußtseins und Gewissens herüber genommen. Zuerst als Spiel betrieben und so zur Gewohnheit geworden, wird sie fortgesetzt, während allmählich eine Ahnung von Sünde und Schande erwacht. Aber das Verständnis der schlimmen Folgen ist zu unklar, das sittliche Gefühl zu schwach zum Widerstand. Öfter aber entsteht das Laster erst in den folgenden Lebensjahren, namentlich auch in der Zeit der Pubertätsentwicklung. Als veranlassende äußere Ursachen, die in diesem Alter besondere Beachtung verdienen, sind außer den auf S. 1022 angegebenen zu erwähnen: reichliche, üppige, reizende Nahrung, namentlich spät Abends genossene Mahlzeit, erhitzende Getränke, Zusammenschlafen im gleichen Bett mit einer andern Person, besonders einer Person des andern Geschlechts; Liegenbleiben im Bett nach dem Erwachen, was durchaus nicht geduldet werden soll; nicht nur zu warme, sondern auch ungenügend warme Betten, wo in strenger Winterkälte Knabe oder Mädchen vor Frieren nicht schlafen können und sich zusammenkugeln; ferner zu enge Beinkleider, ebenso die Gewohnheit, die Hände in die Hosentaschen zu stecken, auch das Einstecken der Sacktücher in die Hosentaschen; zu festes Schnüren um die Mitte des Leibes, wodurch der Rückfluß des Blutes aus den Unterleibsorganen gehemmt wird; unter Umständen auch Ruthenstreiche auf den Hintern, Fahren in gepolsterten Wagen, Reiten, Schaukeln auf den Knieen, Zusammenpressen der übereinandergeschlagenen Beine, Reiten auf Spielgegenständen, rittlings Rutschen auf Treppengeländern, Herumklettern an Bäumen, auch an Turngeräthen u. dergl. Unter den Getränken wurde namentlich dem Kaffee eine reizende, entnervende Wirkung Schuld gegeben. Wo gute frische Milch oder ein anderer passender Ersatz jederzeit zu Gebot steht, da wäre für Kinder der Kaffee füglich zu entbehren. Doch zeigt nunmehr vieljährige Erfahrung, daß der mäßige Genuß von Milchkaffee, ebenso von Bier und Wein den nicht mehr ganz kleinen Kindern im allgemeinen nicht schadet, unter Umständen vielmehr zuträglich ist. Auch der Tabak wurde als Sündenvater genannt. Vor vollendeter Entwicklung sollte er der Jugend überhaupt fremd bleiben; im übrigen steht sein vorzeitiger ebenso wie sein übermäßiger Gebrauch, wenn auch überhaupt schädlich, doch wohl nicht in besonderer Beziehung zu dem Laster, das uns hier be=

schäftigt; mäßig gebraucht könnte er unter Umständen eher eine beruhigende Wirkung üben. Eine besondere Ursache der unheilvollen Gewohnheit haben wir nicht zu übersehen: die fehlerhaft gebauten Schultische, Schulbänke, „Subsellien". Sobald ein Kind auf Subsellien mit schlechter oder nicht passender Rückenlehne mit unrichtiger Entfernung des Pultbretts vom Sitzbrett stundenlang sitzen muß, sobald es auf dem Sitzbrett, gepeinigt von der fehlerhaften Sitzhaltung, in die es allmählich verfällt, hin- und herrückt, ist nichts leichter, als daß die Geschlechtstheile gerieben und gereizt werden. Dasselbe geschieht, wenn die Kinder mit den Knieen an das Bücherbrett stoßen oder wenn sie beim Schreiben an die vordere Kante des Bücherbretts heranrücken müssen. Die Reizung wird um so nachhaltiger wirksam, je mehr in krummer und nach vorn gebeugter Sitzhaltung die Unterleibsorgane gepreßt, die Athmung beschränkt, der Blutumlauf behindert, je mehr also Blutandrang nach den Unterleibsorganen vorhanden ist. Kommt zu dem Mißgeschick solcher Reizung noch hinzu, daß die Ueberfüllung der Classen mit Schülern dem Lehrer die Möglichkeit raubt, die einzelnen Schüler streng und dauernd im Auge zu behalten, so ist die Möglichkeit schädlicher Berührung der Geschlechtstheile, wenn auch noch nicht völliger Onanie gegeben. Der Weg zur vollständigen Ausführung ist aber nicht weit und die günstige Gelegenheit bietet sich im Elternhaus. — Eine innere Anlage ist gegeben durch eine allgemeine mit Blutarmut verbundene Schwäche des Körpers und speciell des Nervensystems, die eine übergroße Erregbarkeit desselben im Gefolge zu haben pflegt. Der leiblichen Schwächlichkeit entspricht die geistige, der Zustand des ganzen Menschen ist zu bezeichnen als reizbare Schwäche. Er erscheint als das häufige Ergebnis einer falsch geleiteten Erziehung. Während leibliches und geistiges Wachsthum so weit möglich in gleichmäßigem, stetigem Gang fortschreiten sollten, wird nicht selten auf einseitige, vorzeitige, treibhausartige Entwicklung hingearbeitet, namentlich auch Ueberwiegen und Ueberreizung der Phantasie begünstigt. Die zu frühe und den Kräften des Einzelnen nicht angemessene Anstrengung der psychischen Functionen bei gleichzeitiger Vernachläßigung der für die physische wie für die moralische Gesundheit unentbehrlichen Ausbildung des Körpers bedingt auf rein somatischem Gebiet eine Ueberreizung des Nervensystems, welche unter begünstigenden Umständen speciell eine Steigerung der Geschlechtsempfindungen und der ihnen entsprechenden Triebe zur Folge hat, die nicht allemal in Ausgelassenheit, vielmehr oft in einem scheuen, zurückhaltenden Wesen sich äußert. Der Versuch zu unnatürlicher Befriedigung der unzeitigen Triebe ist sodann andererseits dadurch angebahnt, daß an der Entkräftung des ganzen Organismus namentlich auch das Gehirn und eben damit alle Geistesthätigkeit und besonders die Willenskraft theilnimmt. Dazu kommt weiter in Beziehung auf den Inhalt des Denkens nicht selten eine vorzeitige und übermäßige Entwicklung der geschlechtlichen Erregbarkeit, das Vorwiegen geschlechtlicher Vorstellungen, die bald absichtlich gesucht, bald unwillkürlich sich aufdrängend das Einbildungsvermögen beherrschen, mit anderen Worten: die Gedankenunzucht, die psychische Onanie. Da ist nun schwer, oft unmöglich zu sagen, was als Ursache, was als Wirkung zu betrachten sei, wo in verderblichem Kreislauf Gedankenonanie und physische Excesse hin und her auf einander einwirken und das Böse fortzeugend immer wieder Böses muß gebären. Ursache und Wirkung ist da nicht mehr zu trennen. Auch in dem Artikel „Entwicklungsperiode" (f. S. 213) wurden die Ursachen einer abnormen Entwicklung geschlechtlicher Empfindungen und Triebe dargelegt, daher hier im übrigen eine Hinweisung auf jene Schilderung genügt. Doch sind einzelne für das Knaben= und Mädchenalter besonders wichtige psychische Ursachen der Geschlechtsverirrung noch besonders zu erwähnen. Ihre gemeinsame unmittelbare Folge besteht in dem Hinlenken der Aufmerksamkeit auf die Zeugungstheile, den Unterschied der Geschlechter und die Geheimnisse der sexuellen Functionen. Hierher gehört es, wenn man Kinder sich entblößen läßt, über ihre Nacktheit schäkert, ebenso wenn heranwachsende Knaben oder Mädchen beim An= und Auskleiden, beim gemeinschaftlichen Baden und Schlafen, beim Besuche der geheimen Orte und dergl. sich schamlos betragen dürfen; ferner das Anhören zweideutiger Reden oder unverhohlener Gespräche über die Geschlechtsverhältnisse, namentlich auch unzüchtiger roher Lieder oder sprüchwörtlicher Redensarten; das Anschauen gewißer sinnlicher Liebtosungen oder schlüpfriger Bilder und das Lesen verführerischer oder allzu unverhüllter sexueller Darstellungen. In letzterer Hinsicht können zahlreiche Stellen des Alten Testaments, vielleicht auch einige des Neuen Bedenken erregen. Doch wird aus den an unserm Landvolk gemachten Erfahrungen der Kundige den Schluß ziehen, daß unbefangen naive oder auch rohe Behandlung solcher Dinge weniger schadet, als raffinirte, zweideutige halbe Verhüllung. Daß dieselben Ursachen nicht jedesmal dieselben Wirkungen hervorbringen, das ergiebt sich schon aus den verschiedenen Graden der Sinnlichkeit bei verschiedenen Menschen und bei demselben Menschen zu verschiedenen Zeiten und aus den verschiedenen Graden der physischen und moralischen Widerstandskraft. Namentlich kann auch Uebermaß geistiger Getränke zu Rückfällen in die frühere Gewohnheit der Onanie oder zu natürlichen Ausschweifungen führen.

Uebergehend auf die Schilderung des Uebels und seiner Folgen kann solche nicht besser gegeben werden, als mit dem Bild, das nach unmittelbarer eigener Beobachtung aus Anlaß einer zum Glück seltenen, nach Art einer schrecklichen Epidemie eingerissenen Verbreitung des Lasters im Jahr 1829 von K. L. Roth entworfen wurde: „Es giebt überall Unglückliche, an deren elendem Zustande man die Folgen jenes Lasters wahrnehmen kann. Völlige Abstumpfung der Geisteskräfte, ein dumpfes, stieres Hinbrüten ohne allen Trieb zu irgend einer Thätigkeit, gänzliche Unbrauchbarkeit selbst zu den leichtesten Handarbeiten ist bei einem Theile dieser Unglücklichen die Folge jenes Lasters; bei einem andern Ueberreizung und Ueberspannung der Nerven, heftige Affecte bei augenblicklich zusammensinkender Kraft, Unfähigkeit zur Fortpflanzung des Geschlechts, apoplektische Anfälle, Verrücktheit, plötzlicher Tod; bei allen aber Schwächung der Geisteskraft überhaupt, vornehmlich des Gedächtnisses; Unfähigkeit, ihr Nachdenken auf einen Gegenstand zu fixiren, Zaghaftigkeit bei allem, was ihnen schwierig vorkommt; Trägheit auch zu dem leichtesten Geschäfte, Verderbnis der Phantasie, welche aus ihren unzüchtigen Träumen nicht herauskommen kann; Lügenhaftigkeit in einem ganz unglaublichen Grade; Freude an allem Schlechten, besonders auch am Quälen der Thiere. Wenn auch diese Erscheinungen bei einem Individuum, welches vielleicht einige Monate oder ein Jahr lang mit diesem Uebel behaftet ist, noch nicht alle, oder noch nicht in auffallender Stärke hervortreten, so sind sie nach allgemeinen und vielfältigen Beobachtungen doch alle zu erwarten, sofern dem Laster nicht ernstlich begegnet wird; und aufmerksame Väter und Mütter werden, wenn sie wollen, den Anfang jener Erscheinungen auch da bemerken können, wo das Kind nur erst kürzere Zeit in jene Sünde gerathen ist . . . . . Kinder, welche angefangen haben, jene Sünden zu treiben, und zwar Kinder beider Geschlechter, suchen die Einsamkeit, verweilen ungewöhnlich lange auf den Abtritten, bleiben gerne morgens wachend im Bette liegen, stehen gerne dabei, wenn andere Kinder, besonders vom andern Geschlechte, entkleidet werden, betrachten auch vornehmlich mit Wohlgefallen solche Bilder, auf welchen die unteren Theile des menschlichen Körpers nackt erscheinen; ihre Späße nähern sich dem unflätigen Wesen: sie scherzen über diejenigen natürlichen Dinge, welche, ohne unzüchtig zu sein, doch nicht ein Gegenstand der Unterhaltung sein sollen; ihre Hände haben eine beständige Hinneigung gegen die unteren Theile des Leibes, und zwar auf beiden Seiten, wiewohl besonders auf die vordere; sie verlieren den muntern kindlichen Blick, mit dem das Kind dem Vater und der Mutter ins Auge schaut, und vermeiden den festen, auch freundlichen Blick der Erwachsenen; ihr ganzes Wesen wird scheuer, schüchterner, reizbarer; sie fangen leichter an, über Kleinigkeiten in Thränen auszubrechen; ihre Farbe wird lebloser, grauer; um die Augen bilden sich bläuliche Ringe; sie werden ungleicher in der Eßlust, und eben damit genäschiger, als ein Kind im natürlichen Zustande; sie werden schläfrig zur ungewohnten Zeit; die Stetigkeit ihrer Hand nimmt mehr ab, als zu; eben dadurch wird ihre Handschrift — was bei vielen schon ein Mittel zur Entdeckung des Uebels geworden ist — so schwankend, daß sie stets unreine Schriftzüge machen, ihre Schreibebücher viel mit Tinte beflecken, niemals auf der Linie bleiben, sondern theils über, theils unter dieselbe die Buchstaben setzen, die Buchstaben selbst bald zu groß, bald zu klein machen und Papier, Bücher und Hände unaufhörlich beschmutzen. Mit dem offenen Blicke des Auges und der echt kindlichen Munterkeit verliert sich das Zutrauen zu den Erwachsenen, vornehmlich zu ihren Erziehern und Lehrern; sie verbergen auch solche Dinge, die nicht zu verbergen sind, fürchten, wo nichts zu fürchten ist, und zeigen eine Verlegenheit, welche viel weniger der kindlichen Bescheidenheit, als der Verstocktheit gleich sieht. Sie fangen an, sich ihren Verpflichtungen, besonders für die Schule, zu entziehen, und alle Vorwände und Ausreden zu gebrauchen, ja nach und nach mit großer Fertigkeit zu lügen und sich überhaupt zu einer gewissen unnatürlichen Arglist auszubilden."

Bei der Betrachtung der Folgen der Selbstbefleckung muß uns vor allem klar sein, daß je nach dem Grade derselben, nach dem Alter und Geschlecht, der ganzen Organisation und den Lebensverhältnissen des Individuums, endlich je nach der Betheiligung der Phantasie die Wirkungen sich verschieden gestalten werden. Der größte Irrthum wäre die Annahme eines allgemeinen Krankheitsbildes. Am wenigsten darf man auf einzelne Erscheinungen, als wären sie sichere Merkmale, Gewicht legen. Bei der großen Mannigfaltigkeit der Folgeerscheinungen müssen wir daher den Satz aufstellen, aus diesen allen lasse sich das Vorhandensein des Uebels nur dann mit Wahrscheinlichkeit oder Sicherheit schließen, wenn eine **aus keiner andern Ursache zu erklärende krankhafte Veränderung eines Individuums nach seiner physischen und psychischen Seite sich entwickelt.** Hiemit sei auf die gewiß oft unterschätzte Gefahr einer Verwechslung der Krankheitszeichen der Onanie mit dem Symptomencomplexe z. B. von Wurmleiden, Stropheln und Tuberkeln im Knabenalter, oder zufälligen Leiden der Geschlechtsorgane, chlorotischer Blutmischung und hysterischer Nervenreizung während und nach der Pubertätszeit, endlich selbständigen Erkrankungen des Gehirns oder Rückenmarks aufmerksam gemacht. Der erfahrene Beobachter mag immerhin aus einer gewissen Gesammtheit von Erscheinungen sich leicht ein wahrscheinliches Urtheil bilden, zum heilenden Einschreiten sollte er jedoch erst nach dem Erheben sicherer Zeichen sich entschließen, während man bei bloßem Verdacht allgemeine Warnungen und dergl. für gerechtfertigt halten kann. Endlich bleiben einzelne Verirrungen ohne Spuren und Folgen. Selbstverständlich sind die Folgen verschiedener Art beim männlichen und beim weiblichen Geschlecht, in beiden Fällen vor Beginn der Pubertäts-Entwicklung, während und nach derselben. — In erster Linie handelt es sich um die Wirkung auf das Nervensystem, auf Gehirn und Rückenmark, die ja mit den Geschlechtsorganen in der lebhaftesten Wechselwirkung stehen. Das Ergebniß der bis jetzt angestellten Untersuchungen ist, daß die Zustände der Geschlechtsorgane, Erection, Bewegungen, Absonderungen in specieller Beziehung zu gewissen Theilen des Rückenmarks (Pars lumbalis) und des Gehirns (Pons, Crura, nicht aber, wie man meinte, Kleinhirn) stehen. — Außer der Nervenreizung kommt beim heranreifenden und dem entwickelten Jüngling der Samenverlust in Betracht, bei Mädchen der Säfteverlust durch Schleimfluß. Die Folgen dieser Säfteverluste gestalten sich nach Art und Grad verschieden, je nachdem es sich um unbewußte oder mit unvollständiger Einsicht und geringer Betheiligung der Phantasie getriebene Masturbation oder aber um Versuche zu unnatürlicher Befriedigung des von psychischer Seite angeregten Geschlechtstriebs mit den im heranreifenden Alter unausbleiblichen Seelenkämpfen handelt. Sodann ist die Mehrzahl der Schriftsteller in der Schätzung der durch den materiellen Verlust sich ergebenden Nachtheile viel zu weit gegangen. Den Säfteverlust bei einer Samenentleerung mit dem bei einem Aderlaß zu vergleichen ist eine arge Uebertreibung. Ganz gleichgültig ist es jedoch keineswegs, ob Samenentleerungen die Reizungen begleiten oder nicht, und ist die Gefahr am größten, wenn bei vorzeitiger Pubertät infolge der Reizung der Organe viel Zeugungsflüssigkeit bereitet und entleert wird. — Die entleerte Flüssigkeit besteht theils aus dem Product der Hoden, dem eigentlichen Samen, theils aus den Absonderungen der Prostata und der Harnröhrenschleimhaut mit ihren Drüsen. Je häufiger die Entleerung stattfindet, um so mehr tritt in der entleerten Flüssigkeit das Product der Hoden mit den befruchtenden Bestandtheilen, den Samenfäden (Spermatozoa) zurück, bis diese endlich ganz verschwinden. Die Absonderung der anderen Drüsen ist vermehrt, die entleerte Flüssigkeit dünner, die in den Hoden stattfindende Bildung zeugungsfähigen Samens kann unter Einwirkung der Reize und bei kräftiger Constitution gesteigert sein, bei fortdauernder übermäßig häufiger Entleerung muß sie abnehmen, endlich erlöschen. Zu beachten ist vor allem, daß ein Samenerguß (Pollution) im Schlaf nicht nur beim Mann, sondern auch beim heranreifenden Jüngling an sich weder krankhaft noch schädlich ist, sofern er nicht zu früh und nicht zu oft eintritt. Die abgesonderte Samenflüssigkeit, wenn sie sonst keine Verwendung findet, kommt von Zeit zu Zeit zum Ueberlaufen. Eben damit fällt naturgemäß die Nöthigung weg, ihrer auf dem Weg natürlicher oder unnatürlicher Unzucht los zu werden. Zu frühzeitige, zu häufige Samenergießungen im Schlaf und alle Samenergießungen im Wachen — abgesehen von dem naturgemäßen Beischlaf — sind abnormer Natur. Es kann aber auch ein Ausfluß von samenähnlichem Drüsenschleim vorkommen, infolge von starken Erectionen, von beschwerlichem Stuhlgang und dergl., und mit Tagpollutionen verwechselt werden und unnöthige Angst einjagen; die Unterscheidung giebt das Mikroskop. Die Grenze der Gesundheit ist bei Schlafpollutionen überschritten, wenn sie häufiger sich wiederholen, als den Eigenthümlichkeiten der betreffenden Person entspricht. Ein solcher Erguß kennzeichnet sich dadurch als krankhaft, daß er, statt spurlos oder sogar mit nachfolgendem Gefühl von Befriedigung und Erleichterung vorüberzugehen, am andern Tag allgemeine Mattigkeit und Abgeschlagenheit, Kopfschmerz, Verminderung der geistigen Spannkraft u. s. w. hinterläßt. Erfolgen aber die Schlafpollutionen fort und fort im Uebermaß, alle paar Nächte, jede Nacht ein und selbst mehrmals, so wird der Kranke — ein solcher ist er jetzt — in noch weit höherem Grad von den angegebenen Zufällen gequält und wird davon gar nicht mehr frei. Schon drohen die weiteren hiernach anzugebenden Folgen und ist der Uebergang gegeben zu den im wachen Zustand auf geringfügige Anlässe, z. B. rein psychische Reize, Koth- oder Urinentleerung, oder ganz von selbst, oft ohne Erection oder sonstige Aufregung eintretenden Samenverlusten (Tagspollutionen). Damit ist schon der höhere Grad der mit dem Namen „Samenfluß" (Spermatorrhoe) bezeichneten Krankheit erreicht. Die ärztliche Erfahrung berichtet jedoch auch von Fällen, wo die Samenergießungen statt nach vorn rückwärts in die Blase hinein stattfanden mit nachfolgender Erschöpfung; sie waren entstanden durch mechanische Hemmung des Ausflusses des in der Entleerung begriffenen Samens. Die weiteren Folgen der Spermatorrhoe sind in vielfachen ärztlichen Erfahrungen niedergelegt. Hier können nur übersichtlich die wichtigsten erwähnt werden: Schwindel, Kopfschmerz, Kopfcongestionen, psychische Depression, überhaupt reizbare Schwäche des Gehirns und seiner geistigen Functionen, namentlich Mangel an Ausdauer, Schwäche und Unsicherheit des Gedächtnisses, während wenigstens von Anfang an die Urtheilskraft weniger nothleidet, unsteter Wechsel der Vorstellungen und daher Unfähigkeit zur Fixirung der Aufmerksamkeit auf den gegebenen Gegenstand; Erregung der Phantasie bei allem, was in irgend einer Beziehung zu geschlechtlichen Dingen steht und fortwährende Beherrschung der Phantasie durch derartige Bilder; Energielosigkeit des Willens; wechselnde, bald gedrückte, bald apathische, bald ausgelassene oder gereizte, leidenschaftliche Gemüthsstimmung; besonders häufig aber ein scheues, zurückgezogenes, schleichendes Wesen, Zurückziehen von den lärmenden und Kraftaufwand erfordernden Spielen und Uebungen und das Aufsuchen der Einsamkeit; Hypochondrie, Verzweiflung an der Möglichkeit der Heilung, zuweilen mit Aeußerung von Selbstmordsgedanken, zu deren Ausführung aber gewöhnlich die Energie fehlt; unruhiger, oft unterbrochener Schlaf mit beängstigenden, wüsten Träumen; in schweren Fällen endlich Uebergang in Epilepsie, Geistesstörungen verschiedener Art, zuletzt Blödsinn. — Ebenso reizbare Schwäche des Rückenmarks mit Mangel an Ausdauer der Bewegungsorgane und baldiger Ermüdung. Auf einen Samenerguß erfolgt zuerst morgens nach dem Erwachen Müdigkeit und ein Gefühl von Steifigkeit im Rücken und in den Beinen und ein Bedürfnis sich zu strecken und zu dehnen. Schreitet die Krankheit weiter, so verläßt die Müdigkeit den Patienten den ganzen Tag über nicht. Dazu kommt manchmal ein lästiges Gefühl von Unruhe, ein beständiger Drang sich hin und her zu bewegen, auch Zittern der Beine und Hände, Zuckungen, namentlich unwillkürliche Bewegungen bei plötzlichen Sinneseindrücken. Sobann Störungen im Gebiet der Empfindungsnerven, Gefühl von Taubheit längs des Rückgrats, in den unteren Gliedmaßen oder in den Fingern, wechselnd bald da, bald dort, oder auch übermäßige Empfindlichkeit und allerlei krankhafte Empfindungen, z. B. das sogenannte Ameisenkriechen, Frösteln, wechselnde Empfindungen von Kälte und Hitze ("fliegende Hitze"); endlich Lähmungen und überhaupt Erscheinungen der Rückenmarksschwindsucht. — Störungen des Gesichts, Gehörs, des Geschmacks, Geruchs: Abnahme der Sehschärfe oder der Feinheit des Gehörs, Ohrensausen, Hallucinationen; Katarrh der Athmungsorgane, Schwerathmigkeit, matte veränderte Stimme; zuweilen Stottern, Zittern und Schwere der Zunge und undeutliche Sprache; Herzklopfen, Athembeschwerden; Verdauungsbeschwerden, mitunter recht guter Appetit, selbst Heißhunger neben schlechter Verdauung, hartnäckige Verstopfung. Das Aussehen ist oft gut, selbst blühend, doch nicht selten zeigt sich auch Abmagerung (übrigens bei raschem Wachsthum auch sonst etwas ganz gewöhnliches) und Blässe, die sogenannten blauen Ringe unter den Augen, Muskeln schlaff, Haut welk und trocken, leidender, vorzeitig gealterter Gesichtsausdruck, oder auch ein schwammiges gedunsenes Aussehen. Unter den örtlichen Erscheinungen sind namentlich zu erwähnen: häufiges Bedürfniß zum Harnen, Nachtröpfeln des Urins, allerlei schmerzhafte Empfindungen in den Geschlechtstheilen, besonders dem Hoden; endlich als spätere, in den meisten Fällen doch durch ein zweckmäßiges Verfahren zu beseitigende Folge schwache Potenz und Impotenz, deren Grund oft weniger in wirklicher Schwäche, als in dem durch das schlechte Gewissen hervorgerufenen Mangel an Selbstvertrauen liegt. — Auch wird erfahrungsgemäß als häufig und mitunter charakteristisch bezeichnet eine gewisse Schüchternheit, Scheu und Aengstlichkeit, besonders in weiblicher Gesellschaft, welche von unbefangener oder unbeholfener Zurückhaltung und Mangel an Gewandtheit wohl zu unterscheiden ist. — Bei Mädchen sind als Folge der Schleimflüsse besonders zu nennen die mannigfachen Erscheinungen der Bleichsucht, der zu frühen, unregelmäßigen, schmerzhaften Menstruation und der Hysterie, sodann Unfruchtbarkeit, oft auch Unfähigkeit zur Erfüllung der ehelichen Pflichten. Im psychischen Verhalten wird man auch bei Mädchen bald mehr bald weniger die S. 1027 angegebenen Erscheinungen, nicht selten namentlich ein weinerliches Wesen finden. — Hier ist auch die Frage zu beantworten, warum, wie die Erfahrung zeigt, natürliche Ausschweifungen, abgesehen von Ansteckung, immer noch weniger schädliche Folgen nach sich ziehen, als Onanie. Der naturgemäße Act, auch im Uebermaß ausgeübt, wirkt doch auf die Nerven anregend, Onanie nur schwächend und deprimirend. Die wichtigsten Gründe aber sind: Die Onanie wird meist sehr früh begonnen und die Onanisten fröhnen ihrem Laster weit häufiger, als bei natürlichen Ausschweifungen thunlich ist. Die Gelegenheit ist so zu sagen fortwährend vorhanden; es gehört sogar nicht einmal eine Erection zur Ausführung dieses Treibens; so werden solche unglückliche Individuen ganz maßlos in ihrem Laster. Daraus, daß der Onanist von äußeren Verhältnissen ganz unabhängig auf seine eigene Willenskraft angewiesen ist, die rasch mehr und mehr erlahmt, ergiebt sich weiter, daß er auch weit schwieriger von seiner Gewohnheit ablassen kann, als der Anhänger natürlicher Wollust, der mit anderweitigen Umständen sehr zu rechnen hat. Es hat verheirathete Männer gegeben, die sich von dem Laster nicht losmachen konnten. Die Macht der Gewohnheit ist in dieser Beziehung für manche Personen ganz unbezwingbar. — Das aber ist ja nicht zu übersehen, daß auch Erkrankungen des Gehirns oder Rückenmarks die ursprüngliche Ursache, dagegen heftige quälende Erectionen, häufigere Pollutionen, sodann Onanie oder andere Ausschweifungen die Folge sein können. Die Unterscheidung wird nur der Arzt und auch dieser oft schwer finden. — Die secundären psychischen Folgen der Onanie sind größtentheils davon abhängig, daß in den Entwicklungsjahren die theils schon eingetretenen, theils noch drohenden schlimmen Folgen zum Verständnis kommen und Reue, tiefstes Schamgefühl, nicht selten Verzweiflung an sich selbst, zumal nach Rückfällen, das Bewußtsein beherrscht. — In diesem Zustande liegt die größte Wahrscheinlichkeit der Heilung, aber auch die Gefahr eines Uebergangs zur Hysterie, Hypochondrie, Melancholie und eigentlicher schwererer Seelenstörung. Dabei ist ganz besonders zu beachten die Gefahr falscher Belehrung. Die Uebertreibungen in wohlgemeinten Schriften über Onanie, noch mehr aber die schändliche Speculation einer fort und fort ihr Unwesen treibenden populären Literatur, welche, um Käufer für ein Geheimmittel oder Kunden für einen „in der Behandlung von Geschlechtskrankheiten besonders erfahrenen Arzt" zu werben, die Behafteten geflissentlich in größte Sorge und Angst setzt, dazu nicht selten eine Geldsumme zu erpressen sucht, welche das Vermögen der Unglücklichen übersteigt, bewirken sehr häufig eine dauernde krankhafte Richtung auf die Beobachtung der Körperzustände oder bei gefühlvollen Naturen Schwermuth. Auch allzu strenge Einwirkungen der Beichtväter (z. B. Jesuitenmissionen) können notorisch diesen Ausgang herbeiführen. Es ist ein wahres Unglück, daß die Mehrzahl solcher Leidender so lang zögert und sich sträubt, bis sie endlich ärztlichen Rath suchen. Der Kranke sieht, wie der gefürchtete Abfluß fortdauert und alle seine Bemühungen, ihm Einhalt zu thun, vergeblich sind, wie dabei seine Kraft täglich abnimmt, und seine Phantasie erhöht zehnfach die jetzt schon vorhandene wirkliche Gefahr. Da legt er niedergedrückt von Scham ein Bekenntnis ab, von dem er denkt, daß es dem Ohr des Arztes schrecklich klingen werde. Wüßte er nur, wie wenig der Arzt, der das Schlimmste gesehen hat, was Krankheit und Thorheit thun können, daran denkt, seine knabenhaften Verirrungen, seine Leiden zu ernst zu beurtheilen. Glücklich für ihn, wenn seine Erzählung zu den Ohren eines wohlwollenden und geschickten Mannes gelangt, dessen Bemühen darauf gerichtet sein wird, die Wunden seines blutenden Gewissens zu verbinden und seine Krankheit zu heilen, nicht zu den Ohren eines annoncirenden und unwissenden Empirikers, der die Leiden seiner Mitmenschen zu seinem Vortheil ausbeutet.

Alle bisher genannten Erscheinungen können einen entfernten oder dringenden Verdacht begründen. Charakteristisch für die Erkennung der Onanie ist ungünstige Veränderung der geistigen Thätigkeiten, des Betragens, des Charakters und der Denkweise, die namentlich bei Knaben in ihrem Verhalten gegen die Ansprüche der Schule sich kund giebt. Die sichere Kenntnis davon, daß der Einzelne mit dem Uebel behaftet ist, kann sich stützen auf Denunciation, auf Ertappen während der That und auf sonstige Ueberführung, endlich auf directes oder indirectes Eingeständnis. Ist der Verdacht erwacht, so hüte man sich, sofort ein Geständnis expressen zu wollen. Erzieher werden, ehe sie weiter gehen, durch stille nähere Beobachtung den Sachverhalt genauer zu ergründen suchen, auch das Ueberraschen auf der That wird alsdann eher möglich sein. Nur soll man nicht meinen, Kratzen in der Gegend der Schamtheile, wenn es da juckt, etwa wegen Ausschlag oder Flohstich, sei gleich als Onanie zu deuten. Ebensowenig würde eine entdeckte Erection oder ein ähnlicher Zustand, der schon bei kleinen Kindern ganz normaler Weise mitunter vorkommt, an sich einen Beweis abgeben. Ganz besondere Vorsicht ist auch nöthig, daß nicht durch ungeschickte Warnung die kindliche Neugier gerade gereizt und auf diesen Gegenstand gelenkt werde; man nehme sich wohl in Acht, wegen eines der angegebenen Merkmale ein Kind sofort dieser Sünde zu beschuldigen und so vielleicht dasselbe um seine kindliche Unwissenheit in diesen Dingen, welche besser als alle Warnung ist, zu bringen. Man beachte besonders, ob nicht in vermeintlich unbewachten Augenblicken die Hände zu den Geschlechtstheilen geführt, unanständige Stellungen oder Bewegungen vorgenommen werden, ob der Verdächtige ungewöhnlich lang auf dem Abtritt zu verweilen pflegt oder sonst die Einsamkeit sucht und dann beim Befragen nach dem Grund, etwa auch auf vorsichtige Andeutungen eine auffallende Erregung, Reizbarkeit oder Verlegenheit zeigt, vielleicht auch Blässe und Abspannung zu bemerken ist. — Eigenthümlich im Aussehen und für's Anfühlen sind die Samenflecken in Bett- und Leibwäsche; erscheinen sie selten, so können sie auf den normalen nächtlichen Pollutionen beruhen; häufige Flecken, zumal bei entschiedenem Misverhältnis zwischen Alter, Constitution und Lebensweise und der Zahl der Wiederholung, ebenso die Spuren von Tagespollutionen, seien sie willkürlich oder unwillkürlich entstanden, betrachte man stets als abnorm, und wenn auch die einzelne Entleerung eine zufällige war, darf man doch in der Regel auf physische oder psychische, noch fortdauernde oder doch früher getriebene Onanie schliessen. In dem letzteren Fall wird auch dem man wegen des Leidens zu Rath gezogenen Arzt häufig die Ursache verschwiegen. — Flecke in der Bettwäsche von Mädchen sind nicht charakteristisch, aber bei häufigerem Vorkommen neben sonstiger Reinlichkeit beziehen sie sich auf einen Schleimfluss und dergl., also auf etwas krankhaftes und daher näher zu beachtendes, oder auf Masturbation. — Wenn es sich nun darum handelt, auf dringende Verdachtsgründe hin durch eine Unterredung mit dem Befleckten für sich selbst die volle Ueberzeugung zu gewinnen, um sofort die geeigneten Massregeln einzuleiten, so ist zu erwägen, dass ein offenes Geständnis zumal bei Knaben selten und um so weniger erfolgt, je mehr die Furcht vor Strafe und die Aussicht auf erfolgreiches Ableugnen vorherrscht. Man wird daher in einer ernsten aber liebevoll bekümmerten Weise den Verdächtigen auf die unleugbaren Thatsachen, namentlich auf die Veränderung seines psychischen Wesens und auf die Anzeichen gestörter Gesundheit, endlich auf die angeführten directen Indicien aufmerksam machen, wird auch nach Merkmalen fragen, deren Zusammenhang mit den Geschlechtssünden nur dem Sachverständigen bekannt ist, und aus ihrem Zugeständnis einen überraschenden Beweis ableiten; das ganze Benehmen des wirklich Befleckten bei einer solchen Unterredung wird den Menschenkenner genugsam aufklären und für ihn bedarf es keines unumwundenen Bekenntnisses, wenn schliesslich die Frage auf einen, wie man hoffe, in seiner Verderblichkeit nicht begriffenen Misbrauch der Geschlechtstheile gerichtet wird. Der Unschuldige, zumal der noch keine Vorstellung von der fraglichen Verirrung besitzt, wird sich leicht unterscheiden von dem verstockten Schuldbewussten. Ein Geständnis wird eher auf Fragen nach einzelnen unreinen Acten als nach einer Gewohnheit erfolgen.

Die Bekämpfung des Uebels besteht theils in Verhütung, theils in Heilung. Die Heilung des Uebels, wenn es zum Laster geworden, gelingt in den früheren Knaben- und Mädchenjahren schwer, eher noch in der späteren Jugendzeit; in diesem Zeitraum geht es aber häufig über in natürliche geschlechtliche Ausschweifungen, zumal bei Jünglingen, oder wenn auch der mechanische Misbrauch unterlassen bleibt, besteht doch bei beiden Geschlechtern die Ausschweifung der Phantasie noch fort. Ob die Folgen heilbar sein werden, hängt ganz von ihrer Beschaffenheit, Dauer und Intensität ab; im allgemeinen lehrt die Erfahrung dass eine gewisse Schwächlichkeit des Organismus bis ins reife Mannesalter und selbst lebenslänglich fortbesteht; war Hypochondrie oder Hysterie oder Epilepsie oder Seelenstörung zu Stande gekommen, so ist eine dauernde und vollständige Herstellung der Gesundheit nicht mehr zu erwarten. Bei dieser Sachlage und bei der ebenso wesentlichen Rücksicht auf die Verderbnis des Charakters besteht die erste Aufgabe des Erziehers und Arztes in der Verhütung. Es handelt sich also vor allem um Vermeidung der oben angegebenen Ursachen. Kleine Kinder müssen jedesmal sofort tüchtig auf die Hand geklopft werden; diese Zucht wird bei gesunden Kindern und bei gehöriger Aufmerksamkeit der Mutter das Uebel im Keim ertödten. Sobald das Kind die nöthige Fassungskraft besitzt, so bezeichne man ihm jederlei Betastung der Schamtheile als garstig, wüst, unsauber, wovor sich ein gutes Kind zu schämen habe. Sodann aber ist beim Knaben und Mädchen wie später in den Jahren der Entwicklung zu Jüngling und Jungfrau durch die Gesammtheit der Erziehung eine solche naturgemässe nicht übereilte harmonische Entwicklung und kräftige Gesundheit der ganzen Menschen, des Leibes wie des Geistes, zu erstreben, dass derselbe physisch und moralisch in den Stand gesetzt werde, den Anreizen zu Wollustsünden zu widerstehen. Die Ueberwachung und Leitung durch Eltern, Erzieher und Lehrer hat Lebensweise, Beschäftigung, Benehmen und Verkehr mit anderen ins Auge zu fassen und ist auf Förderung einer

Geschlechtliche Verirrungen.

reinen sittlichen Gefühls und kindlichen Sinnes, auf Selbstbeherrschung und auf Vermeidung alles dessen, was Sinnlichkeit und Phantasie in geschlechtlicher Richtung anregen könnte, und namentlich darauf zu richten, daß jeder übertriebenen Empfindsamkeit und Nervosität wie Sentimentalität, jeder stärkeren Aufregung der Phantasie so gut als einem träumerischen, verschlossenen oder sonstwie aparten und excentrischen Benehmen möglichst entgegengewirkt werde. Auch übermäßige Hingebung an künstlerische Beschäftigung in Musik und Poesie, an Studien oder eigene Versuche, an Romanenlecture — von schlüpfriger ganz abgesehen — ist zu beschränken, dagegen, sobald das Lebensalter dazu angethan ist, an ernste Verstandesarbeit zu gewöhnen. Der Anblick verführerischer Bilder, Ballet- und Theaterscenen, Besuch derartiger Gesellschaften und Tanzunterhaltungen, noch mehr der Umgang mit halbwegs verdächtigen Freunden und Freundinnen, Dienstboten u. s. f. ist ganz und gar zu verhüten. Sehr wichtig ist, daß man bei Kindern keine Langeweile, kein völliges Nichtsthun aufkommen lasse. Nicht als ob Kinder unausgesetzt lesen, schreiben oder etwas verrichten sollten; sondern ihre Erholungsstunden und alle freie Zeiten sollten mit irgend einer Thätigkeit ausgefüllt werden, wozu allerdings auch jugendliche Spiele und Leibesbewegung zu rechnen sind. Denn aus der Langenweile und dem Nichtsthun entspringt jenes Laster bei einer großen Anzahl von Kindern beider Geschlechter. Auch einseitige Anstrengung, Ausbildung und Ueberreizung der geistigen Kräfte soll man nicht geschehen lassen, noch weniger dazu antreiben. Handarbeit, geeignete Leibesübungen, für Mädchen nicht minder wie für Knaben und Jünglinge, besonders Abends bis zur Ermüdung fortgesetzt, wo Gelegenheit vorhanden regelmäßige Schwimmübungen, überhaupt Flußbäder, Erfrischung in der freien Natur, muntere Spiele sollten mit der geistigen Arbeit tagtäglich einigemal abwechseln. Trübsinn und dumpfes Hinbrüten ist möglichst zu verbannen. Wo ein frischer, frommer, fröhlicher, freier Sinn herrscht, wo auch lustiges Lachen erschallt, da wird der im Dunkeln schleichende Wurm schwerlich sich einnisten. — Noch ist auf einige besondere Umstände aufmerksam zu machen: jeder gesunde Mensch liegt im Schlaf auf der Seite, abwechselnd rechts und links; auf dem Rücken liegen nur Kranke und Erschöpfte. Die Rückenlage im Bett macht unruhigen Schlaf, Aufregung, begünstigt namentlich die Samenergießungen; sie ist so weit möglich zu vermeiden, ebenso, wie selbstverständlich, die Bauchlage. Das Kind bringt aus Mutterleib eine zusammengelegte Stellung der Glieder mit, man wird gut thun, das heranwachsende Kind an gestreckte Schlafstellung der unteren Glieder zu gewöhnen. Das Bett soll nicht zu weich und nicht zu warm sein, aber doch je nach Jahreszeit, Witterung und Klima des Wohnorts gegen Kälte hinreichend schützen, während der Schlaf im ungeheizten Zimmer, das Einathmen der reinen kalten Luft, für gesunde nicht mehr ganz kleine Kinder dringend zu empfehlen ist. Namentlich kann die Anwendung zweier Decken ganz passend sein, wo dann darauf zu sehen ist, daß Arme und Hände über der untern Decke liegen. Auch Federbetten sind bei strenger Kälte gar nicht zu verwerfen und je nach Alter und Constitution mag man auch das Bett, wenigstens am Fußende, wärmen; denn bis eine im kalten Zimmer stehende Matratze von der Wärme gehörig durchdrungen ist, welche die kleine im Bett liegende Person auszuströmen vermag, können etliche schlaflose Stunden vergehen. Die animalische Wärmeerzeugung ist im Schlaf vermindert und die Natur weist jedes Geschöpf an, zum Schlaf sich ein warmes Nest zu suchen; darum soll man die Abhärtungsversuche nicht übertreiben und für gehörig warmes Bett sorgen, damit das Einschlafen nicht durch Frieren gehindert sei. Zubettliegen soll nicht länger dauern als der Schlaf. Deshalb gestatte man dem Bett so viel Zeit, als nach Lebensalter und Gesundheitszustand dem Schlafbedürfnis entspricht, nicht mehr, und sorge auch dafür, daß dem Zubettegehen keine Aufregung, vielmehr gehörige Ermüdung vorhergehe. Mit engen Beinkleidern, wie sie die dumme Mode von Zeit zu Zeit einführt, sollte die Jugend nicht geplagt und nicht gefährdet werden. — Sollen Knaben und Jünglinge überhaupt und auch abgesehen von besonderem Anlaß über Bedeutung und Verrichtung der Geschlechtstheile und die Gefahren ihres Misbrauchs belehrt werden?

Eine kürzlich erschienene Schrift: „über die Keuschheit der Knaben und Jünglinge", bringt entschieden darauf. Soll dieser Grundsatz auch auf Mädchen Anwendung finden? Daß ein Menschenkind nicht anders zur Welt kommt, als junge Hunde und Katzen, Kälber und Ferkel, das erfährt nicht nur der Bauernjunge bald genug, sondern bleibt auch der städtischen Jugend wohl nicht lang verborgen. Länger mag der Vorgang der Zeugung im Dunkel bleiben, wiewohl die Hundebevölkerung Deutschlands zum Anblick praktischer Demonstrationen mehr als ausreichende Gelegenheit giebt. Jedenfalls kann der Religionsunterricht und namentlich der Confirmationsunterricht diese Verhältnisse nicht mit Stillschweigen übergehen. Wir werden dem richtigen Takt des Religionslehrers zu überlassen haben, daß er, so weit es um allgemeine Belehrung sich handelt, nicht zu wenig und nicht zu viel thut. Für besondere Fälle mögen Vater oder Mutter, ältere Brüder oder Schwestern, Freunde oder Freundinnen eintreten. Jedenfalls sind Warnungen und Ermahnungen mit Vorsicht und wohl nie ohne bestimmten Anlaß anzuwenden. In besonders ernstem feierlichem Tone und ohne Angabe von Gründen vorgebrachte Warnungen vor dem Verstecken der Hände in den Kleidern und unter der Bettdecke, vor dem Uebereinanderschlagen der Beine und dergleichen könnten die Kinder stutzig machen, zum Grübeln veranlassen und das Gegentheil der beabsichtigten Wirkung hervorbringen.

Wenn in einer Schule ein Verdächtiger sich findet oder deren mehrere sind, soll dann Belehrung und Warnung an den Einzelnen unter vier Augen oder an die ganze Classe gerichtet werden? Letzteres wird jedenfalls nur mit Vorsicht geschehen dürfen. Man wird sich auf Andeutung des Lasters selbst beschränken und auf seine Schädlichkeit und Gefahren hinweisen, dabei merken lassen, daß man die Sünder wohl errathen könne. Oeffentliche Anklage einzelner, die damit gebrandmarkt und der Verachtung preisgegeben wären, wird im ganzen nichts nützen, auf den Betroffenen aber nur nachtheilig wirken. Ueberwiesene unverbesserliche Onanisten möge man zur Verhütung von Ansteckung der anderen ohne Aufsehen aus der Schule oder Erziehungsanstalt entfernen. Jeder Onanist ist eine Gefahr für die Reinen, weil sein Beispiel contagiös wirkt und die Masturbation hat, wie selten ein anderes Laster, die Neigung sich auszudehnen. Erfahrungsgemäß ist es wirklich seltsam, mit welch cynischer Schamlosigkeit ältere Knaben den jüngeren das Laster mittheilen, wie sie gleichsam ein gewisses Interesse daran haben, Genossen ihrer Schandthat zu finden. So kann es kommen, daß ganze Classen wie von einem schlimmen Contagium ergriffen sind und daß die Onanie zuweilen mit einer Offenheit und Rücksichtslosigkeit gehandhabt wird, die ans Unglaubliche grenzt.

Auf den Befallenen selbst ist zunächst soweit möglich durch moralische Mittel einzuwirken. Diese Belehrungen und Warnungen können nach Umständen vom Erzieher oder von dem Vater oder durch einen andern Mann, der durch seine Stellung zum Befleckten berechtigt, durch Wohlwollen und Erfahrung geeignet ist in seine tiefsten Geheimnisse zu bringen, mündlich oder auch mit Hülfe eines passenden gedruckten Rathes geschehen. (Bei Mädchen fällt selbstverständlich die Aufgabe der Erzieherin, der Mutter u. s. w. zu). Erfahrene Erzieher bemerken, daß verständige Mitschüler durch ihre Warnungen meist mehr ausrichten, als die Vorgesetzten; diesen wie den Eltern wird es also zukommen, sich einer solchen Mittelsperson zu bedienen. Die Leitung des Verirrten muß je nach seinem Alter, seiner intellectuellen und sittlichen Entwicklung, seinem natürlichen Verstande und seiner Gemüthsanlage und nach Dauer, Grad und Folgen des Uebels bemessen werden; daher lassen sich nur die allgemeinen Gesichtspuncte des Verfahrens aufstellen. Auch durch den besten gedruckten Rath kann die individualisirte persönliche Belehrung und Warnung nicht ganz ersetzt werden. Der Erzieher wende sich zunächst an den Verstand; er lege unumwunden dar, welche Folgen das Uebel bisher gehabt hat, namentlich welche Schwächung des Körpers und der geistigen Kräfte daraus hervorgegangen sei, und knüpfe daran eine ernste Belehrung über die möglichen schweren Einbußen an Gesundheit, Lebensdauer und Lebensglück, den langsamen

Selbstmord, wenn dem Laster nicht entsagt werde. Die Belehrung durch Bücher verfehlt gerade in diesem Punct leicht ihren Zweck, weil die Vergleichung des eigenen relativ günstigen Zustands mit der extremen Darstellung der Schriftsteller den Gedanken an Uebertreibung zum Zweck des Abschreckens und an Ungefährlichkeit des Lasters nahe legt; noch gefährlicher ist der gegentheilige Erfolg, wenn die Verzweiflung an der eigenen Gesundheit Platz greift. Sodann ermahne der Erzieher zur strengsten Aufmerksamkeit auf die Umstände, unter welchen der Anreiz zur einzelnen Sünde sich entwickelt, und bringe auf das ängstliche Vermeiden solcher Gelegenheitsursachen. Durch die Furcht vor empfindlichen Strafen zu wirken ist gewiß das zweckmäßigste, wenn es sich nur um schlechte Gewohnheiten kleiner Kinder handelt; bei älteren Knaben und Mädchen wird der Erfolg häufig nur im sorgfältigen Verheimlichen der Manipulationen und ihrer Spuren bestehen. Gewisse Strafarten, wie Einsperren ohne die Zeit erschöpfende Arbeit, sind völlig verwerflich. Hauptsächlich aber ist auf das Ehrgefühl zu wirken, das ebenso wie die Willenskraft zur Bekämpfung eines so schmählichen Lasters zu schonen, aufzurichten und zu stärken ist. Was von sittlichem Gehalt noch in der Seele vorhanden, suche man mit Ekel zu erfüllen. Und die entsetzliche Schande, wenn solche Erbärmlichkeit den Altersgenossen, den Eltern u. s. w. bekannt würde! — Auch religiöse Erschütterung kann von ganz heilsamem Erfolg sein. Auf manchen wird der Gedanke an den Kummer der Eltern über ihr gesunkenes Kind und die Berufung an die Stimme des eigenen Gewissens am tiefsten wirken; solchen religiösen Einflüssen besonders zugängliche Naturen werden unter Leitung ihres schärferen Gewissens und unter häufigem Aufblick zu Gott mancher Gefahr entgehen, sie werden aber auch vielleicht einzelnen Versuchungen erliegen und bann eher des Trostes als der Strenge bedürfen. Jedenfalls hüte man sich vor Uebertreibungen und stürze den Schuldbewußten nicht in Verzweiflung. — Unter Umständen mag es auch passend sein, das reine zufriedene Glück gesunder, mit gesunden Kindern gesegneter Ehegatten, die Wonne der naturgemäßen, zugleich mit Sitte und Gesetz übereinstimmenden Liebe (φιλότης ἐρατεινή Odyssee XXIII. 300) vorzuhalten, ein Glück, dessen der Onanist durch Fortsetzung seines Lasters zum voraus sich beraube. Man könnte auch daran erinnern, daß solche unnatürliche Reizungen eigentlich nicht einmal Lust und Befriedigung gewähren, sondern nur einen Wechsel von Erregung und Erschöpfung hervorbringen, und bemerken, daß die unnatürliche zur naturgemäßen Wollust etwa so sich verhalten möge, wie Fuselschnaps zu edlem Wein. — Dem Gebesserten und Geheilten droht die Gefahr des Rückfalles. Aufs strengste ist er darin zu überwachen und ist ihm auch für spätere Zeit zu empfehlen, daß er jede Gelegenheit zu unnützer, resultatloser geschlechtlicher Aufregung meide und namentlich auch die obenerwähnte so äußerst schädliche Gedankenunzucht, wenn sie einmal glücklich überwunden ist, nicht wieder Platz greifen lasse. — Aber die moralischen Mittel allein werden nicht immer zum Ziel führen, denn der Onanist, dem das Laster zur Gewohnheit geworden, ist ein kranker Mensch, ebenso wie der habituelle Schnapssäufer, der Opiumraucher u. dergl. Er möchte wohl umkehren, aber er kann nicht, und "mit guten Vorsätzen ist der Weg zur Hölle gepflastert."

Somit erfordert die Onanie eine somatische, theils diätetische, theils im engern Sinn medicinische Behandlung und ist noch anzugeben, was ohne speciellen ärztlichen Rath und neben solchem — der bei eingetretener wirklicher Spermatorrhoe durchaus unentbehrlich ist — zu thun sei. Die mechanischen Mittel, die schon erdacht wurden, haben im allgemeinen keinen Werth. Das Befestigen der Hände an den Bettstücken oder ihre Verwahrung mit Fausthandschuhen von grobem Stoff könnte bei kleinen Kindern etwas nützen. Sonst müßten auch die Schenkel durch Riemen u. dergl. festgehalten werden. Einem Knaben von 1½ Jahren, der fort und fort die übereinander geschlagenen Schenkel an einander rieb, konnte das Spiel nur dadurch verwehrt werden, daß man einen gepolsterten Keil zwischen die Unterschenkel steckte und die Füßchen festwickelte. Je nach den besonderen Umständen wird man bald so bald anders sich helfen. In den Irrenanstalten bedient man sich häufig der Zwangsjacke, oft neben dem Einbinden in den englischen Stuhl.

Solche Mittel sind geeignet, wenn die Heilung einer schweren complicirenden Krankheit, z. B. der Epilepsie oder der Rückenmarkslähmung, von dem Aufhören der Masturbation wesentlich abhängt; ebenso wenn bei krankhaft gesteigertem Triebe der seiner selbst unmächtige Kranke die mechanische Unterstützung seines guten Vorsatzes verlangt. Im Weg der Zeitungsreclame werden vielfach unsinnige mechanische Mittel angepriesen, vor denen aufs entschiedenste zu warnen ist. Nur in ganz seltenen Fällen sind solche mechanische dem besondern Falle angepaßte Vorrichtungen in der Hand des Arztes von Nutzen gewesen. Phimosis wäre durch entsprechende Operation zu beseitigen. Außerdem wurden durch schmerzhafte kleine Operationen, Abtrennung eines Theils der Vorhaut, Skarificationen der großen Schamlippen, in verzweifelten Fällen schon gute Erfolge erzielt. Auch als Heilmittel kommen alle die Maßregeln der Diätetik, Gymnastik u. s. w. zur Geltung, welche oben als Mittel der Vorbeugung angeführt sind. Außerdem ist namentlich die äußerliche Anwendung des Wassers in der Form der Flußbäder, Vollbäder, Sitzbäder, Duschen, Waschungen und Abreibungen von großem Werth. Hierüber können noch einige Rathschläge gegeben werden: Ganz kalte Bäder von 10° C. (8° R.) und darunter sind nur in der Form des Wellenbads, der Dusche, etwa auch des ganz kurzen Vollbads anwendbar. Zum Sitzbad eignet sich in der Regel ein Wärmegrad zwischen 15° und 20° R. Die Strahldusche darf nie direct auf Kopf und Wirbelsäule gehen. Zur Regendusche soll vierfach zusammengelegte Leinwand auf den Kopf gelegt werden. Besonders beruhigend und zugleich erfrischend und stärkend wirken warme Bäder mit nachfolgender kalter Regendusche. Waschungen mit dem Schwamm geben leicht zu Erkältungen Anlaß; viel besser sind eingetauchte Frottirhandschuhe, z. B. grobwollene Fausthandschuhe. — Da in jedem einzelnen Fall immer wieder besondere Umstände zu berücksichtigen sind, so möge mit Einholung sachverständigen ärztlichen Rathes in nicht zu lang gezögert werden.

Literatur: Tissot s. o. S. 1021. — Roth, Karl Ludwig, Gymnasialpädagogik. 1865. S. 299—307. — Niemeyer, A. H., Grundsätze der Erziehung und des Unterrichts I. § 35—40. § 138. — Kapf, Warnungen eines Jugendfreundes (in mehreren Auflagen, wegen vielfacher Uebertreibungen mit Vorsicht zu gebrauchen). — Stark, Allgemeine Pathologie 2. Ausgabe I. § 441. (enthält die medicinische Speciallitteratur bis 1842). — Behrend u. Hildebrand, Journal für Kinderkrankheiten XXXV. 11. 12. 1860. S. 321 ff. — Betz, Memorabilien VIII. 8. 1863. S. 171—173. — Di Centa, Erfahrungen über die durch geschlechtliche Ursachen herbeigeführten Störungen der Gesundheit. — Pappenheim, Sanitätspolizei. Zweite Auflage. 1868—1870. — Niemeyer, Pathologie und Therapie. 1871. II. S. 98 ff. — Curschmann in Ziemssen, Handbuch der speciellen Pathologie und Therapie. 1875. IX. 2. S. 359 ff. — Oesterlen, Handbuch der Hygieine. 5. Auflage. 1876. S. 725—730. — Baginsky, Schul-Hygieine. 1877. S. 465 ff. — Ueber die Keuschheit der Knaben und Jünglinge. 1877. Berlin. Denicke's Verlag. — Weitbrecht, Heilig ist die Jugendzeit. 1878. S. 54 ff. Dr. K. O. Groß.

Geschwister, s. Familie.

Geselligkeitstrieb. Der Geselligkeitstrieb, demzufolge der Mensch nach Gemeinschaft mit anderen Individuen seiner Gattung strebt, offenbart sich schon in dem Lächeln, womit der Säugling ein freundliches Menschenantlitz begrüßt, im Lauschen und in der Lust an den Tönen der menschlichen Stimme, in der Unlust und im Schmerz, wenn sich das Kind von menschlicher Gesellschaft verlassen sieht, in der freudigen Erregung, wenn es mit andern Kindern zusammenkommt. Da ohne ein Du kein Ich zum Selbstbewußtsein gelangen, ohne das Leben in der Gemeinschaft sich überhaupt kein geistig sittliches Menschenleben entwickeln würde: so leuchtet ein, welch ein wirksamer Hebel der Geselligkeitstrieb, wenn er recht geleitet wird, für die Gesammtbildung des Menschen sein muß. Seine erste und wichtigste Nahrung muß er in der Familie, dieser Grundlage aller sittlichen Gemeinschaft, finden; es ist die Liebe von Vater und Mutter, von Geschwistern und Verwandten, welche das Kind zum Stehen und Gehen, zum Verstehen und Sprechen bringt, welche ihm das erste Spielzeug reicht und die erste Gesellschaft bietet. Dennoch genügt bald diese Gesellschaft allein dem Kinde nicht mehr; es sehnt sich über seinen Familienkreis hinaus nach Umgang mit seines Gleichen aus anderen Familien. (Vgl. die Art: Gespielen, Freundschaft, Umgang). In den verschiedenen Richtungen, welche der Geselligkeitstrieb des Kindes nimmt, erhält der Erzieher beachtenswerthe Winke und Aufschlüsse über die verschiedenen Individualitäten und ihre Behandlung. Manche Kinder wählen mit Vorliebe Aeltere, ja Erwachsene zu ihrer Gesellschaft, weil in ihnen schon früh ein gewißer ernster Sinn und ein entschiedenes Streben nach Entwicklung sich regt; andere verkehren lieber mit Jüngeren, weil diese sich leichter fügen und ihre Folgsamkeit der Herrschsucht schmeichelt; das äußerlich bevorzugte und irgendwie reicher begabte Kind zieht die minder begabten an, weil diese sich gern im Abglanz sonnen und jenes seine Vorzüge um so mehr genießen kann. Oft zieht aber auch eins das andere an, ohne daß die Erwachsenen den Grund solcher Sympathie anzugeben vermöchten. Da hemme einer nicht voreilig den Zug des Kindergemüths, sei aber auch stets auf der Hut, ob nicht unlautere Neigungen und selbstsüchtige Zwecke im Spiele sind. Die Geselligkeit und ihre Richtung läßt sich nicht commandiren und erzwingen, wohl aber leiten und fördern. Die Erziehung — des Hauses wie der Schule — soll das Schädliche und Störende abhalten, Angebereien zurückweisen und nicht durch neugieriges Ausfragen begünstigen, aber auch behülflich sein, daß Passendes sich findet. Die Lehrer können in dieser Beziehung den Eltern manchen guten Rath ertheilen. Die Schule leistet der Geselligkeit der Jugend bedeutenden Vorschub durch das ganze Schulleben, die gemeinsamen Spaziergänge, die Turnspiele, die sogenannten Kinderfeste, an denen die Schüler aus verschiedenen Classen zugleich Theil nehmen. Das elterliche Haus bietet schon durch die mannigfachen Lebensverhältnisse, denen sich selbst der stillste Familienkreis nicht entziehen kann, dem Geselligkeitstriebe mannigfache Anregung, wofern nur die Erziehenden sich Zeit und Mühe nehmen, das Gegebene zum Besten der Kinder zu benutzen. Besonders liegt es den Frauen ob, denen ohnehin schon von Natur der gesellige Takt eigen ist, die tauglichen Elemente zu versammeln und jener egoistischen Absonderung, wo jedes seinen Weg geht, ohne sich um das andere zu kümmern, entgegenzuarbeiten. Doch ist andererseits auch vor der Ausartung des Geselligkeitstriebes zu warnen, die durch verfrühte Genüsse entsteht. Wir rechnen dahin die Theegesellschaften der Mädchen, die Kinderbälle und "Visiten," die weiter nichts sind als die Nachäffung des Lebens der Erwachsenen; ferner das Mitnehmen der Kinder in Wirthshäuser und zu Diners, bei welchen sie im Grunde bloß vegetiren, da sie an der Unterhaltung der Erwachsenen wenig Antheil nehmen können oder aber, wenn ihr Interesse angeregt wird, solches auch oft nicht ohne Bedenken ist. Eine gleiche Verirrung des Geselligkeitstriebes ist es, wenn Gymnasiasten schon als Corpsburschen sich geben, Verbrüderungen stiften und für sich allein das Wirthshaus besuchen wollen; es ist dabei zugleich der Nachahmungstrieb im Spiele, indem die niedrigere Altersstufe die höhere nachäffen will. Jene wie diese Auswüchse werden jedoch da, wo Haus und Schule noch die rechten erziehenden Mächte sind und christlicher Zucht sich befleißigen, schwerlich hervortreten. Diese Zucht, die das Kind schon früh an das „bete und arbeite" gewöhnt, wird es auch vor jener Gesellschaftssucht bewahren, die zuletzt alle Einkehr in das eigene Innere hindert, oberflächlich und charakterlos macht. Wie nur im Wechsel von Arbeit und Spiel das letztere genußreich wird und Erholung bietet, so muß der Freude der Geselligkeit auch die der stillen Selbstbeschäftigung zur Seite stehen und die Erziehung dafür sorgen, daß beide Seiten in's rechte Gleichgewicht kommen. Das Kind soll es stets als eine Wohlthat erkennen und mit Dank empfangen, wenn Eltern und Erzieher ihm Spielgenossen verschaffen und für seine gesellige Erheiterung sorgen; darum darf es auch nicht willkürlich sich absondern oder störrisch sich zurückziehen, wenn die Gespielen einmal zu ungelegener Zeit kommen. Ein anderes ist die Neigung des Gemüths zum Alleinsein, die Abneigung vor zahlreicher Spielgenossenschaft (vgl. d. Art. "Abneigung" Th. I. S. 21); sorgsame und scharfblickende Erzieher werden bald den Grund solcher

Neigungen entdecken und mit liebevollem Eingehen auf die Individualität deren Mängel zu heben, deren Rechte aber auch zu achten wissen. Eines schickt sich nicht für alle.
K. B. Grab.

Gesellschaft, s. Umgang.

Gesinde. Von diesem ist seitens der Pädagogik in der doppelten Hinsicht Notiz zu nehmen: 1) sofern dasselbe in der Erziehung als ein activer Factor irgendwie mitwirkt; und 2) sofern die Behandlung des Gesindes in der Familie ein nicht unwichtiger Theil des Familienlebens und seines Einflusses auf die sittliche Gesammtbildung der Kinder des Hauses ist.

1) Ueber den gewissenlosen Unfug, die eigenen Kinder, so lange sie noch nicht den Glanz des Hauses zu vermehren im Stande sind, dem Gesinde zu überlassen, bedarf es hier keines weiteren Wortes (s. d. Art. Familie); das ist eine schlechtere Auflage der antiken Sitte, Sklaven zu Pädagogen zu bestellen. Was ein Kind in der Bedientenstube lernt, dient ihm nicht zum Heile. Gleichwohl ist ein Verkehr der Kinder mit dem Gesinde gar nicht zu vermeiden, weil es ihnen viele Dienste leisten muß; diese aber dem Kinde nur in jener Devotion leisten zu lassen, daß sich ein innigeres Verhältniß zwischen ihm und seiner Wärterin gar nicht bilden dürfte, wäre in keiner Hinsicht gut. Es hat außerdem noch seinen guten Grund, warum es einem anständigen, klugen und dienstfertigen Domestiken — ohne alle unrechten Mittel des Schmeichelns, des Zusteckens von Näschereien, des Vertuschens von strafbaren Vorgängen — leicht ist, der Kinder besondere Zuneigung zu gewinnen: es ist die Naturverwandtschaft des Kindlichen mit dem Volksthümlichen. Daraus folgt, daß auch um der Kinder willen die Dienstboten sorgfältig gewählt und im Auge behalten werden müßen. Das richtige Maß in jenem Verkehr wird in der Praxis auch nicht schwer zu treffen sein. Wenn das kleine Mädchen mit der Köchin auf den Markt, der Knabe mit dem Knecht in den Stall gehen, das Pferd zur Tränke reiten will, wer wird ihm das wehren? Aber wissen muß Vater oder Mutter immer, wohin der Weg geht; ist das Kind an Offenheit gewöhnt, so werden sie auch ohne besonderes Inquiriren leicht erfahren, ob sie auch einen Spaziergang, einen Ausflug in die Heimat des Domestiken u. dgl. erlauben können. Disciplinarische Gewalt ist den Dienstboten nicht zu gestatten; Scheltworte oder gar thätliche Züchtigungen dürfen die Kinder von ihnen nicht empfangen; aber ebenso gewiß müßen diese es wissen, daß, wenn ihnen die Magd eine Unart untersagt, sie zu gehorchen haben; in ihrer Gegenwart muß dem Dienstboten, wenn die Eltern etwa beide ausgehen, aufgetragen werden, Acht zu haben und Excesse nachher zu berichten. Alle Achtung müssen die Kinder auch vor den Dienstboten haben; sind letztere von der Art, daß jene nicht gefordert werden kann, so soll man sie entfernen.

2) Wenn es zur gediegenen sittlichen Bildung gehört, daß unsere Jugend einerseits die von Gott gesetzten, natürlichen Unterschiede unter den Menschen nach Stand, Vermögen, Geltung richtig erkenne, andererseits aber diese Unterschiede immer wieder in der Liebe aufgehoben sein lasse: so ist eben hiezu die beste praktische Schule im Verhältniß der Dienstboten zur Familie gegeben. Was Unterordnung, was Gehorsam, was das Loos des von seiner Hände Arbeit Lebenden ist, das sieht das Kind hier in Person vor sich; es steht in der Mitte, da die Ehrerbietung, die die Dienstboten den Eltern erweisen, seiner eigenen Unterordnung conform ist, andererseits aber es als Kind des Hauses an der Ehre, dem Wohlsein desselben einen viel näheren Antheil hat. Daher muß auch in bürgerlichen Familien von einem gewissen Alter an das „Du" von der Dienstboten gegen die Kinder des Hauses dem „Sie" weichen. Aber das Selbstgefühl darf nie in ein herrisches Wesen ausarten, so daß das Kind einen Dienstboten ungestraft mishandeln, schmähen, verhöhnen dürfte; solche Unart ist um beider Theile willen exemplarisch zu ahnden. Es soll im Dienstboten nicht nur den Erwachsenen ehren, sondern dafür auch ein Herz bekommen, daß es das Harte des Schicksals empfindet, sein Brot unter Fremden suchen zu müßen, daß es in den Diensten, die ihm die Dienstboten leisten, nicht bloß die den Lohn bedingende Schuldigkeit, sondern auch jenes Unbezahl-

bare anerkennt, was den Dienenden zum Freien macht. Das alles lernt das Kind nur, wenn es sieht, daß die Eltern die Domestiken christlich behandeln; es wird selbst neben solchem Beispiel noch mancher Erinnerungen bedürfen, um den so früh und so mächtig sich regenden Hochmuth niederzuhalten. Wo aber die Eltern nicht einmal gerecht, geschweige denn human und rücksichtnehmend verfahren, also z. B. was die Kinder Uebles gemacht haben, den Dienstboten Schuld geben, jenen jede Lüge, diesen nichts glauben, sie in der Gegenwart der Kinder ehrenrührig ausschelten oder gar mißhandeln, da muß der Kinder eigenes Herz vergiftet werden, wofern nicht der natürliche Gerechtigkeitssinn in ihnen sich wider die Nichtswürdigkeit der Eltern auflehnt, was zwar für sie ein günstiges Zeichen, für das Ganze des Familienlebens und der Erziehung aber um so schlimmer ist. Besonders einem erkrankten Dienstboten gegenüber wird sich jene Humanität in ihrer rechten Größe bethätigen; da wird (statt sich des Kranken über Hals und Kopf zu entledigen, wie es der vornehme und der bäurische Egoismus thut) auch die Hausfrau sich nicht schämen, dem Leidenden solche Dienste zu thun, die sie sonst von ihm empfängt; da haben auch die Kinder Gelegenheit, zu zeigen oder zu lernen, daß die echte Christenliebe alles ausgleicht. Daß aber die christliche Ausgleichung der äußeren Standesunterschiede nothwendig mache, die Dienstboten nach alter bürgerlicher Sitte am Familientische mitspeisen zu lassen, das möchten wir nicht behaupten; in kleineren, von Gästen selten besuchten Familien wird das ganz wohl auszuführen sein, in größeren aber schwer, aus verschiedenen Gründen. (Selbst Thiersch, der in seiner Schrift über christliches Familienleben, 3. Aufl. S. 157—167 auch über das Gesinde Treffliches sagt, fordert es nicht.) Desto unerläßlicher aber ist, daß die Dienstboten an der Hausandacht Theil nehmen dürfen — und nicht nur dürfen, sondern daß ihre Anwesenheit als selbstverständliche Hausregel gilt, ebenso, daß ihnen an Sonn- und Festtagen der Besuch des Gottesdienstes regelmäßig gestattet wird und die Hausfrau lieber den Speisezettel darnach einrichtet, als daß sie jenes Christenrecht ihren Dienstboten verweigerte. Ja, wenn diese selber keine Lust dazu bezeugen, so muß die Herrschaft den Gesichtspunct der Erziehung auch auf die Dienstboten, wie auf die Kinder anwenden: du gehst in die Kirche, ich will es haben, mein Haus gehört vollständig zur Kirche. Auch an den Domestiken sollen die Kinder nicht sehen, daß man leben kann ohne Gottes Wort und Sacrament. Palmer †.

Gesner, Johann Matthias, ist am 9. April 1691 in dem kleinen Städtchen Roth an der Rezat im Ansbachischen geboren; seinen Vater, der dort Prediger war, verlor er schon, ehe er das zwölfte Lebensjahr erreichte hatte. Der talentvolle Knabe ward von seinem Stiefvater, dem Pfarrer Zuckermantel, für das Gymnasium in Ansbach vorbereitet. Als Currentschüler mußte er durch Singen vor den Häusern seinen Unterhalt erwerben; solche Noth stärkte seine Lust und Kraft. Er lenkte die Aufmerksamkeit des Rector Köhler auf sich, der durch besondere schwierigere Aufgaben seinen Scharfsinn weckte und seinen Lerneifer auf immer weitere Gebiete alter und neuer Sprachen richtete. 1710 bezog er die Universität Jena, wo Buddeus nicht bloß seine äußere Lage dadurch, daß er ihn zum Unterrichten seines Sohnes in sein Haus aufnahm, verbesserte, sondern auch durch Umgang und Bücher seine Studien förderte, so daß er noch in Jena mit seinen ersten Schriften über Lucians Philopatris (1714) hervortreten konnte. Der Plan, eine Art von pädagogischem Seminar zu errichten, ward 1715 durch seine Berufung in das Conrectorat am Weimarischen Gymnasium unterbrochen. Dreizehn Jahre hat er hier gewirkt, glücklich in seiner äußeren Lage und unauslässlich bemüht die Universalität seines Wissens weiter auszubilden, wozu er durch die ihm übertragene Beaufsichtigung der Bibliothek die beste Gelegenheit fand. Der Regierungswechsel im Jahre 1728 störte die angenehmen Verhältnisse, weshalb Gesner 1729 einen Ruf zum Rectorate in Ansbach bereitwillig annahm. Bei der übermäßigen Arbeit, welche dieses neue Amt ihm aufbürdete, konnte er seine wissenschaftlichen Arbeiten nicht, wie er es wünschte, fördern und gieng deshalb im September 1730 als Rector an die Thomasschule in Leipzig. Auch hier galt seine Thätigkeit zunächst den Reformen, deren diese gelehrte Schule dringend bedurfte. Die alten Schriftsteller waren aus ihr verdrängt, höchstens Cornelius Nepos noch in den Händen der Primaner; dafür waren christliche Lateiner eingeführt. Den Classikern wurde wieder Eingang geschafft und durch rasches Lesen ganzer Werke oder größerer Abschnitte Lust an der Sache geweckt und Einsicht in das Ganze sicher gefördert. Zur Befestigung in dem Lateinschreiben wurden die sogenannten Extemporalien eingeführt und deren Correctur in einer die ganze Classe beschäftigenden Weise veranstaltet. Auf die Mathematik wurde ein größeres Gewicht gelegt und überhaupt nach neuen Grundsätzen der ganze Unterrichtsplan umgestaltet. Für die Zucht, namentlich der Alumnen, sorgte er nicht bloß durch neue Gesetze 1733, sondern mehr noch durch kräftige Wahrung derselben und umsichtiges Einschreiten gegen die eingerissenen Uebelstände. In wenigen Jahren hatte die Thomasschule den Ruf ihrer Tüchtigkeit wieder erlangt und damit auch der Ruf ihres ausgezeichneten Rectors fester begründet. Aber die Gunst, welche ihm diese Wirksamkeit bei den Vertretern der Stadt erwarb, zog ihm die Misgunst der Universität zu und beraubte ihn jeder Aussicht auf eine akademische Thätigkeit, die seinen Wünschen ganz entsprochen haben würde.

Da berief ihn Münchhausen an die neu zu errichtende Universität Göttingen für die Professur der Eloquenz, die er bereits im October 1734 antrat, obschon die feierliche Einweihung erst am 17. September 1737 erfolgte. Hier eröffnete sich ihm eine Thätigkeit, in der 27 Jahre lang mit eben so großem Eifer als glänzendem Erfolge wirksam gewesen ist und die ihn so sehr befriedigte, daß er ohne Bedenken die ehrenvollsten Anträge zu anderen Stellungen ablehnte. Seine Vorlesungen bezogen sich auf Homer, Horaz, Cicero, Plinius und Sueton, auf griechische und römische Alterthümer, auf Kunstarchäologie, lateinischen Stil, Rhetorik und allgemeine Encyklopädie; auch neutestamentliche Schriften hat er philologisch erklärt. Daneben hat er das philologische Seminar geleitet und darin eine große Anzahl tüchtiger Schulmänner gebildet, die ausgezeichnete Bibliothek begründet und bequem nutzbar gemacht, als Programmatarius unzählige Gelegenheitsschriften in lateinischer und deutscher Sprache geliefert, das Präsidium der von ihm selbst 1738 gegründeten deutschen Gesellschaft geführt und die Direction der königlichen Societät der Wissenschaften, in die er gleich bei der Stiftung am 23. Febr. 1751 als ordentliches Mitglied der historischen Classe eingetreten war, von 1753 bis zu seinem Tode verwaltet. Seinen Verdiensten fehlte auch die Anerkennung nicht; er genoß das besondere Vertrauen des seltenen Staatsmannes, der durch die Curatel der Universität Göttingen sein Andenken in der Geschichte der Wissenschaften erhalten hat; sein Landesherr ernannte ihn 1756 zum Hofrathe. Die Unruhen des siebenjährigen Krieges verschonten auch Göttingen nicht; bei einer Gesandtschaft an den Prinzen Xaver von Kursachsen, der in der Nähe ein Lager bezogen hatte, erkältete sich Gesner, seine Kräfte nahmen immer mehr ab und er starb am 3. August 1761.

Gesners Wirksamkeit ist für Deutschland epochemachend in der Geschichte der Philologie und nicht minder bedeutsam sein Einfluß auf die Reform des höheren Schulwesens. Bei aller seiner Polyhistorie blieb doch das classische Alterthum der Mittelpunct seiner Arbeiten. In seinen Ausgaben der Schriftsteller hat er stets das Verständnis derselben im Auge und Inhalt und Form blieben ihm dabei gleich wichtig. Man kann den Fortschritt, welchen er selbst in seinem Verfahren gemacht hat, an den Scriptores rei rusticae (1735) und an Plinius (1739), Quintilian (1738) und besonders an Claudian (1759) erkennen; der letztere ist die erste geschmackvolle Ausgabe eines Autors in Deutschland. Auf den Abdruck des Livius (1735) und den oft wiederholten Baxter'schen Horaz lege ich geringeres Gewicht. Für griechische Literatur hat er selbst in der Orphica (1764) nicht so viel geleistet. In kritischer Beziehung begnügte er sich mit Nachbesserungen der überlieferten Lesart, für die ihm wiederholte Lectüre des ganzen Schriftstellers und das dadurch bedingte tiefere Eindringen in den ganzen schriftstellerischen Charakter desselben das erste Erfordernis war. Die Grundsätze ein wahrhaft wissenschaftliches lateinisches Lexikon hatte er 1733 (Opusc. miu T. VII, p. 287) klar entwickelt, aber bei seinem eigenen Hauptwerke, dem Novus linguae et eruditionis latinae thesaurus (4 Bde. in Fol. 1749), nicht consequent durchgeführt. Es sollten von der Grundbedeutung eines Wortes aus die weiteren Bedeutungen entwickelt und in ihrer phraseologischen Anwendung nachgewiesen, die Eigennamen behandelt und alles, was für die Kenntnis des antiken Lebens nach allen Richtungen hin von Wichtigkeit ist, gesammelt werden. Die beiden letzten Anforderungen sind gewiß nicht gerechtfertigt für einen Thesaurus der lateinischen Sprache und man wird es daher nicht tadeln, daß auch Gesner sie nicht erfüllt hat. Aber selbst in dem sprachlichen Theile überwiegt die Phraseologie und einzelne Schriftsteller, wie namentlich Persius, sind mehr herangezogen als ihnen gebührt, dagegen andere Richtungen der Literatur wieder gänzlich vernachlässigt. Noch immer wartet die Aufgabe eines tüchtigen Thesaurus auf ihre Lösung, aber Gesner nimmt trotzdem einen ehrenvollen Platz in der Geschichte der Lexikographie ein.

Von größerer Wichtigkeit ist hier die pädagogische Bedeutung des Mannes, der erst nach längerer praktischer Wirksamkeit in der Schule zu einem akademischen Lehramte übergieng und auch in diesem der Schule und ihren Bedürfnissen seine Aufmerksamkeit zuzuwenden vielfache Veranlassung hatte. Denn es war ihm die Inspection über die Gymnasien der braunschweigisch-lüneburgischen Lande übertragen und er hatte 1737 die Schulordnung verfaßt,*) welche die Erfahrungen seines eigenen Lehrerlebens und die Früchte seines ernsten Nachdenkens über die beste Einrichtung der gelehrten Schulen enthält.

Institutiones rei scholasticae hatte er bereits im Jahr 1715 in Jena herausgegeben. Sie sollten als Compendium den Vorträgen zu Grunde gelegt werden, welche Gesner in dem von Buddeus beabsichtigten pädagogischen Seminare halten wollte. Den größten Theil nimmt die Didaktik ein, bei welcher die Sprachen und die Mathematik am ausführlichsten behandelt werden; aber auch die an den Lehrer zu stellenden Ansprüche und die richtige Behandlung der Schüler werden nicht vergessen. Man sieht überall, daß ihm die Schriften der Reformatoren in der Pädagogik: Radtke, Comenius, Locke, wohl bekannt sind, und begegnet daneben manchem eigenthümlichen, was die Lectüre des Schriftchens auch jetzt noch interessant macht. Freilich sind es noch nicht die Ergebnisse eigener Erfahrungen, zu denen er erst später in einem Zeitraume von 40 Jahren gelangte, vielmehr der Hinblick auf seine Lehre (Opusc. VI. 245 Köhler). Es ist sehr zu beklagen, daß er nicht zu einer systematischen Zusammenstellung seiner Ansichten gekommen ist; sie liegen zerstreut in den Vorreden verschiedener Bücher, besonders in den Vorlesungen über die primae lineae isagoges in eruditionem universalem (herausgegeben von Niclas 1773 und 1786) und zum Theil nur gesammelt in der fünften Abtheilung seiner kleinen deutschen Schriften, welche in Göttingen 1756 herausgekommen sind.

Gesner geht auch von dem allgemeinen Satze aus, „daß die Sorge vor die Unterweisung der Kindheit und Jugend eine der allerwichtigsten sei und vor Personen von allen Ständen gehöre." Aber leider sei diese Wahrheit nicht wirksam, die Wahl der Mittel nicht glücklich genug. Seine Regeln beginnen mit der physischen Erziehung des neugeborenen Kindes, das die Mutter selbst nähren muß (Isag. II, 571), und gehen dann auf sittliche Bildung und Kräftigung über (Isag. II, 660 ff.). Man müsse den Kindern Liebe einflößen und sie an Gehorsam gewöhnen; er ist sehr entschieden gegen barbarische Strenge und tadelt (Isag. II, 632, 633) sehr hart die Fehler eines Lehrers (Riesewetter in Weimar), der Verstöße gegen die lateinische Declination hart bestrafte und gegen schlimme sittliche Vergehen gleichgültig war. Bei dem Unterrichten ist er für jede Methode, die geeignet ist Lust zur Sache zu machen,

---

*) Abgedruckt in den Agenda scholastica 1752. p. 463, 619 und bei Vormbaum Bd. 3 S. 358.

hält aber fest an dem Satze, den ja schon Aristoteles ausgesprochen hat: principia omnium artium credenda sunt, den er Isag. I, 90 und 91 ausführlich erläutert.

Der in seiner Zeit viel verbreiteten Ansicht, daß die Schule eine Strafanstalt u. der Lehrer der Scherge sei, den die Eltern zur Bestrafung ihrer Kinder brauchten, war er abhold. Was man nicht willig und gern lerne, das lerne man nicht recht, war sein Grundsatz. Darum erklärte er sich gegen das sogenannte Buchstabiren und empfahl die Lautirmethode (deutsche Schr. S. 255), darum gegen das unvernünftige Auswendiglernen der lateinischen Grammatik, das zu nichts diene, als den Kindern einen unauslöschlichen Haß gegen das Studiren beizubringen, den Kopf zu verwirren und sie zu andern vernünftigen Verrichtungen desto untüchtiger zu machen (a. a. O. 270). Auf welche Art man die Sprache lernen solle, hat er in der Braunschweigischen Schulordnung v. S. 376 ausführlich, kürzer in der Vorrede zu der Cellarianischen Grammatik (deutsche Schr. 256—284) und in dem Aufsatze, ob man aus der Grammatik die lateinische Sprache zu lernen anfangen müße (a. a. O. 294—352), gezeigt. Hundertmal leichter sei es durch Gebrauch und Uebung ohne Grammatik eine Sprache zu lernen, als ohne Uebung und Gebrauch allein aus der Grammatik. Daher ist er gegen das unverständige Lernen von Vocabeln und Paradigmen, gegen das Herplappern von Regeln, wodurch das Gedächtnis eher ruinirt als gestärkt werde, empfiehlt nur zunächst das Allernöthigste mitzutheilen und dann sofort Lesestoffe zu behandeln. In der Wahl derselben ist er leider nicht glücklich, wenn er die lateinische Uebersetzung von Hübners biblischer Historien oder Castellio's lateinische Uebersetzung des Neuen Testaments empfiehlt oder auch an den verschiedenen Sammlungen von Colloquien (Isag. I, 98) festhält. Der Geist des Knaben sollte augenehm beschäftigt werden und er dachte deshalb daran selbst ein Büchelchen wie den orbis pictus zu schreiben (Isag. I, 76). Freilich wer zu höherer Bildung des Geistes mit den größten Männern aller Zeiten vertrauter werden, wer etwas schreiben will, das überall gelesen wird, der muß mit vollen Zügen aus der Grammatik trinken und sich einen Schatz von grammatischen Bemerkungen sammeln (Isag. I, 119—125). Solchen Ansichten konnte es nicht an Gegnern fehlen; er hat sich wiederholt gegen sie vertheidigt (z. B. Isag. I, 86) und festgehalten an dem Satze non damno grammaticam nisi in parvis, qui illa non tam ornantur quam onerantur. Eine Reaction gegen die damalige Methode des Lateinlernens war gewiß berechtigt; freilich dürfen ihn die Philanthropisten nicht als ihren Vorkämpfer betrachten, wenn Trapp in dem Aufsatze (1782) "Gesner ein Vorgänger derer, die Anfängern das Latein ohne Grammatik lehren wollen" gethan hat. Drastisch genug schließt der beschränkte Mann: O sancte Gesner, ora pro nobis. Mit ihnen hat er nichts gemein, wenn er auch der Nützlichkeitstheorie nicht ganz abhold war. Für gründlichere Studien sorgte er selbst in den von ihm besorgten Ausgaben von Vorstius de latinitate selecta (1738), von Heineccii fundamenta stili cultioris (1748 und 1756) und noch mehr durch die von ihm empfohlene Methode bei der Lecture der Schriftsteller. Bis dahin war es allgemeine Sitte gewesen nur langsam vorwärts zu gehen und bei der Erklärung der einzelnen Wörter mannigfaltige Gelehrsamkeit auszukramen. Diesen geisttödtenden Mechanismus hat Gesner zuerst bekämpft und entschieden verdammt. Niemand hatte bis dahin so bestimmt hervorgehoben, daß man nicht bloß Worte lesen und mit einer nothdürftigen deutschen Uebersetzung sich begnügen dürfe, sondern daß man auf den Sinn und Zusammenhang der Gedanken eingehen, des behandelten Gegenstandes sich bewußt werden und sichere Rechenschaft davon geben müße (Instit. rei schol. p. 50 u. Isag. II, 359. Die Livius=Vorrede (auch in den Opusc. VII, p. 289) mit der Darlegung seines eigenen Verfahrens bei der cursorischen Lecture mag noch immer von jedem Schulmanne gelesen werden, obschon jene Unterscheidung zwischen cursorisch und statarisch in der Praxis ziemlich beseitigt ist. Ueberall bringt er auf ein rascheres Vorwärtsgehen, um ein Ganzes übersehen zu lassen. Darum fertigte er seine Chrestomathieen, damit da, wo das ganze Werk zu behandeln nicht möglich ist, wenigstens in den kleineren ausgewählten Abschnitten ein Ganzes gegeben werde (Isag. II, 48). Dahin gehören die chrestomath-

Ciceroniana (1716, 1733, 1755) und die chrestomathia Pliniana (1723, 1763, 1776). Die Auswahl des Lesestoffes wird man nicht gerade tadeln, obschon dort noch eine große Befangenheit gegen die Lectüre ganzer Ciceronianischer Reden hervortritt, hier mehr der realistische Gesichtspunct geltend gemacht wird, den man ja allein bei einem Schriftsteller wie Plinius einnehmen darf.

Das Verdienst, das Studium des Griechischen in Deutschland wieder erweckt zu haben, nimmt er selbst für sich in Anspruch (Isag. I, 167); er hat es durch seine griechische Chrestomathie (1734, 1755 und öfter) gethan, welche durch die Mannigfaltigkeit des Stoffs und die Auswahl aus den verschiedenen Schriftstellern Lust machen sollte die ganzen Schriftsteller zu lesen. Allerdings waren diese damals noch nicht sehr zugänglich. Er sagt ausdrücklich: malim pro selectis locis posse legi totos scriptores, totum Herodotum, totum Xenophontem, si res alias haberet facultatem (Isag. I, 170). Plutarch de educatione puerorum oder de ratione audiendi poetas, die damals viel gelesen wurden, empfiehlt er wegen des Inhalts mehr zur Schullectüre (Isag. I, 164) und von einem andern Vorurtheile seiner Zeit, nach welchem der Anfang im Griechischen mit dem Neuen Testamente gemacht zu werden pflegte, hat er sich wenigstens theoretisch emancipirt. Eher ist er für die Homerischen Gedichte, vorausgesetzt daß der Lehrer dazu geschickt ist; auch über die Tragiker giebt er schon verständige Bemerkungen. Von einem facultativen griechischen Unterrichte will er nichts wissen.

Bereits in den institutiones hatte er Sorgfalt in Betreff der Muttersprache empfohlen und die Sprachmengerei eben so getadelt als den übertriebenen Purismus. Für die Schulen stellt er den Grundsatz auf patria lingua non negligenda, quod vitium olim scholarum erat (Isag. I, 98). Bilden solle man sich in derselben durch Gespräche, durch grammatischen Unterricht, für den er Gottscheds Grammatik (a. a. O. 105) besonders empfiehlt, durch Lectüre classischer Schriften und besonders durch Uebersetzungen, namentlich aus den alten Schriftstellern. In diesen letzteren Uebungen findet er das geeignetste Mittel, sich Fertigkeit in der Sprache zu erwerben und eine noch nicht genug geübte Sprache zu einer weiteren Stufe der Vollkommenheit zu erhöhen (Isag. I, 107. Deutsche Schr. 61, 218). Classiker sind ihm Mosheim, Bünau, Rabener, ganz besonders Gellert und für die Prosa auch Gottsched, den er nicht genug preisen kann, während er von Klopstock nichts wissen will. Dann behauptet er auch (Isag. I, 100) doctorem de schola debere linguae patriae pene magis peritum esse quam latinae und hatte die Ausbildung der künftigen Lehrer nach dieser Seite hin theils im Seminare theils in der von ihm gestifteten und geleiteten deutschen Gesellschaft im Auge. Es kam darauf an, Reinigkeit und Richtigkeit der Sprache in den eigenen Aufsätzen zu erreichen, was natürlich ohne richtiges Denken nicht möglich ist (deutsche Schr. 56, 77, 223) und praktische Uebung im Reden zu geben (a. a. O. 63). „Werden nicht diejenigen Schulen glücklich sein," sagt er a. a. O. 64, „deren Vorsteher auch in der deutschen Gesellschaft neben der Liebe zu der vielfältig so verabsäumten Muttersprache und Geschicklichkeit sich wohl auszudrücken, auch einen größern Grad der Scharfsinnigkeit, der Munterkeit und des Muthes im Vortrag, der Sanftmuth und Bescheidenheit durch den Umgang mit allerhand andern aufgeweckten Köpfen und wohlgesitteten Freunden, die zu einer andern und ansehnlichern Lebensart bestimmt sind, erlanget haben? Wir könnten rechtschaffene Männer nennen, die dessentwegen bessere Schulleute sind, weil sie sich in der deutschen Gesellschaft zu Leipzig in gedachten Stücken geübt haben." Ueber den damaligen Großschulmeister Gottsched kommt er nicht hinaus, obwohl die neue Blüte der Literatur schon begonnen hatte.

Wer den Grundsatz aufstellt verborum disciplina a rerum cognitione numquam separanda (Isag. I, 75, 112), der mußte auch auf den Unterricht in den sogenannten Realien ein größeres Gewicht legen als jene Zeit im allgemeinen zugab. Er empfiehlt eifrigst Geographie, giebt für den geschichtlichen Unterricht beachtenswerthe Winke, hebt die Geometrie hervor und macht deren Nutzen für die formale Bildung geltend, redet den Naturwissenschaften das Wort. Die Wichtigkeit des Unterrichts im Zeichnen hat er nicht verkannt.

In Betreff der Schulorganisation hat er nicht bloß in der Schulordnung seine Ansichten niedergelegt, sondern auch seine "Bedenken, wie ein Gymnasium in einer fürstlichen Residenzstadt einzurichten" in den deutschen Schriften S. 352—372 abdrucken lassen. Sie rühren aus dem Jahre 1753 her und verdienen schon deßhalb mehr Anerkennung und Aufmerksamkeit. "Ein wohlangelegtes Gymnasium muß diese Eigenschaft und Einrichtung haben, daß die Jugend von allerlei Extraction, Alter, Beschaffenheit und Bestimmung ihre Rechnung dabei finden und zum gemeinen Nutzen in demselben bereitet werden könne." Er unterscheidet drei Classen von Schülern, 1. die zu Handwerken, Künsten und zur Kaufmannschaft bestimmt sind; 2. die ihr Glück im Kriege oder bei Hofe machen wollen und 3. die bei dem sogenannten Studiren bleiben und auf Universitäten gehen oder auf dem Gymnasio so weit als möglich gebracht werden sollen," und leitet daraus dreierlei Arten von Lectionen ab, von denen einige (Muttersprache, Rechnen, Zeichnen, Erkenntnis der Natur, Religion) allen drei Classen gemein sind, einige nur für die zweite und dritte Classe gehören (Französisch, Lateinisch, Geographie und Geschichte, Mathematik), einige endlich nur für die dritte (Lateinisch, Griechisch, tieferes Einführen in die Realien und die theologische Erkenntnis, Einleitung in die Philosophie). Die methodischen Regeln stimmen mit den bereits angeführten Grundsätzen überein. In Betreff der Zucht ist er bei Uebertretungen für kleine Geldstrafen; er eifert gegen die großen Ausgaben und die Kleiderpracht und will ernstlich dafür gesorgt wissen, "daß die Edelen, Vornehmen und Reichen auf eine praktische Art überzeugt werden und lernen, daß sie ihre wahren Vorzüge nicht von etwas Äußerlichem herleiten, sondern daß nur derjenige Mensch besser als andere sei, der mehr Tugend hat, mehr Vermögen und Willen anderer Menschen Glückseligkeit zu befördern." Er verlangt Rechenschaft von allen Stunden des Schülers und will die "Erquickungsstunden" unter Aufsicht zu Uebungen im Laufen, Werfen, Springen, ja in den Waffen verwendet wissen. Es handelt sich hier nicht um eine Kritik dieses Planes, der nur ein geschichtliches Interesse an der Entwicklung des höheren Schulwesens in Anspruch nimmt.

Die Ansichten über Organisation der Universitäten übergehe ich als der Aufgabe dieses Werkes fremd. Von den Schriften über Gesner, die ich in der Allgemeinen Encyklopädie von Ersch und Gruber Bd. 64. 279 aufgezählt habe, erwähne ich hier nur dret, die seine pädagogische Bedeutung besonders hervorheben, Ernesti's elegant geschriebene narratio de J. M. Gesnero ad Davidem Ruhnkenium in den Opuscoratoria und Hermann Sauppe's Vortrag über J. M. Geßner, Weimar 1856. 4. abgedruckt in den Weimar. Schulreden S. 57, und meine Rede über Gesners Wirksamkeit für die Verbesserung der höheren Schulen in dem Leipz. Progr. von 1869.

Eckstein.

Gespensterfurcht, s. Furcht.

Gespielen, Kameraden. Denken wir uns ein Kind, das die sorgsamsten Eltern und den besten Erzieher hätte, es müßte aber ohne alle kindliche Genossenschaft aufwachsen: so würde ihm nicht nur ein wesentlicher Theil des Jugendlebens, nämlich der Frohsinn, der aus dem Umgang und Spiel mit Altersgenossen seine Hauptnahrung schöpft, verkümmert werden, sondern auch seine ganze sittliche Ausbildung müßte mangelhaft und einseitig bleiben. Wäre es von schwächeren Anlagen, so würde es höchst wahrscheinlich weichlich werden und wenn es dann später ins rauhe Leben hinaustreten müßte, bei jeder harten Berührung sich feige und kriechend erweisen; wäre es starker Natur, so würde es hochmüthig und schroff, ungefüge und unpraktisch werden. An Eltern und Lehrern kann das Kind seine Kraft nicht messen, an ihnen sich nicht reiben, mit ihnen in gleichem Thun und Streben nicht wetteifern. Wohl ihm, wenn es Geschwister hat, die ihm als Vorbilder und Spielgenossen zugleich helfend und fördernd zur Seite stehen! Mögen jedoch die Geschwister im Alter sich noch so nahe stehen, so können dennoch dem Geselligkeitstriebe nicht volle Befriedigung gewähren, da sie in natürlicher Ordnung übereinander stehen, die älteren die jüngeren gern bevormunden und leiten, aber ungern sich ihnen gleichstellen. Dazu kommt, daß ein Hauptreiz der Geselligkeit, nämlich die Berührung verschiedenartiger und mannigfaltiger Individualitäten, die mit mancherlei fremdartigen behaftet, die gegenseitige Anschauung wie die gegenseitige Mittheilung herausfordern, den Kindern Einer Familie fehlt, da sie als Glieder Eines Organismus in einem zu gleichartigen Verhältnis stehen. Da bieten sich dann die Altersgenossen aus anderen Familien zu willkommener Gesellschaft, d. h. als Spielgenossen an; denn wenn Kinder zusammenkommen, so kann der Zweck kein anderer sein, als das gemeinsame Spiel. Obwohl nun in jener naiven glücklichen Zeit der Kindheit, wo der Sinn für fremde Individualität sich erst eröffnet, die individuellen Unterschiede noch keineswegs scharf hervortreten, weshalb sich die Sprache hier auch des Collectivnamens „Gespielen" bedient, so wirken die Kinder doch bereits mit ihrer ganzen vollen Individualität auf einander, denn sie geben sich in voller Freiheit. Im Kreise der Gespielen braucht die Zucht, die auch das bestgeartete Kind als einen Druck empfindet, nicht unmittelbar zu walten; sie greift nur dann ein und zieht ihre Zügel an, wenn die Bewegung zu heftig wird oder auf falsche Bahnen geräth.*) Es waltet bereits der demokratische Geist des Spiels, wo jeder sich selbst Gesetz und Regel giebt, indem er freiwillig sich in die gemeinsame Thätigkeit einfügt. Die größere Tüchtigkeit, Gewandtheit und Kraft wird zwar auch hier den Vorang behaupten, aber es darf das Gefühl der Gleichheit doch keinen zu großen Abbruch erleiden. Bei Kindern aus verschiedenen Familien kann wegen der verschieden gearteten Individualität und ihrer verschiedenen Entwicklung auch bei einer Altersdifferenz von zwei Jahren des Anziehenden genug vorhanden sein, ja es ist selbst von großem Nutzen, wenn etwas ältere und fähigere Gespielen mit jüngeren und schwächeren verkehren; ist aber ein Kind dem anderen zu sehr voraus, so wird es nur zu leicht verleitet, seine Ueberlegenheit geltend zu machen und seinen Willen ausschließlich durchzusetzen. In der unbefangenen Weise, mit der sich die Gespielen einander hingeben und zusammen verkehren, reiben und schleifen sie nichts destoweniger ihre Ecken und Härten an einander ab; die Empfindlichkeit und der Eigensinn müssen sich überwinden, die Weichlichkeit und Schwäche sich schämen; viel intensiver, als es auf den ersten Anblick scheinen mag, werden bereits die sittlichen Ideen der Billigkeit und des Rechts, die sittlichen Gefühle der Theilnahme und des Wohlwollens praktisch erlernt, d. h. geweckt und geübt. Der Gegensatz treibt zur Verschmelzung des Gleichartigen; die constant sich wiederholenden Vorstellungen verschiedener und doch gleichstrebender und gleichbegabter Einzelwesen bilden sich tief der Seele ein und wachsen mit ihrem Lebesinteresse zusammen — es bildet sich unvermerkt der Gemeinsinn, der über das mehr oder minder beschränkte Familieninteresse hinausgeht. Manche Unart, welche die Familie übersah oder pflegte, kommt erst unter den Gespielen zum Vorschein, und wiederum bemerkt und wägt das Kind manchen Fehler an anderen, den es an sich selber nicht gewahrt. Da kann sich die Erziehung schon früh sittlich fördernd erweisen, indem sie das Kind vor lieblosem Urtheil warnt, vor Angeberei und Schwatzhaftigkeit bewahrt und hingegen gewöhnt, bei Wahrnehmung der Fehler anderer stets auch die eigenen zu denken und einerseits demüthig zu werden, andererseits die rechte Haltung darin zu finden, daß es dem bösen Beispiele Widerstand leistet. So nöthig es auch ist, eine gewiße Vorsicht in der Auswahl der Gespielen zu beobachten, um schädliche Einflüsse fern zu halten: so darf man doch nicht zu ängstlich sein und etwa aus Furcht vor Einmischung unreiner Elemente das Kind vom Umgange mit anderen, namentlich aus niederen Ständen, zu sehr abschließen. Auch über momentane Raufereien und Zänkereien mag man nicht zu sehr erschrecken; die Streithähne sind oft schon in der nächsten Stunde wieder die besten Freunde. Nur Banksucht und boshafte Tücke werden fern gehalten; Absonderung ist da die beste

---

*) Selbst die Beobachtung und Beaufsichtigung soll wenigstens manchmal eine unmerkliche sein und, wo sie unmöglich ist, dadurch ersetzt werden, daß man die Kinder gewöhnt, über das Treiben mit den Gespielen vollkommen offen zu berichten und in Fällen von zweifelhafter Zulässigkeit erst die Eltern zu befragen.

Strafe. Kleinere Knaben und Mädchen spielen gern zusammen; diese suchen in jenen gern einen Halt und schätzen sich's zur Ehre, wenn der stärkere Knabe ihnen Aufmerksamkeit schenkt, während sie andrerseits auch gern dem jüngeren Knaben sich hülfreich erweisen und liebreich für ihn sorgen. Später tritt von selber eine Absonderung und Entfremdung der Geschlechter ein und jedes hält sich am liebsten zum eigenen.

A. B. Grube.

Gestaltungstrieb, s. **Phantasie.**

Gewähren und Versagen setzen voraus, daß Persönlichkeiten da sind, welche von Gott und Rechtswegen die Macht und Stellung dazu haben. Die Worte erinnern den Menschen daran, daß eine Macht über ihm ist, die gewähren und versagen kann, den Christen, daß diese Macht die unendliche Weisheit und Liebe ist. Dem Kinde gegenüber haben die Eltern heilige Liebe und Weisheit zu üben. Weil sie sich selbst der göttlichen Liebe unterworfen wissen, muß ihre und aller derer, welche am Erziehungswerke mit ihnen und für sie thätig sind, erziehende Auctorität und Wirksamkeit sich auch darin zeigen, daß sie zu gewähren und zu versagen wissen.

In den ersten Jahren des Kindes, in welchen die körperliche Pflege am meisten Handarbeit nöthig macht, muß schon gewährt und versagt werden. Ein Kind, das durch Schreien etwas erzwingen will, darf es nicht erhalten, und auch das an sich Zweckmäßige erst, wenn es sich gefaßt hat und zum ruhigen Verhalten zurückgekehrt ist (s. d. Art. Weinen). Was das Kind erlaubtes in rechter Weise begehrt, werde ihm freundlich und gern bewilligt. Schreit ein Säugling, weil er dürstet, so wird ihn die Mutter stillen. Ist er satt und durch die Amme oder andere daran gewöhnt, beim Aufwachen aus der Wiege genommen zu werden, so wird das Aufnehmen zu versagen sein, damit das Herumtragen auf das rechte Maß reducirt werde. Für Kinder in den ersten Jahren empfiehlt sich zur Beseitigung ungestümen Begehrens als Mittel, die Sinne auf etwas anderes zu lenken (Palmer, ev. Päd. 1853. S. 227 und 228). Möglichst früh werde ans Bitten gewöhnt als an die Bedingung jeglicher Gewährung; das hilft den kleinen Hochmuth und den trotzigen Eigenwillen brechen und Demuth und Gehorsam pflegen. Bei Kindern, die gehen und sich mit Spielzeug unterhalten können, fehlen Eltern häufig darin, daß sie viele Spielsachen auf einmal herbei holen; das erzeugt unsteten Sinn. Man muß die Kinder anhalten, sich längere Zeit mit einem Spielzeug, z. B. der Kugel, zu beschäftigen, wird ihnen später etwas zum Betrachten holen, aber die Menge zu gleicher Zeit versagen. Bei Darreichung der **Nahrung** wird sich's zeigen, daß ein Kind die und jene Speise lieber hat, als andre. Es giebt solche, die den ganzen Tag mit Brod abzuspeisen wären, und doch wäre, abgesehen von Würmeranhäufung, nichts verkehrter als dies; es muß versagt, ist's noth, auch eine Essenszeit übergangen werden, bis der Hunger als bester Koch die sonst verschmähte Suppe gut findet (Raumer: Erziehung der Mädchen V. 11. 59). Dasselbe gilt von der **Kleidung.** Weil das leidige Geschwätz über schöne Kleider oft in Gegenwart der Kinder und von Schulkindern geführt wird, mag sich insbesondere bei Mädchen das Verlangen nach dem Sonntagskleide, dem bessern Hute, der weißen Schürze öfter einstellen, als die Mutter für gut finden darf. Geht das Kind mit Vater oder Mutter aus oder über Feld, wenn es fleißig und gehorsam, warum soll des Töchterleins Bitte um jene Dinge nicht gewährt werden? Wie sich aber das Töchterlein selbst Meinungen bildet, zu dem und jenem Gange sei das bessere Kleidungsstück durchaus nothwendig, weil des Nachbars Tochter auch geputzt gehe, — so ist das zu versagen und daran zu halten, daß Kinder das anziehen, was die Mutter befiehlt; dabei darf aber bei den Eltern selbst die Einfachheit in der Tracht nicht fehlen und die Kleidung der Kinder mit dem Luxus der Eltern nicht in Widerspruch stehen.

Tagtäglich wird in jedem Haushalte viel gewährt und versagt. Erfüllt ein Kind seine Pflichten gegen Eltern und Lehrer, warum soll ihm ein besonderer Wunsch nicht gewährt werden? Aber ja nicht alle Wünsche oder jeden Wunsch augenblicklich gewähren! Der Wille muß geübt werden durch Wartenlernen, durch das Bestreben etwas durch Uebung einer gewißen Tugend, Fertigkeit oder Kunst, durch Fleiß in dem und jenem Wissen zu verdienen, soweit von verdienen die Rede sein kann (vgl. d. Art. Belohnung). So kann die Ferienzeit den Genuß einer Reise bringen. Der Weihnachtsabend, der Geburts- und Tauftag sind dazu da, daß an ihnen lang gehegte Wünsche erfüllt werden, und das soll dann in deutscher Art und Christenweise geschehen, also daß das Kind an Gottes größter Gabe und die himmlische Berufung erinnert werde, also daß es sieht, wie um der Wohlthat Christi willen und mit ihr im Zusammenhange ihm Liebe zu Theil wird. — Je mehr Kinder im Alter heranreifen, desto eher können sich Eltern und Lehrer darauf einlassen, durch Gründe zum Abstehen vom Verlangten und Begehrten zu bewegen, während in frühern Jahren des Vaters „Nein oder Ja" das kurz abschneidet, die Mutter etwas umständlicher gewährt und versagt, selten ohne Raisonnement. Es ist aber von Wichtigkeit, daß das Kind seinen Willen und seine Wünsche auch ohne Einsicht in die Gründe des höhern Willens diesem unterordnen lerne, daß es zur innerlichen und thatsächlichen Anerkennung des Grundsatzes gebracht werde: das Kind braucht nicht immer sogleich einzusehen, warum die Eltern das und jenes versagen; es wird dies hernachmals schon erfahren. Je früher es durch solche Ueberwindung seine Willenskraft übt, je mehr es gewöhnt wird, nicht mit saurer Miene sich zu unterwerfen, sondern heitern Muths das Widerstreben zu besiegen, desto mehr erleichtert man ihm die spätern Kämpfe, desto muthiger wird es einst den Prüfungen und Schwierigkeiten des Lebens entgegengehen.

Wie auch der Zögling beschaffen sei, wie sehr das Temperament zu berücksichtigen, dem Eigensinn ist nirgends Raum zu gestatten, der muß gebrochen werden (vgl. d. Art. Eigensinn). So oft ein Kind etwas mit Trotz und Ungestüm begehrt, muß mit Entschiedenheit versagt werden, da ein Fordern dieser Art nicht zugestanden werden darf, wenn nicht alle Auctorität untergraben werden soll. Die Geschichte manches bedeutenden Mannes zeigt, daß der entschieden durchgesetzte Wille des Vaters günstig auf die Entwicklung des Charakters der Zöglinge einwirkt; der Vater Passows versagte dem Sohne alles, was dieser stürmisch begehrte (vgl. Mönnich Jugendgeschichten S. 176). Dabei verwechsle man aber nicht Wille mit zeitweiligen Einfällen, Stimmungen oder Willkür. Es sind keine Gehorsamsexperimente mit Versagen und Gewähren erlaubt, wie etwa ein Hund den Knochen erhält, wenn er 5- bis 6mal einen hohen Satz gemacht hat. Es muß Vernunft und Gesetz in der erziehlichen Einwirkung beobachtet werden und „jene unerschütterliche Beharrlichkeit des Erziehers im Festhalten seiner Forderung, bis sie erfüllt ist" (Palmer 1853. S. 227), wobei nicht ausgeschlossen bleibt, daß dem Kinde auf höherer Stufe in Alter und Weisheit gewährt werden kann, was ihm früher versagt werden mußte. Wir vermögen nur da stetige Kraft und Weisheit im Gewähren und Versagen zu erkennen, wo Gottes Auctorität feststeht und man die Kinder dem zuführt, der das 4. Gebot eingeschärft und erfüllt hat. Da werden Kinder und Zöglinge angeleitet, bei eintretender Selbständigkeit sich selbst in Zucht zu halten, göttlicher und menschlicher Auctorität das Gewähren und Versagen unbestritten zu lassen, danach zu leben und dasselbe in rechter Weise selbst zu üben.

Chr. W. Stromberger.

Gewerbeschulen. Die gewerbliche Bildungsfrage ist eine von denen, welche schon lange im Mittelpuncte des öffentlichen Interesses stehen; die Literatur, die periodische Presse und die Verhandlungen in den gesetzgebenden Körpern legen Zeugnis dafür ab. Und dieses Interesse ist kein zufälliges; man sieht mit Recht in ihrer Lösung eine der wesentlichen Bedingungen des Gedeihens unserer Gewerbthätigkeit und damit der Gesundung unserer socialen Zustände. Sie ist eine schwierige und complicirte und wird noch lange nicht in den Hintergrund treten. — Es ist nicht der Zweck dieses Artikels, die Aufgabe der gewerblichen Bildung nach allen Seiten zu erörtern und alle diejenigen Einrichtungen zur Anschauung zu bringen, welche zu ihrer Lösung getroffen oder beantragt sind; er beschränkt sich nach Möglichkeit auf eine Kategorie von Schulen, welche einen Theil dieser Aufgabe übernommen hat bezw. übernehmen soll.

Wenn es schon bei Schulen, die eine bestimmte und an verschiedenen Orten gleichartige Ausbildung genommen haben, schwierig ist, auf gedrängtem Raume ein Bild ihres Wesens zu geben, so ist das doch in ganz besonderem Maße der Fall bei solchen Anstalten, die, wie die Gewerbeschulen, noch im Wandel und Werden begriffen, an verschiedenen Orten in verschiedenen Stadien ihrer Entwicklung sich befinden. Ueberdies steht die Gewerbeschule mit anderen Schulgattungen in so mannigfaltigen Beziehungen, ihre Kreise greifen so vielfach ineinander, daß eine klare Abgrenzung des Gebietes nicht leicht ist. Um eine solche zu gewinnen, wollen wir uns an eine in der Hauptsache zutreffende amtliche Erklärung anlehnen, an diejenige, welche bei einer Verhandlung des preußischen Abgeordnetenhauses am 14. Februar 1877 seitens des Regierungs-Commissärs abgegeben wurde; dieselbe lautet im Wesentlichen folgendermaßen:

„Nach der Auffassung des Handelsministers handelt es sich um eine vierfache Abstufung des Gewerbeschulwesens: 1. die technischen Hochschulen, welche basiren auf der vollkommenen Vorbildung, wie sie das Gymnasium oder die Realschule giebt, 2. die Gewerbeschulen, welche sich lediglich mit Technikern zweiten Ranges zu beschäftigen haben werden, und die sich basiren würden auf einer Ausbildung durch eine Mittelschule der Art, wie sie bereits in den höheren Bürgerschulen in einigen Städten bestehen, welche bei einem sechsjährigen Cursus die Berechtigung zum einjährig-freiwilligen Dienst gewähren, 3. die Schulen, welche parallel den Baugewerkschulen sind und nur die Volksschule bezw. eine praktische Lehrzeit voraussetzen, 4. die gewerbliche Fortbildungsschule."

Diese Abgrenzung ist das Ergebnis einer längeren wechselreichen Entwicklung; die Darlegung des Entwicklungsganges, wie er in Deutschland zu der zweiten dieser 4 Stufen geführt hat, und der verschiedenen Formen, in welchen diese zweite Stufe sich jetzt darstellt, ist die Aufgabe dieses Artikels. — Die Entwicklung ist in verschiedenen Gegenden Deutschlands verschieden gewesen; der Weg, den sie in Preußen genommen hat, ist in manchen Beziehungen besonders lehrreich und bei der Größe des preußischen Staatsgebietes ist der in ihm durchgeführte Gestaltungsproceß von vorwiegender Wichtigkeit. Wir wollen deshalb von seiner Darlegung ausgehen und das dadurch gewonnene Bild durch die abweichenden Züge aus anderen deutschen Staaten ergänzen; es wird das um so mehr angemessen sein, da in dem Artikel „Preußen" das Gewerbeschulwesen keine Berücksichtigung gefunden hat, wohl aber in den die süddeutschen Staaten betreffenden Artikeln.

Die Gewerbeschule ist mit der höheren Bürgerschule und der Realschule aus denselben Bedürfnissen, aus denselben socialen Zuständen erwachsen. Indem wir die Schilderung dieses gemeinsamen Bodens den Artikeln über diese Schulen überlassen, theilen wir zwei charakteristische Zeugnisse aus den beiden ersten Jahrzehnten dieses Jahrhunderts mit, welche maßgebende Wirkung gehabt haben, und welche uns einen willkommenen Beitrag zur Klarstellung und Abgrenzung unserer Aufgabe liefern. Im Jahre 1806 hat E. G. Fischer, Professor des Berlinischen Gymnasiums zum grauen Kloster, eine vortreffliche Schrift: „Ueber die zweckmäßigste Einrichtung von Lehranstalten für die gebildeten Stände" veröffentlicht; in derselben heißt es: „In dem gegenwärtigen Zeitalter zerfällt die ganze Masse derer, welche die Wissenschaft cultiviren, in zwei Classen, von denen die eine ihren Weg durch die Universitäten nimmt, die andere aber wegen ihrer bürgerlichen Verhältnisse diesen Weg nicht einschlagen kann. Diese zweite Classe ist erst in den neueren Zeiten entstanden; man hat sie von der ersten noch gar nicht deutlich unterschieden oder sie höchstens als ein Anhängsel derselben betrachtet. Daher kommt es, daß von Seiten des Staates für sie, außer einigen besonderen Bildungsanstalten, bei denen man aber in Rücksicht des Wissenschaftlichen aus eben der unrichtigen Ansicht der Dinge einen viel zu niedrigen Gesichtspunct gefaßt hat, noch gar nichts geschehen ist. Man kann aber mit Grund behaupten, daß dem Staate an einem recht gründlichen wissenschaftlichen Unterrichte dieser Classe, wo nicht mehr, doch gewiß, ebenso viel gelegen sein müsse, als an dem Unterrichte der Universitätszöglinge.

Gewerbeschulen.

weil ihre Thätigkeit in alle Verhältnisse des bürgerlichen Lebens noch unmittelbarer eingreift." — Unterm 22. August 1820 erstattete der Wirkliche Geheime Ober=Regierungsrath Kunth (der Erzieher der Brüder Humboldt) dem Minister von Altenstein ein Gutachten, in welchem die geringe allgemeine und sachliche Bildung der Gewerbetreibenden in Preußen als die Hauptursache davon nachgewiesen wird, daß die Gewerbthätigkeit in Preußen auf so sehr tiefer Stufe stehe; er erklärte es demgemäß „für eine der ersten Forderungen der Zeit, denen, die einst ein gewerbliches Geschäft in engeren oder weiteren Sphären selbständig leiten sollen, Gelegenheit zu verschaffen, sich auf ihre künftige Bestimmung zweckmäßig vorzubereiten, das heißt: einsehen zu lernen, daß und auf welchen wissenschaftlichen Gründen ihr Geschäft oder Gewerbe beruht, und welche Veränderungen Verarbeitung und Handel in verschiedenen Ländern von jeher erfahren haben, und zwar beides wenigstens so weit, daß sie, wenn sie künftig ein Buch über ihr besonderes Geschäft oder Gewerbe, dessen innere und äußere Gestaltungen im Fortschritte der Zeit zu lesen wünschen, es verstehen, auch sonstige Gelegenheiten, sich für ihr besonderes Fach weiter auszubilden, gerne und verständig benutzen, überhaupt das Bedürfnis eines erhöhten geistigen Lebens und Wirkens fühlen mögen."

Es hat einer langen Zeit bedurft, um diese erleuchteten Auffassungen annähernd in das allgemeine Bewußtsein übergehen und wenigstens theilweise in die Wirklichkeit gelangen zu lassen. Aus den Bedürfnissen, die in ihnen bezeichnet sind, ist einerseits die Entwicklung der höheren Bürgerschulen und der Realschulen*) hervorgegangen, wie sie im dritten und vierten Jahrzehnt dieses Jahrhunderts angebahnt worden ist und sich in den folgenden vollzogen hat; andererseits die der „Handwerkerschulen" in den Provinzen und der „technischen Schule" in Berlin, der Anstalten, welche sich demnächst zu den „Provinzial=Gewerbeschulen" bezw. den „Königlichen Gewerbeschulen" und dem „Gewerbe=Institut" bezw. der „Gewerbe=Academie" entwickelt haben.

Die Schulen dieser zweiten Kategorie verdanken ihre Entstehung und ihre erste organisatorische Einrichtung, welche für lange Zeit maßgebend geworden ist, Beuth, „einem Manne von seltener Thatkraft und Umsicht, einem wahren Pfadfinder in den damals noch spärlich cultivirten Regionen der Industrie Preußens."**) Vor 60 Jahren widmeten sich alle gebildeten jungen Leute dem Staats= und Kirchendienste, dem Stande, der mehr wie jeder andere, um nicht zu sagen allein, in Ehren stand und Ehre gab. Die bürgerliche Gewerbthätigkeit zu heben, die Quellen des Wohlstandes in ihr zu erschließen, die Arbeit zu des Bürgers Zierde zu machen, das war das unermüdliche Streben Beuth's; es ist mit reichem Erfolge gekrönt worden. Eine der zahlreichen Institutionen, die er in's Leben rief, waren die Schulen, die den Gegenstand dieser Darstellung bilden. Die Entwicklungsgeschichte der preußischen Gewerbeschulen gliedert sich in 3 Perioden, die erste bis 1850, die zweite bis 1870; in der dritten stehen wir. Während des größten Theils der ersten Periode bis 1845 stand Beuth an der Spitze des gesammten Gewerbeschulwesens. Die älteste Gewerbeschule ist die in Aachen; sie ist 1817 gegründet und hat sich lange Zeit unter den später entstandenen Anstalten durch ihre Leistungen einen hervorragenden Platz bewahrt. Ihr folgte 1820 die in Frankfurt a/O., 1821 die in Königsberg i/Preußen und die „technische Schule" in Berlin; in den nächstfolgenden Jahren entstanden die Gewerbeschulen in Potsdam, Danzig, Hagen, Bielefeld, Trier; im Ganzen sind in der ersten Periode 22 Gewerbeschulen in's Leben getreten.

Die Gewerbeschulen sollten in erster Linie der Ausbildung von Handwerkern dienen. Die Ministerial=Verfügung vom 27. Dec. 1821 sagt: „Das Ministerium des öffent=

---

*) Im Anfange und längere Zeit hindurch wurden manche Anstalten, die zu den Realschulen gehörten, Gewerbeschulen genannt; gegenwärtig ist das noch der Fall bei der Friedrichs=Werder'schen und der Louisenstädtischen Gewerbeschule in Berlin und der Gewerbeschule in Mühlhausen i. E.; diese und ähnliche Anstalten finden in diesem Artikel keine Berücksichtigung, denn sie sind neunclassige lateinlose Realschulen.

**) S. Rottebohm Chronik der Königlichen Gewerbe=Akademie. Berlin 1871.

lichen Unterrichts ist von seinem frühern Plane, die Handwerkerschulen bei der Organisation der Kunstschulen zu berücksichtigen, abgegangen und hat dem Handels-Ministerio überlassen, die Maßregeln zur Errichtung der Handwerkerschulen zu treffen. Bei dieser Organisation muß das Handelsministerium einen Zustand der gewöhnlichen Stadtschulen voraussetzen, der den gewöhnlichen Ansprüchen Genüge leistet und den Schülern vollkommen Lesen und Schreiben lehrt, indem es nicht die Absicht sein kann, in der Handwerkerschule mehr zu übernehmen, als den Unterricht in demjenigen Wissen, worin der Handwerker als solcher einer vollkommeneren Ausbildung bedarf, als er gemeinhin in der Stadtschule empfängt." . . . . . . „Da die Erfahrung lehrt, wie selten die Bauhandwerker den Forderungen entsprechen, welche der Staat bei den gesetzlichen Prüfungen an selbige macht, und wie wenig Gelegenheit sie haben, sich die Kenntnisse zu erwerben, welche gefordert werden; da ferner das Gewerbe der Bauhandwerker ein ebenso wichtiges als allgemein verbreitetes ist und mit allen anderen Gewerben gemeinsame Vorkenntnisse erfordert, so hat es angemessen geschienen, die Organisation der untersten Classe der Handwerkerschule den Ansprüchen zu assimiliren, welche an die Bildung der Bauhandwerker, gemacht werden." Der Entwicklungsgang der ersten Periode ist in einem wesentlichen Theile dadurch charakterisirt, daß das Bedürfniß der Bauhandwerker, welches zuerst im Vordergrund stand, in den Gewerbeschulen nach und nach hinter diejenigen der Mechaniker, der Maschinenbauer, der Hüttenleute zurückgetreten ist und anderweit Befriedigung gesucht hat.

In der ersten Periode gilt für die Schule in Berlin und die Anstalten in den Provinzen ganz derselbe Plan. — Der Unterricht ist auf 2 Jahrescurse in 2 Classen berechnet; es wird jedoch angenommen oder zugestanden, daß bei der Mehrzahl der Provincialanstalten nur die untere Classe bestehe, daß den Bedürfnisse genügt sein werde, wenn diejenigen mehr befähigten, weiterstrebenden Schüler, für welche der zweite Jahrescursus Bedürfnis sei, in der technischen Schule in Berlin bezw. den vollständig ausgebildeten Provincialgewerbeschulen vereinigt werden. Die „technische Schule" in Berlin, welche vom Jahre 1827 ab den Namen „Gewerbinstitut" führt, ist demgemäß während der ganzen ersten Periode von der Provincialgewerbeschule nicht durch Ziel und Wesen, sondern nur durch reichere Ausstattung mit Lehrmitteln und Lehrkräften und durch reichere organisatorische Gliederung unterschieden. Unsere Darstellung kann sich also für die Zeit bis 1850 auf diese eine Anstalt beschränken; denn in ihr mehr und mehr hervortretenden Züge nach Erhöhung der Ziele sind alle anderen Anstalten mit mehr oder minder zulänglichen Mitteln, mit größerer und geringerer Annäherung gefolgt.

Der Beuth'sche Plan vom 18. April 1821 bestimmt als „Requisite für die Aufnahme" ein Alter von 12 bis 16 Jahren, eine gute Handschrift; die Fähigkeit sich in der deutschen Sprache fehlerfrei und richtig auszudrücken und dem mündlichen Unterrichte schriftlich zu folgen; Kenntnis des Einmaleins und der sogenannten 4 Species. Da es darauf ankam, junge Leute zur Gewerbthätigkeit heranzuziehen, so war nicht nur der Unterricht unentgeltlich; jeder Schüler erhielt ein Stipendium von 300 Thalern jährlich und Reiseunterstützung beim Eintritt in die Anstalt und beim Austritt aus derselben. Hierauf gründet sich die Bestimmung, daß nur Inländer aufgenommen wurden. — Diese Bedingungen erfuhren bald Abänderungen; in einer Verfügung vom 11. April 1826 wird gefordert: ein 18jähriges oder doch mindestens 16jähriges Alter, gute sittliche Aufführung, hervorstechende natürliche Anlagen, Fassungskraft und praktische Anstelligkeit; Besitz der gewöhnlichen mechanischen Fertigkeit in dem gewählten Gewerbe, die gewöhnlichen Schulkenntnisse, namentlich die Fertigkeit gut zu rechnen und zu schreiben und vollkommene Mächtigkeit der deutschen Sprache. Dieser letzte Punct wird in späteren Verfügungen wiederholt immer nachdrücklicher betont.

Als Unterrichtszeit wurden 1821 die Stunden Vormittags 10 bis 12, Nachmittags 2 bis 4 Uhr angeordnet.*) Vom 1. Oct. 1824 ab wurde die Unterrichtszeit an

---

*) Die Provincialanstalten hatten anfänglich die Befugnis, den Unterricht ganz in die Abendstunden und auf die Sonntage zu legen. Einzelne haben von dieser Befugnis einige Jahre Gebrauch gemacht.

7 Stunden täglich, Vormittags 8 bis 12, Nachmittags 2 bis 5 Uhr ausgedehnt; die Anforderungen an die Arbeitskraft der Schüler waren außerordentlich groß und steigerten sich noch im Laufe der Jahre; es war kein leeres Wort, wenn Beuth einen „eisernen" Fleiß forderte; wer ihn nicht bethätigte, wurde ausgewiesen. Nachdem am 1. Nov. 1821 die untere, am 1. Oct. 1822 die obere Classe, beide mit Jahrescursen eröffnet waren, stellte sich bald die Nothwendigkeit heraus, in der oberen Classe für solche Zöglinge, welche sich den mechanischen Gewerben widmeten, den Cursus um $1/2$ Jahr zu verlängern; am 1. Oct. 1826 wurde für sie eine besondere Classe mit halbjährigem Cursus, die Suprema, eingerichtet. Gegenstände des Unterrichts waren 1821: In der **untern Classe**: Geometrie, geknüpft an Zeichnen mit Lineal und Zirkel, **ohne Beweise** (4 Stunden wöchentlich); Rechnen, die gemeine Arithmetik, Proportionalrechnung, Decimal- und gemeine Brüche (4 Stunden wöchentlich).*) Naturkunde, Physik und Chemie in einem gemeinschaftlichen Cursus, erstere in besonderer Beziehung auf die mechanischen Wissenschaften (4 Stunden wöchentlich). Zeichnen: a. Linearzeichnen, nach den in der Ebene entworfenen Mustern, oder nach aufgestellten Körpern, ohne Theorie der Perspective (6 Stunden wöchentlich), b. freies Handzeichnen, vorzüglich nach Körpern, weniger nach Zeichnungen, in der Absicht genau zu sehen und die Fertigkeit zu erwerben, das Gesehene zu Papier zu bringen (6 Stunden wöchentlich). In der **oberen Classe: Mathematische Wissenschaften**: im ersten Halbjahre: Arithmetik und Algebra bis zu den Gleichungen 2ten Grades einschließlich; Geometrie mit Beweisen, Stereometrie; Perspective ohne Rechnung mit den Vorkenntnissen der Geometrie der unteren Classe (10 Stunden wöchentlich); im zweiten Halbjahre: Trigonometrie (2 Stunden wöchentlich), Statik und Mechanik, praktische Maschinenlehre ohne Beweise, verbunden mit dem dahin einschlagenden Theile der Technologie (8 Stunden wöchentlich). Naturkunde: Keine Physik, aber in der **Chemie** im ersten Halbjahre die theoretische Chemie, Kenntniß der Reagenzien, die gewöhnlich gebräuchlichen Mittel der Analyse für die Arbeiten der Fabrikanten, nochmals in größerem Umfange als im ersten Lehrgange; im zweiten Halbjahre: Anwendung der Chemie auf Gegenstände unseres Bedürfnisses und auf einzelne Gewerbe; Eigenthümlichkeit und Gebrauch der Producte, Theorie der Fabrikation, Kostbarkeit der verschiedenen Darstellungsarten (4 Stunden wöchentlich). Zeichnen: das Maschinenzeichnen und die freie Handzeichnung gehen hier mit Rücksicht auf den oben erwähnten Unterricht in der Perspective in erweitertem Maße fort. (8 Stunden wöchentlich.)

Es ist von bedeutendem culturhistorischen Interesse, die geringen Anfänge zu erkennen, von denen aus sich die technischen Studien in dem kurzen Zeitraume eines halben Jahrhunderts zu ihrem heutigen Umfange und zu ihrer heutigen Blüte entwickelt haben. Es würde viel zu viel Raum in Anspruch nehmen und nicht dem entsprechendes Interesse gewähren, wollten wir Schritt für Schritt nachweisen, wie im Laufe der ersten Periode die Lehrziele in den einzelnen Objecten in die Höhe wuchsen, wie neue Lehrgegenstände aufgenommen wurden, in welcher Ausdehnung Laboratorien und mechanische Werkstätten eingerichtet, ausgestattet und den Zöglingen zugänglich und nutzbar gemacht wurden.

In den Vierziger Jahren hatten das Gewerbinstitut in Berlin und die Gewerbeschulen in den Provinzen in stetiger und energischer Entwicklung die für sie gegebenen Bestimmungen, obgleich auch diese Vervollkommnungen erfahren hatten, weit überholt; hierin die nothwendige Uebereinstimmung wieder herbeizuführen, war das Bestreben des Handelsministeriums in den Jahren 1849/50; daraus sind die Verordnungen vom 5. Juni 1850 hervorgegangen, welche die zweite Periode inauguriren. In der diese Verordnungen begleitenden und erläuternden Circularverfügung an die Königl. Regierungen erklärt der Minister von der Heydt: „Die Auf=

---

*) Auch in der 1799 gegründeten Königl. Bauakademie zu Berlin gehörten nach dem Plane von 1824, welcher bis 1831 in Kraft war, das gewöhnliche Rechnen mit ganzen Zahlen und Brüchen und die ersten Elemente der Geometrie zu den Unterrichtsgegenständen.

gaben des Königl. Gewerbeinstituts und die der Provincialgewerbeschulen sind in ihrer Grundlage dieselben und nur der Größe nach verschieden. Jenes soll, wie diese, künftigen Gewerbetreibenden und Bauhandwerkern eine theoretisch-praktische Ausbildung verschaffen; während sich aber das Königliche Gewerbeinstitut, als die höchste technische Lehranstalt des Staates, die Ausbildung von eigentlichen Technikern, die zur Einrichtung und Leitung von Fabrikanlagen befähigt sind, zum Ziele setzen muß, sind die Provincialgewerbeschulen dazu bestimmt, die verschiedenen Handwerker, Maurer- und Zimmermeister, Brunnenmacher, Mühlenbauer, Gerber, Bierbrauer, Distillateure, Färber u. s. w., so wie Werkführer für Fabriken zu unterrichten. Daraus folgt, daß die Anwendung des theoretischen Wissens auf die Gewerbe auch in den Provincialgewerbeschulen vorwalten muß; denn das bloß theoretische Wissen in Mathematik und Naturwissenschaften ist für den Praktiker nur von geringem Nutzen, und es kann ihm nicht allein überlassen werden, eine mögliche Anwendung desselben erst selbst zu suchen. Auf die praktischen Unterrichtszweige, die Maschinenlehre, die praktisch-chemischen Uebungen, die Technologie und die Bauconstructionslehre ist deshalb ein besonderer Nachdruck zu legen. Soll aber dieser Unterricht fruchtbringend sein, so muß der Lehrer bei den Schülern der oberen Classe der Provincialgewerbeschule eine gründliche Kenntnis der elementaren Mathematik und der allgemeinen Physik und Chemie, sowie große Fertigkeit im Zeichnen vorfinden. Indem also Maß gehalten wird in dem, was gelehrt wird, ist um so mehr auf Gründlichkeit des Wissens und Sicherheit in seiner Anwendung zu sehen."

Obgleich in dieser Verfügung noch die Aufgaben des Gewerbeinstituts und der Provincialgewerbeschulen als der Art nach übereinstimmend, nur dem Umfange nach verschieden angegeben werden, ist doch vom 5. Juni 1850, von dem an diesem Tage erlassenen Regulative für die Organisation des Königl. Gewerbeinstituts der immer bestimmter und klarer hervortretende Zug der Entwicklung dieser Anstalt zur technischen Hochschule zu datiren. Die höchst interessante und lehrreiche Geschichte dieser Anstalt tritt deshalb mehr und mehr aus dem Rahmen unserer Aufgabe heraus. Wir verweisen auf die zur Feier des fünfzigjährigen Bestehens der Anstalt im Jahre 1871 von dem Geheimen Oberbaurath Nottebohm, der selbst 1857 bis 1868 Director derselben gewesen und ihr als Decernent im Handelsministerium stets nahe geblieben war, veröffentlichte Festschrift (Chronik der Königl. Gewerbeakademie zu Berlin) und beschränken uns darauf, einige wenige äußere Thatsachen hervorzuheben, welche uns die Bedeutung von charakteristischen Symptomen zu haben scheinen. Zur Aufnahme wird ein Alter von 17 bis 27 Jahren und die Beibringung des Zeugnisses der Reise von einem Gymnasium oder einer Realschule oder einer Provincialgewerbeschule erfordert. Die Dauer des Cursus wird auf 3 Jahre bestimmt. Der theoretische Unterricht bleibt im ganzen Umfange des Lectionsplanes nach dem 5. Juni 1850, wie zuvor, obligatorisch; der Besuch der Unterrichtsstunden wird wie bisher strenge überwacht. Unterm 23. Aug. 1860 wird ein neues Regulativ erlassen, welches die freie Wahl der Lehrgegenstände innerhalb der einzelnen Abtheilungen gestattet; im Anschlusse daran wird unterm 23. Nov. 1860 den Zöglingen der Anstalt, nachdem sie den unteren anderthalbjährigen Cursus absolvirt haben, der Besuch der Vorlesungen an der Universität gestattet. Unterm 1. Oct. 1864 wird der bis dahin festgehaltene Testatzwang aufgehoben. Die Unentgeltlichkeit des Unterrichts wird am 1. Oct. 1856 aufgehoben; es wird zunächst ein Honorar von 40 Thlr. jährlich für den gesammten Unterricht eingeführt, dieses aber am 1. Oct. durch Vorlesungshonorare ersetzt. Die Stipendien, welche schon 1848 reducirt sind, werden wesentlich beschränkt, doch bleiben davon noch immer 50 bis 60 im Betrage von je 200 Thaler (600 Mark) jährlich bestehen.

Der Organisationsplan für die Provincialgewerbeschulen vom 5. Juni 1850 enthält folgende wesentliche Bestimmungen: Die Anstalt hat 2 subordinirte Classen mit Jahrescursen. Die untere Classe ist hauptsächlich für den theoretischen Unterricht und die Uebung im Zeichnen bestimmt, die obere für die Anwendung des Gelernten auf die Gewerbe. Die Aufnahmebedingungen für die untere Classe sind:

Ein Alter von mindestens 14 Jahren; die Fähigkeit, nicht blos deutsch geläufig zu lesen, sondern auch durch Lesen eines Buches sich zu unterrichten; eine leserliche Handschrift, die Fähigkeit, deutsch ohne grobe orthographische Fehler zu schreiben, mit ganzen Zahlen und gewöhnlichen Brüchen geläufig zu rechnen und diese Rechnungen auf die gewöhnlichen arithmetischen Aufgaben anzuwenden, auch ebene geradlinige Figuren und prismatische Körper auszumessen, endlich Uebung im Zeichnen. Weiterhin wird die geistige Bildung, welche durch Absolvirung der Quarta eines Gymnasiums erlangt wird, als genügend bezeichnet. Unterrichtsgegenstände sind: Mathematik, Physik, Chemie, Mineralogie, Mechanik und Maschinenlehre, Bauconstructionslehre, Zeichnen und Modelliren. In den vier zuerst genannten Lehrgegenständen sind die Unterrichtsziele wesentlich dieselben, wie die 9 Jahre später bei den Realschulen I. Ordnung für diese Objecte festgesetzten; nur in der Mathematik wird synthetische Darstellung der Haupteigenschaften der Kegelschnitte, nicht aber analytische Geometrie, dagegen theoretische Erklärung des Feldmessens und praktische Einübung der Hauptoperation desselben vorgeschrieben. Die Stundeneintheilung ist folgende: Untere Classe Planimetrie 4, Buchstabenrechnung bis zu den Gleichungen 1. Grades einschließlich 3, praktisches Rechnen 4, Physik 4, Chemie 4, Freihandzeichnen 7, Linearzeichnen 9, zusammen 35 Stunden wöchentlich. Obere Classe. Wintersemester: Fortsetzung der Buchstabenrechnung, Trigonometrie 3, Stereometrie, beschreibende Geometrie 3, praktisches Rechnen 2, Mechanik und Maschinenlehre 3, chemische Arbeiten, zugleich Wiederholung der Physik und der Chemie 4, Mineralogie 2, Bauconstructionslehre und Bauanschläge 3, Freihandzeichnen 7, Linearzeichnen 9, zusammen 36 Stunden wöchentlich. Sommersemester: Fortsetzung der beschreibenden Geometrie, Kegelschnitte 3, Anwendung der Algebra und der Trigonometrie zur Lösung planimetrischer und stereometrischer Aufgaben, Feldmessen 3, praktisches Rechnen (besonders Wurzelausziehungen, logarithmisches Rechnen und Körperberechnungen) 2, Maschinenlehre, mechanische Technologie 3, chemische Technologie 4, Mineralogie 2, Bauconstructionslehre und Bauanschläge 3, Freihandzeichnen und Modelliren 7, Linearzeichnen 9, zusammen 36 Stunden wöchentlich. Das ebenfalls unterm 5. Juni 1850 erlassene Reglement für die Entlassungsprüfungen giebt als Zweck dieser Prüfungen an: 1. auszumitteln ob der Abiturient den Grad der Ausbildung erlangt hat, welcher erforderlich ist, um sich mit Erfolg der gewerblichen Laufbahn widmen zu können; 2. den Schulen und ihren Zöglingen in den Forderungen des Prüfungsreglements ein würdiges Ziel hinzustellen, nach welchem das gemeinsame Streben gerichtet sein muß; 3. den mit dem Zeugnisse der Reife entlassenen Zöglingen die Befugnis zur Aufnahme in das Königliche Gewerbeinstitut in Berlin zuzusichern. Durch die letzte Bestimmung wird das Gewerbeinstitut ausdrücklich als die höhere Anstalt hingestellt, für welche die Provincialgewerbeschule vorbildet.

Die Bestimmungen des Prüfungsreglements entsprechen den eben angegebenen Unterrichtszielen, verlangen aber außerdem die Anfertigung eines deutschen Aufsatzes unter Clausur in 4 Stunden und fordern, daß der Examinand in zusammenhängendem mündlichen Vortrage und im Disponiren leichter Themata einige Fertigkeit erlangt habe und über einen ihm bekannten Gegenstand in einfachem, ziemlich correctem Stile sich schriftlich auszudrücken verstehe. (Unterricht im Deutschen wird in der Gewerbeschule nicht ertheilt.)

Welchen Erfolg haben die Anordnungen von 1850 gehabt? Wer in den Jahren 1850 bis 1870 den Gewerbeschulen seine Aufmerksamkeit zugewandt hat, wird nicht wenige junge Männer angetroffen haben, die in ihnen recht Tüchtiges gelernt hatten; er wird unter den Directoren und Lehrern Männer gefunden haben, die mit vollster Hingabe, mit klarer Einsicht, mit großem Geschick sich ihrer Aufgabe gewidmet haben. Wir fühlen uns um so mehr gedrungen, diese wohlverdiente Anerkennung auszusprechen, da, wenn wir die Ergebnisse der Organisation für die gewerbliche Bildung im großen und ganzen in's Auge fassen, und wenn wir ihre Erfolge mit den in der eben citirten

Circularverfügung aufgestellten Zielen vergleichen, sie außerordentlich gering und demgemäß die Einrichtnng verfehlt nennen müssen. — Am Ende des Jahres 1859 (wir wählen dieses, weil es ungefähr in der Mitte des Zeitraumes liegt) waren die 25 Gewerbschulen des Staats von 1349 Schülern besucht*); unter diesen hatten 1134 bereits einen bestimmten Beruf erwählt, und hatten sich 27,2 % von ihnen dem Baufache bezw. einem Bauhandwerk gewidmet, 63,5 % dem Maschinenbau, dem Berg= und Hüttenfach, der technischen Chemie ꝛc.; 9,3 % allen übrigen Gewerben, z. B. auch dem Kaufmannsstande (11), der Landwirthschaft (19). Nehmen wir an, was gewiß näherungsweise richtig ist, daß die 215, die noch keinen Beruf erwählt hatten, sich nach demselben Verhältniß vertheilen, so waren die sämmtlichen Gewerbschulen des Staates Ende 1859 von 367 künftigen Bauhandwerkern (Maurern, Zimmerleuten, Steinmetzen), von 857 künftigen Mechanikern, Maschinenbauern, Berg= und Hüttenleuten, Chemikern besucht, 125 gehörten allen übrigen Gewerben an.

Nach der Zählung von 1861 (1859 hat keine Zählung stattgefunden, doch ist nachweisbar der Unterschied für unseren Zweck ganz unerheblich) waren in Preußen**) 534,270 Handwerksmeister und 556,434 Handwerksgehülfen und Lehrlinge, darunter 20,398 Bauhandwerksmeister, 145,659 Bauhandwerksgehülfen und Lehrlinge. In den Gewerben des Maschinen=, Mühlen= und Schiffs=Baues, der Metallarbeiter, der Mechaniker und Instrumentenmacher gab es unter Ausschluß des fabrikmäßigen Betriebes 99,145 Meister, 84,725 Gehülfen und Lehrlinge; der Kreis der in den hierher gehörigen Fabriken thätigen, einer theoretisch=praktischen technischen Ausbildung bedürftigen Personen läßt sich aus den öffentlichen Quellen nicht mit hinreichender Annäherung feststellen, doch war er sehr groß.***) Aehnliche Zahlen ergeben sich für die übrigen in der Circularverfügung vom 5. Juni 1850 besonders namhaft gemachten Gewerbe. Was bedeutet diesen Zahlen gegenüber die Gesammtfrequenz der Gewerbschulen? — Während die sämmtlichen 25 preußischen Gewerbschulen von 367 Bauhandwerkern besucht waren, waren für die einzige private Bauhandwerkerschule in Holzminden im Herzogthum Braunschweig 708 Bauhandwerker angemeldet, von denen des beschränkten Raumes wegen nur 486 aufgenommen werden konnten; unter diesen 486 waren 219 Preußen.

Sehen wir die Frage von einer anderen Seite an; fassen wir eine einzelne Anstalt in's Auge; die Gewerbschule in Hagen, 1824 gegründet, hat unter dem Einflusse günstiger Umstände und durch große Tüchtigkeit namentlich ihres Directors einen relativ bedeutenden Wirkungskreis gehabt; aber nicht gerade dies bestimmt unsere Wahl, sondern der Umstand, daß über sie in ihren Programmen besonders exacte Nachrichten vorliegen. Die Schule hat von Michaelis 1850 bis Michaelis 1860 513 Schüler unterrichtet, von welchen am 1. Oct. 1860 429 Schüler abgegangen waren; von diesen 429 haben 386 die untere Classe besucht, 189 nur die untere Classe, während 197 in die obere Classe übergegangen sind; also haben 44 % der gesammten Frequenz nur die zweite Classe besucht; von diesen kann man unter Berücksichtigung des oben mitgetheilten Lehrplanes sagen, daß sie in der Gewerbschule fast nur das Zeichnen und das Rechnen gesucht und für sich fruchtbringend gemacht haben, daß ihnen die Gewerbschule kaum so viel geleistet hat, wie eine zweckmäßig eingerichtete gewerbliche Fortbildungsanstalt hätte leisten müssen. Aus der oberen Classe sind 240 Schüler abgegangen; 43 von ihnen haben nur die obere Classe besucht; von den 240 Schülern haben 99 das Zeugniß der Reife erworben. Die Mehrzahl von diesen ist in das Königl. Gewerbinstitut, bezw. auf polytechnische Schulen übergegangen; ziffernmäßig läßt sich das nicht genau feststellen, denn aus verschiedenen Gründen haben nicht alle

---

*) S. Preußisches Handelsarchiv pro 1860.
**) S. Zeitschrift des Königl. Preußischen Statistischen Büreaus.
***) Im Jahre 1864 waren 8647 Dampfmaschinen mit 365,376 Pferdekräften im Dienste der Industrie und des Verkehrs.

welche bei der Abiturientenprüfung die Absicht ausgesprochen, thatsächlich eine höhere technische Lehranstalt besucht oder absolvirt; dagegen sind viele auf polytechnische Schulen übergegangen, ohne das Zeugniß der Reife erworben zu haben; doch läßt sich von anderer Seite her erkennen, in wie ausgedehntem Maße die Gewerbeschule als Vorbildungsanstalt für höhere technische Studien benutzt worden ist. Im Jahre 1860 sind 135 Studirende in das Gewerbeinstitut neu eingetreten; von diesen hatten 9 ihre Vorbildung auf Gymnasien, 14 auf Realschulen, 112 auf Provincialgewerbeschulen erworben. Schon aus den vorstehenden Thatsachen, auf die wir uns des Raumes wegen beschränken müssen, ergiebt sich: Die Zahl derjenigen, welche in den Gewerbeschulen eine den Absichten der Circularverfügung vom 5. Juni 1850 entsprechende theoretisch-praktische Ausbildung gefunden haben, ist gegenüber dem Bedürfnisse verschwindend klein gewesen; ungefähr die Hälfte der die Anstalten besuchenden Schüler (wahrscheinlich noch erheblich mehr) hat in ihnen als wirklich fruchtbar fast nur das Zeichnen und Rechnen gesucht und gefunden; die so gewonnene Frucht war für viele von ihnen nicht gering anzuschlagen, entsprach aber nicht den aufgewandten Mitteln. Ein relativ sehr beträchtlicher Theil der Schüler benutzte die Gewerbeschule als Vorbildungsanstalt für höhere technische Studien. Wo haben wir die Gründe dieser großen Differenz zwischen Absicht und Erfolg zu suchen?

Der in der Circularverfügung so klar und treffend aufgestellte Grundsatz, daß die Anwendung des theoretischen Wissens auf die Gewerbe vorwalten müsse, daß das bloß theoretische Wissen in der Gewerbeschule unfruchtbar sei, daß deshalb darin Maß zu halten sei, ist in den Ausführungsverordnungen, abgesehen vom Zeichnen, fast ganz außer Acht gelassen worden. Der „Plan zur Organisation der Gewerbeschulen" und noch mehr das „Reglement für die Entlassungsprüfungen", beide vom 5. Juni 1850 liefern dem aufmerksamen Leser den erschöpfenden Beweis dafür; wir müssen uns begnügen, darauf zu verweisen. Das Uebergewicht des theoretischen Unterrichts ist dadurch herbeigeführt, daß der Gewerbeschule die Doppelaufgabe der niederen Fachschule und der Vorbildungsanstalt für die höhere Fachschule gestellt war; diese beiden Aufgaben in derselben Anstalt gleichzeitig richtig zu lösen ist unmöglich. Für die Studien auf einer höheren technischen Schule ist umfassendes und gründliches „theoretisches Wissen in Mathematik und Naturwissenschaft" unerläßliche Vorbedingung; wenn die Vorbildungsanstalt die „Anwendung" auf die Gewerbe aufnimmt, so ist das eine Anticipation, die nicht nur nicht nützt, sondern schädlich wirkt. Eine Menge von Umständen haben zusammengewirkt, die Gewerbeschulen ihre Ehre darin suchen zu lassen, daß sie möglichst viele Schüler zum Gewerbeinstitut bezw. zur Gewerbeakademie entließen, den Realschulen (Realgymnasien) Concurrenz machten. So ist es gekommen, daß das „theoretische Wissen" thatsächlich in ihnen noch mehr in den Vordergrund getreten ist, als es durch die Vorschriften des „Organisationsplanes" bedingt war; daß diejenigen, welche aus der Gewerbeschule unmittelbar ins Leben übertraten, weniger und weniger ihr Ziel in ihr erreichten, indem der in der Regel vortrefflich ertheilte Zeichenunterricht, so werthvoll er für sie war, allein ihnen nicht genügen konnte. Und trotz alles Uebergewichtes, das dem „theoretischen Wissen" gegeben wurde, erwies sich die Vorbildung zu wissenschaftlicher Arbeit, wie sie in der mehr und mehr zur technischen Hochschule heranwachsenden Gewerbeakademie verlangt wurde, als unzulänglich. — Diese Warnehmungen haben zu den „Verordnungen über die Umgestaltung der bestehenden und die Gründung neuer Gewerbeschulen in Preußen" vom 21. März 1870 geführt; von hier datiren wir die dritte Periode in der Entwicklung des preußischen Gewerbeschulwesens. Die Gesichtspuncte, von welchen sie ausgehen, finden sich in der Circularverfügung des Handelsministers an sämmtliche Königliche Regierungen vom 21. März 1870; ihre wesentlichen Bestimmungen sind folgende: Die Gewerbeschule hat 3 Classen, mit einjährigen Cursen. Die beiden unteren Classen (II. und I.) umfassen den Unterricht in der Mathematik und der Naturwissenschaft, im Zeichnen, sowie in den Gegenständen allgemeiner Bildung (Deutsch, Französisch, Englisch, Geographie, Geschichte); die oberste, die Fachclasse ist für die Anwendung des Gelernten auf die Gewerbe und für die Vorbereitung zum Besuche der höheren gewerblichen Lehranstalten bestimmt. Die Fachclasse besteht aus 4 Abtheilungen, und zwar einer Abtheilung A für diejenigen, welche die Schule zu ihrer Vorbereitung für den Eintritt in eine höhere technische Lehranstalt besuchen; einer Abtheilung B für Bauhandwerker; einer Abtheilung C für mechanisch-technische Gewerbe; einer Abtheilung D für chemisch-technische Gewerbe. — Dem Unterricht liegt folgender Lehrplan zu Grunde:

Unterrichts-Gegenstände.	II. Cl. Cursus 1 Jahr.	I. Cl. Cursus 1 Jahr.	Fach-Classe Cursus 1 Jahr.			
			A.	B.	C.	D.
Wöchentliche Stunden.						
Deutsch	2	2	2	—	—	—
Französisch	2	2	2	—	—	—
Englisch	2	2	2	—	—	—
Allgemeine Handels-Geographie und Geschichte	4	4	3	—	—	—
Freihandzeichnen	5	6	5	—	2	—
Mathematik	10	8	2	2	2	2
Physik	3	2	—	—	—	—
Chemie	3	2	—	—	—	—
Repetitionen der Physik und Chemie	—	—	2	2	2	2
Chemische Technologie	—	—	2	2	2	2
Mineralogie	—	—	2	2	2	2
Practisches Arbeiten im chemischen Laboratorium, verbunden mit Vorträgen	—	—	—	—	—	15
Linearzeichnen (Uebungen in der Anwendung der beschreibenden Geometrie)	5	8	—	2	2	2
Mechanik	—	2	2	2	2	2
Feldmessen und Nivelliren	—	—	2	2	—	—
Modelliren	—	—	2	4	2	—
Comptoirwissenschaft	—	—	2	2	2	2
Maschinenlehre und mechanische Technologie	—	—	4	4	6	4
Entwerfen und Berechnen von Maschinentheilen und Maschinen	—	—	—	—	7	—
Allgemeine Bauconstructionslehre	—	—	2	2	2	2
Specielle Bauconstructions- und Formenlehre, Kunstgeschichte, Lehre vom Steinschnitt ꝛc.	—	—	—	4	—	—
Bauanschläge und Baumaterialienkunde	—	—	—	3	2	2
Uebungen im Entwerfen von baulichen Anlagen	—	—	—	8	2	2
Summa	36	38	36	41	39	39

Zur Aufnahme in die unterste (II.) Classe ist ein Alter von 14 Jahren und die Reife für die Untersecunda einer Realschule I. Ordnung oder eine gleichwerthige Vorbildung erforderlich. Es ist den Gemeinden gestattet, mit den Gewerbeschulen Vorschulen zu verbinden, welche die Vorbildung für die Gewerbeschulen geben; von dieser Erlaubnis ist in den meisten Fällen Gebrauch gemacht. Die vorschriftsmäßigen Lehrziele im einzelnen mitzutheilen, müssen wir uns aus Rücksicht auf den Raum versagen; wir verweisen auf die „Verordnungen" selbst;*) im allgemeinen läßt sich aus dem vorstehenden tabellarischen Lehrplan näherungsweise ersehen, welches die thatsächlichen Lehrziele seien können. — Die Aufgabe der Vorbildung für technische Hochschulen soll in der II. I. und der Fachclasse A gelöst werden; der Lehrplan erscheint wenig geeignet, zu wissenschaftlicher Arbeit vorzubilden. Die ungleichartige Vorbildung der Schüler der II. Classe und die Unmöglichkeit, die planmäßigen Aufnahmebedingungen streng einzuhalten, erschwert den Unterricht sehr. Im Alter von 14 bis 16 Jahren wird eine solche Anhäufung mathematisch-naturwissenschaftlicher

*) Berlin 1870 Verlag der Königl. Geheimen Ober-Hofbuchdruckerei.

Unterrichts, wie sie hier geboten wird, für diese Disciplinen selbst, deren hervorragende Wichtigkeit für höhere technische Studien schon oben hervorgehoben ist, schwerlich eine reife Frucht bringen, und gewiß keine, welche für das weite Zurücktreten der sprachlich-historischen Bildung zu entschädigen vermöchte. Die Zersplitterung der Kraft aber in der Fachclasse A auf 15 verschiedene Gegenstände, von denen nur der geringere Theil zu wissenschaftlicher Arbeit vorzubilden geeignet ist, steht in directem Widerspruche mit der zu lösenden Aufgabe. Die unzweifelhaft feststehende Thatsache, daß einzelne auf den Königlichen Gewerbeschulen vorgebildete Schüler sich in der Gewerbeakademie ausgezeichnet haben, ist nicht geeignet, dieses Urtheil zu entkräften;*) sie findet anderweit ihre volle Erklärung. Während aber die Fachclasse A wenigstens in einem Theile der Anstalten eine erhebliche Frequenz zeigt und eine ansehnliche Anzahl von Schülern mit dem Zeugnisse der Reife entläßt, stehen die Fachclassen B, C, D, fast leer; sehr viele Schüler verlassen nach Absolvirung der I. Classe (nach erlangter Berechtigung zum einjährigen Dienste) die Anstalt, ohne zu einer Anwendung des theoretischen Wissens gelangt zu sein. Es ist hiernach anzunehmen, daß die Errichtung dieser Fachclassen den wirklichen Bedürfnissen nicht entspricht.

Infolge dieser Erfahrungen ist das weitere Vorgehen auf dem durch die Verordnungen vom 21. März 1870 eingeschlagenen Wege, nachdem ein Theil der bestehenden Anstalten nach Maßgabe derselben organisirt ist, thatsächlich sistirt; einige Anstalten, die noch in der Umwandlung begriffen sind, führen dieselbe zum Abschluß. — Welchen Weg die Entwicklung weiter nehmen wird, läßt sich mit Bestimmtheit noch nicht übersehen.**)

In diesen Kreis von gewerblichen Lehranstalten gehören in Preußen noch eine Gattung von landwirthschaftlichen und von Bergschulen. Durch die Reglements vom 15. Aug. 1875 sind zwischen die landwirthschaftlichen Akademien einerseits und die landwirthschaftlichen Fortbildungsschulen und die Ackerbauschulen andererseits die Landwirthschaftsschulen eingeschoben, welche „für ihre Zöglinge mit der Erlangung einer tüchtigen allgemeinen und Fachbildung auch die Erwerbung der Berechtigung zum Einjährig-Freiwilligendienst erstreben." Sie haben 3 Jahresclassen; zur Aufnahme ist die Reife für die Tertia eines Gymnasiums oder einer Realschule oder eine gleichwerthige anderweitige Bildung erforderlich. Der Lehrplan ist folgender:

	III	II	I
1. Religion, obligatorisch für die nicht confirmirten Schüler, sonst facultativ nach Bestimmung der Eltern	1	1	1
2. Sprachen (Deutsch und 2 fremde Sprachen, Lateinisch, Französisch oder Englisch, nach Wahl der Schulbehörde; die gewählten und eingeführten Sprachen sind für alle Schüler obligatorisch.)	9	9	9
3. Geographie und Geschichte	4	4	4
4. Mathematik	5	4	4
5. Naturwissenschaften			
a. Zoologie und Botanik	4	4	2
b. Physik	2	2	2
c. Chemie und Mineralogie	2	4	4
6. Landwirthschaftslehre:			
a. Pflanzenproductionslehre, b. Thierproductionslehre	4	4	2
c. Betriebslehre	—	—	4
7. Zeichnen	2	2	2
8. Turnen und Singen	3	3	3
	36	37	37

---

*) Vergleiche die Urtheile der Directoren der polytechnischen Schulen in Aachen, Karlsruhe, Dresden, Hannover, abgedruckt in Franz. Wahl des Berufes, Görlitz 1876. Seite 246.

**) Einen von den Königlichen Gewerbeschulen in mehrfacher Beziehung mit Glück abweichenden Plan hat die Gewerbeschule zu Barmen eingeführt und sie hat unter sehr einsichtiger Leitung Tüchtiges geleistet. Ihre Jahresberichte bieten vieles recht Interessante.

Mit den Schulen können seitens der betreffenden Gemeinden Vorschulen verbunden werden; es wird von dieser Befugnis meist Gebrauch gemacht. Rücksichtlich der Lehrziele im Einzelnen müssen wir auf die veröffentlichten Reglements verweisen. Dieselben erscheinen **sehr hoch** gegriffen; die Erfahrung hat darüber noch nicht entscheiden können. Durch die Aufnahme zweier fremden Sprachen wird ein Luxus mit "allgemeiner Bildung" getrieben, der sich als täuschender Schein erweisen wird; sie ist ausschließlich des Freiwilligenrechts wegen erfolgt. — Für angehende Tertianer dürfte sich der im Lehrplane vorgesehene Unterricht in Physik, Chemie und Mineralogie wenig fruchtbar erweisen; auch halten wir es für sehr wahrscheinlich, daß die Annahme, die Zöglinge würden, da sie in der überwiegenden Mehrzahl Söhne von Landwirthen seien, für die Auffassung der Pflanzen- und Thierproductionslehre und der Betriebslehre hinreichende Anschauungen mitbringen, sich als eine Täuschung erweisen werde; wir halten es für ebenso wahrscheinlich, daß die Verletzung des Grundsatzes, die Fachbildung nicht eher eintreten zu lassen, als bis das angemessene Maß allgemeiner Bildung in der Hauptsache erreicht ist, nicht ungestraft bleiben wird. Man ist sich der darin liegenden Gefahr wohl bewußt gewesen, aber auch hier hat die Rücksicht auf das Freiwilligenrecht und die Warnehmung, daß die Schüler der Gewerbeschulen nach Absolvirung der I. Classe, durch welche sie jenes Recht erlangen, in der Mehrzahl die Schule verlassen, den Ausschlag gegeben; man wird dadurch der Schule viel mehr Schüler bis in die obersten Classen erhalten und den Schein größerer Wirksamkeit erzielen; ob auch das Wesen, erscheint höchst zweifelhaft.

Die Bergschulen hatten ursprünglich durchaus den Charakter von gewerblichen Fortbildungsanstalten, und sind als solche viel älter wie die meisten anderen technischen Lehranstalten; diese Bergschulen entzogen die Zöglinge nicht der praktischen Arbeit und nicht dem Broderwerb durch dieselbe. Die Gefahren, welche mit dem Betriebe des Bergbaues verbunden sind, haben denselben stets mit einem Ernste umgeben, der sich, wie in vielen anderen Einrichtungen, so auch in der gewissenhaften und einsichtigen Fürsorge für Gewinnung tüchtiger Aufseher und Beamten documentirt hat; sie gaben Bergleuten, welche durch Pflichttreue und geistige Befähigung die Hoffnung erweckten, tüchtige Steiger und untere Grubenbeamte zu werden, die dazu nöthige sachliche Ausbildung in einer geringeren oder größeren wöchentlichen Stundenzahl; es bestehen jetzt 22 solche Schulen in den verschiedenen Bergrevieren. Aus diesen Anstalten sind in neuerer Zeit die eigentlichen Bergschulen entstanden; dieselben nehmen etwa 10 % der Schüler der vorher bezeichneten Anstalten auf, und zwar die tüchtigsten, um sie zu Obersteigern, Grubenbetriebsbeamten, Maschinisten, Rechnungsführern, Markscheidern u. s. w. auszubilden. Sie nehmen dieselben etwa 2 Jahr lang ganz oder größtentheils für die wissenschaftliche Ausbildung in Beschlag; die Schüler bleiben dabei aber immer in engster Berührung mit ihrem Berufe. Der Lehrplan ist in vielen Puncten dem der Provincialgewerbeschule vom 5. Juni 1850 ähnlich, unterscheidet sich aber wesentlich und vortheilhaft dadurch, daß er in dem theoretischen Wissen, insbesondere in der Mathematik, das Ziel im Auge behält, zur Benutzung wissenschaftlicher Resultate zu befähigen, nicht zu wissenschaftlicher Arbeit vorzubilden; anderseits nimmt er überall das Deutsche als Unterrichtsgegenstand auf. Die vollkommenst entwickelten Bergschulen sind die in Bochum, Clausthal, Saarbrücken und Tarnowitz. Die Anstalten haben durch ihr bewußtes Maßhalten und ihre sorgliche Berücksichtigung der Bedürfnisse des Berufs eine höchst segensreiche Wirksamkeit.

In Bayern heißen diejenigen gewerblichen Lehranstalten, welche hier in Betracht kommen, Industrieschulen; die entsprechenden Vorbildungsanstalten hießen bis zum 1. Oct. 1877 Gewerbeschulen; diese letzteren gaben früher neben theoretischem Unterrichte auch die Anwendung desselben auf die Gewerbe; seit 1852 haben sie ausschließlich die Aufgabe, eine angemessene allgemeine Bildung und eine theoretische Vorbereitung für den Eintritt in die Gewerbe zu geben; nach mehrfachen Umwandlungen sind sie durch Königl. Verordnung vom 29. April 1877 in "Realschulen" um-

6 Jahresclassen verwandelt, welche ihre Schüler normal im Alter von 10 Jahren aufnehmen und welche durch die bestandene Abgangsprüfung das Recht zum Eintritt in die Industrieschulen gewähren. Diese sind dazu bestimmt „in 2 Jahrescursen denjenigen Jünglingen, welche sich einem ausgedehnteren, höheren Gewerbs- oder Fabrikbetriebe zu widmen beabsichtigen, die hierfür nothwendigen, umfassenderen Kenntnisse und Fertigkeiten in einer abschließenden, auf die unmittelbare praktische Anwendung berechneten Weise zu vermitteln. Zugleich sollen sie auch diejenigen, welche eine noch höhere, vollständige theoretische Ausbildung in der polytechnischen Schule in München zu erlangen streben, die zum Uebertritt in diese technische Hochschule erforderliche Vorbereitung gewähren." *) Es giebt solcher Industrieschulen 4, in München, Augsburg, Kaiserslautern und Nürnberg. Jede derselben hat eine mechanisch-technische, eine chemisch-technische und eine bautechnische Abtheilung; die in München hat überdies eine Handelsabtheilung. In allen Abtheilungen ist Deutsch, Französisch und Englisch mit zusammen 7 wöchentlichen Stunden obligatorisch. In der mechanisch-technischen und in der bautechnischen Abtheilung soll in unteren Cursus in 6 bis 7 wöchentlichen Stunden die Elementar-Mathematik und die analytische Geometrie absolvirt, im oberen Cursus in 3 wöchentlichen Stunden Differential- und Integralrechnung gelehrt werden. Die Zahl der obligatorischen wöchentlichen Lehrstunden ist sehr groß. Die vorschriftsmäßigen Lehrziele sind sehr hoch gegriffen; um den beiden eben bezeichneten Aufgaben gerecht zu werden, soll ein sehr umfangreiches theoretisches Wissen beigebracht werden und wird gleichzeitig der Anwendung auf die Gewerbe ein großer Raum gewährt. — In Bezug auf die Einzelheiten des Lehrplans müssen wir auf die von den Anstalten veröffentlichten Jahresberichte verweisen.

Das Königreich Sachsen hat in Chemnitz eine höhere Gewerbeschule; dieselbe hat „den Zweck, zukünftigen Fabrikanten, Fabrikdirectoren und Technikern eine ihren Bedürfnissen entsprechende wissenschaftliche Ausbildung zu gewähren" — Vorbildung für die polytechnische Schule gehört nicht zu ihren programmmäßigen Aufgaben, doch berechtigt das Abgangszeugnis von der Gewerbeschule zum Eintritt in diese Anstalt. Die Gewerbeschule hat einen Cursus von 3½ Jahren, ist in eine mechanisch-technische und eine chemisch-technische Abtheilung von je 3 Classen gegliedert. Zur Aufnahme ist die Reife für Obersecunda eines Gymnasiums oder einer Realschule I. Ordnung erforderlich. Die Lehrziele der Anstalt greifen vielfach in den Kreis der technischen Hochschule hinüber, wie auch eine Zeit von 3½ Jahren für eine technische Mittelschule im allgemeinen viel zu lang ist. Sofern die besonderen Verhältnisse und Bedürfnisse der Gewerbe im Königreich Sachsen und in der Stadt Chemnitz dies rechtfertigen, verdient der Lehrplan in mehrfacher Beziehung große Anerkennung. Die Unterrichtsgegenstände sind in facultative und obligatorische unterschieden. Zu den facultativen gehören u. a. fremde Sprachen, Geschichte und Geographie, kaufmännisches Rechnen und Buchhalten, und im letzten Jahrescursus Belehrung über Specialfächer der Gewerbe. Die Zahl der obligatorischen Stunden ist so abgemessen, daß aus den facultativen Nutzen gezogen werden kann. In den obligatorischen Gegenständen ist fast durchweg zwischen theoretischem Unterricht und Einführung in dessen Anwendung ein richtiges Verhältnis und eine angemessene Folge hergestellt. Höchst auffallend ist nur unter den obligatorischen Gegenständen der obersten Classe des letzten Jahrescursus: „Zweiter Theil der höheren Algebra und der Differential- und Integralrechnung, Methode der kleinsten Quadrate, sphärische Trigonometrie, zweiter Theil der analytischen Geometrie des Raumes." Die Aufnahme dieser mathematischen Disciplinen unter die facultativen Fächer wäre bei der übrigen Anlage der Anstalt unbedingt zu billigen gewesen, keineswegs aber unter die obligatorischen, da die Schule keinerlei Anwendung derselben bietet. — Neben der „höheren Gewerbeschule" besteht in Chemnitz eine „Werkmeisterschule"; sie „bietet an-

---

*) Es bestehen in Bayern 6 Realgymnasien, deren eigentliche Aufgabe es ist, für die Studien auf der technischen Hochschule vorzubilden.

gehenden Maschinenbauern, Mühlenbauern, Brunnenbauern und Rohrmeistern — Färbern, Brauern, Seifensiedern, Gerbern u. s. w., sowie solchen jungen Leuten, die später als Werkmeister in Spinnereien, Maschinenwebereien, Tuchfabriken und anderen ähnlichen Etablissements fungiren wollen, Gelegenheit zur Erlangung einer ihren Bedürfnissen entsprechenden theoretischen Ausbildung dar." Die Anstalt gliedert sich in 2 Abtheilungen, eine für Mathematiker, eine für Chemiker, mit je 3 Classen von je halbjähriger Cursusdauer. In diesem verhältnismäßig kurzen Zeitraum können den Schülern nur die in ihrem praktischen Beruf besonders nothwendigen Kenntnisse und Fertigkeiten beigebracht werden; die Werkmeisterschule hat aber nicht die Aufgabe, eine umfassendere wissenschaftliche Ausbildung zu ertheilen." Die Aufnahmebedingungen und der Lehrplan entsprechen den aufgestellten Zielen in sehr anerkennenswerther Weise; nicht anders ist dies der Fall bei der ebenfalls in Chemnitz bestehenden „Baugewerkschule", welche „durch ihren systematisch geordneten Lehrplan denen, welche sich für den rationellen Betrieb eines Baugewerbes vorbereiten wollen, die Mittel zur Ausbildung darbietet." Der Unterricht wird nur in den Winterhalbjahren ertheilt und erstreckt sich durch 4 Semester. — Die 3 Anstalten in Chemnitz stellen zusammen eine höchst beachtenswerthe Gruppe von gewerblichen Lehranstalten dar, die noch durch eine stark besuchte „öffentliche Handelslehranstalt" ergänzt wird.

Die österreichischen „höheren Gewerbeschulen" haben nach dem Normalplane vom 21. Juni 1877 dreijährige Curse und gliedern sich wie in Bayern in eine mechanisch-technische, bautechnische und chemisch-technische Abtheilung mit je 3 Classen. Im Lehrplane ist eine durchaus angemessene Vertheilung, Begrenzung und Folge des theoretischen mathematisch-naturwissenschaftlichen Unterrichts und seiner Anwendungen anzuerkennen. Unzulänglich erscheinen aber die Bestimmungen über die Vorbildung und die in dem Normalplane angeordnete Einrichtung von einclassigen Vorschulen in 4 Anstalten, die in besonders gewerblichen Gegenden liegen, dürfte schwerlich Abhülfe bringen; ihr Lehrplan aber ist besonders geeignet, die Möglichkeit, daß die Lehrziele der Anstalt von der Mehrzahl der Schüler bei der programmmäßigen Vorbildung in der angegebenen Zeit erreicht werden können, in Zweifel zu stellen.

In Württemberg und Baden sind für die gewerbliche Bildung zahlreiche Fortbildungsanstalten eingerichtet, die in Baden Gewerbeschulen heißen; die Organisation dieser Anstalten in Württemberg ist musterhaft.*) In Süddeutschland und Oesterreich ist ein sehr großer Theil der Fortbildungsschulen dem Kunstgewerbe gewidmet. Zur Ausbildung von Lehrern für solche Anstalten und um Vorbild und Muster zu geben, dienen einige Kunstgewerbeschulen; die Rücksicht auf den uns vergönnten Raum hindert uns, auf dieselben näher einzugehen.

Eine sehr beachtenswerthe Anstalt ist die bereits auf Seite 1052 erwähnte Baugewerkschule in Holzminden; welch' großen Wirkungskreis dieselbe hat, geht schon daraus hervor, daß sie im Winter 1873/74 895 Schüler, im Winter 1876/77 deren 1018 hatte; im Sommer ist die Anstalt erheblich schwächer besucht. Die Anstalt hat außer Vorbereitungscursen, welche vorzugsweise zur Auffrischung der früher erworbenen Elementarkenntnisse dienen sollen, in welchen aber auch ein ausgedehnter Zeichenunterricht gegeben wird, 3 Fachabtheilungen, nämlich eine Schule für Bauhandwerker mit 4 Halbjahrescursen, eine Schule für Tischler mit 2 Halbjahrescursen und eine Schule für Maschinen- und Mühlenbauer, Mechaniker und Metallarbeiter mit 3 Halbjahrescursen. Wegen des Lehrplanes müssen wir auf die jährlich veröffentlichten Programme verweisen.

Unsere Darstellung hat gezeigt, daß das technische Bildungswesen Deutschlands zu

---

*) Stuttgart besitzt eine an das Polytechnicum angelehnte Kunstgewerbeschule und eine vollständig organisirte Baugewerkschule, welche auch eine Geometerschule und eine Schule für Maschinenleute in sich aufgenommen hat. In mehreren Städten des Landes bestehen Webeschulen. Die Red.

erbens und des Wandelns befindet, der die mannigfaltigsten
hrt uns nun seine bisherige Geschichte und welche Ziele sind
ig zu stellen? Um diese Frage zu beantworten, müßen wir
ten Momenten auch auf verwandte Erscheinungen zurückgreifen,
ten konnten, theils ganz übergehen mußten. Die polytechnischen
wie die Gewerbeacademie und die Bauacademie in Berlin aus
gen, welche den jetzigen technischen Mittelschulen entsprechen
ufe standen. Sie streben danach, Hochschulen zu werden und
in dieser Richtung gethan, haben aber die Scheidung zwischen
Mittelschule noch nicht vollzogen. Die technische Hochschule
s Wortes, d. h. die Anstalt, welche wie die Universität, die
ie Wissenschaft lehrt und zu ihrem selbständigen Studium
hes Bedürfnis der Neuzeit, eine Folge der höheren Entwicklung
auf Grund wissenschaftlicher Arbeit; aber weit über die Hälfte
olytechnischen Schulen findet in ihnen die technische Mittel-
icht die Wissenschaft als solche, sondern die Anleitung zum Ge-
der Wissenschaft; unserm nationalen Wohlstande und den Be-
ilen Arbeit gegenüber ist es ein großer und verderblicher Luxus,
junger Männer bis in ihr 23. Lebensjahr und häufig noch
von Arbeit entzogen wird, um einem Scheine von allgemeiner
nachzujagen, die nur bei einer Beschränkung auf einen viel
und segenbringend sein kann. Die polytechnischen Schulen
vllständig zu Hochschulen erheben, wenn sie dieses Bleigewicht
Dann wird die Gestaltung technischer Mittelschulen,
chnet ist, in klarer Weise vollzogen werden können. Diese Ge-
leine uniforme sein, die Bedürfnisse sind für die verschiedenen
schiedenen Gegenden Deutschlands grundverschieden. Den Or-
ung in Gemeinde, Kreis und Provinz wird hierin eine ge-
hren sein. Die technische Mittelschule, die Gewerbeschule,
zegen die gewerbliche Fortbildungsschule dadurch ab, daß sie
s Unterrichtscursus die Schüler ganz für sich in Anspruch
Fortbildungsschule der Unterricht neben der gewerblichen Arbeit
en hergeht; dadurch wird kein wesentlicher Unterschied
: Baugewerkschule und verwandte Anstalten begründet, in
mesterweise mit der gewerblichen Arbeit wechselt; zwischen der
se von technischen Lehranstalten, wie sie auf S. 1046 unter-
solcher Uebergang statt, daß eine scharfe Grenzlinie nicht zu
glichkeit eines fruchtbaren Wirkens der Gewerbeschulen ist es
gleit, daß die Vorbildung die richtige sei. Je nach der
ele und der besonderen Zwecke wird eine wissenschaftliche
mal im Alter von 16 oder 15 oder 14 Jahre erreicht sein
dem entsprechend höhere Bürgerschulen, Mittelschulen einerseits
chen Vorschläge, andererseits im Sinne der preußischen Bestim-
.872, oder Realschulen im Sinne der bayrischen Bestimmungen
rzustellen, muß ein Gegenstand der besonderen Fürsorge der
communalen Selbstverwaltungskörper sein. Sehr wichtig ist
troffen werden, durch welche intelligenten Arbeitern, die
ellung ihrer Eltern nur die Bildung der Volksschulen erhalten
praktische Ausübung des Gewerbes eingetreten sind, die Mög-
die Gewerbeschulen zu benutzen; das Mittel dafür ist in den
ildungsschulen zu finden; welche freilich diese Aufgabe
Theile ihrer Schüler zu lösen haben werden. — Festzuhalten
er Berufsbildung zur Grundlage dienende allgemeine Bildung

67*

muß erworben sein, wenn jene beginnt. Dadurch wird nicht ausgeschlossen, daß den Schülern der Gewerbeschule in facultativem Unterrichte Gelegenheit geboten werde, ihre allgemeine Bildung zu erweitern und zu vertiefen; es ist dies vielmehr in hohem Maße empfehlenswerth. Nach technischer Seite ist es dringend wünschenswerth, daß der Schüler in die Gewerbeschule Anschauung von der Praxis seines Gewerbes mitbringe und daß er Gelegenheit habe, dieselbe lebendig zu erhalten und zu erweitern. — Als drittes wesentliches Glied in den gewerblichen Lehranstalten verdient die gewerbliche Fortbildungsschule und die Vorbildung für dieselbe in Volksschulen und elementaren Fortbildungsschule besonders große Sorgfalt.

In Bezug auf die den gewerblichen Bildungsanstalten zu steckenden Ziele und in Bezug auf die Mittel, durch welche sie erreicht werden können, gehen die Ansichten noch weit auseinander; aber über Einen Punct hat meines Erachtens die Geschichte endgültig entschieden: die Organisaton des gesammten Schulwesens muß von einem einheitlichen Gedanken getragen sein und es ist nothwendig, daß aller öffentliche Unterricht vom Unterrichtsminister ressortire. Daß dadurch nicht Uniformität herbeigeführt werden soll, ist oben ausdrücklich ausgesprochen.

Literatur: Wer sich ein eigenes Urtheil bilden will, darf nicht unterlassen, die Programme der Schulen, sowie die Verordnungen und die anderweitigen Veröffentlichungen der Behörden zu studiren; wer dieses große Material bewältigt hat, wird nicht geneigt sein, sich in die numerisch sehr reiche Broschürenliteratur zu vertiefen. Unter deutschen Schriften, die hierher gehören, empfehlen sich vor anderen: Bücher, die gewerbliche Bildungsfrage, Eisenach, 1877, und Geisenheimer, die preußischen Fachschulen, Breslau 1877. **Sallentaus.**

Gewissen, Gewissenhaftigkeit. (Auswahl aus der Literatur: Waitz, allg. Päd. S. 185 ff. — Völter, von der Erziehung zur Gewissenhaftigkeit. Im südd. Schulb. 1857, Nr. 10—12. Schlottmann, über den Begriff des Gewissens, in der Zeitschrift für deutsche Theol. 1859. März, Nr. 13 ff. — Güder, über die Lehre vom Gewissen nach der Schrift, in Ullmann und Umbreits St. u. Krit. 1857. II. S. 246 ff. — Beck, biblische Seelenlehre S. 71 f. — Delitzsch, biblische Psychologie S. 99 ff. — Städlin, Geschichte der Lehre vom Gewissen 1824. — Kant, Tugendlehre S. 98 ff. — Chalybäus, spec. Ethik. I. S. 224 ff. II. S. 507. — Wirth, Syst. der spec. Ethik. I. S. 93 ff. — Martensen, Grundriß des Systems der Moralphilosophie, S. 31 f. — Schwarz, theol. Ethik I. S. 154. — Daub, theol. Moral, I. S. 377 ff. — Rothe, theol. Ethik, I. § 147. — Marheinecke, theol. Moral. S. 154. — Harleß, christl. Ethik. § 7—12. — Schenkel, in d. Art. Gewissen in Herzogs theolog. Realencykl. B. V. S. 129 ff.)

Man sieht an dieser nur das Bedeutendere citirenden literarischen Notiz, daß die Wissenschaft nicht wenig Fleiß daran gewendet hat, den Begriff des Gewissens vollständig zu gewinnen und festzustellen. Gleichwohl wiederholen sich die Klagen immer wieder, daß (wie Güder a. a. O. sich ausdrückt) „das Gewißeste unter dem Gewissen, obwohl in ihm der Anfang und innere Grund aller Wahrheit von oben beschlossen sein soll, noch zur Stunde ein und dasselbe Loos theilt mit dem Ungewißesten unter dem Ungewissen." Desto mehr ist's für ein Glück zu achten, daß das Gewissen in denen die eines haben, mit seiner ganzen Macht wirkt, auch ohne daß die Wissenschaft mit ihrer Lampe dazu leuchtet, während diejenigen, die keines haben, sich auch durch die evidenteste Demonstration keines aufnöthigen lassen. Trotzdem liegt es im Interesse der Wissenschaft, der Durst nach Wahrheit nöthigt sie dazu, immer wieder dieses Unerkannbare in uns selbst zu untersuchen; namentlich aber bedarf der Pädagog als Theoretiker und als Praktiker einer möglichst klaren, selbständigen Einsicht in diesen Gegenstand; denn wenn die Erziehung (s. d. Art.) einen wesentlich ethischen Zweck hat, so steht die Erziehung des Gewissens, die Erziehung zur Gewissenhaftigkeit oben an unter den Aufgaben derselben. Darin eben muß sich die wahrhaft christliche, wahrhaft evangelische Erziehung charakterisiren, daß sie jeden Zögling unter die Zucht seines eigenen Gewissens bringt, die ihn ebenso frei macht von aller äußeren Gewalt als sie innerlich mit göttlicher Kraft ihn bindet, und daß sie dies eigene Gewissen nicht selbst wieder in falsche Bahnen gerathen läßt, sondern es in der Art bildet, daß, was es dem Menschen wehrt, auch wirklich Sünde, das aber, was es ihn thun heißt, auch objectiv das Gute ist, also nicht z. B. die sancta simplicitas eines dummgemachten Gewissens einen Idioten treibt, zu dem Scheiterhaufen noch Holz zu tragen, auf dem Huß soll verbrannt werden, aber ebensowenig auch das sonst so ängstlich gemachte Gewissen sich über eine wirkliche Schuld durch einen Ablaßzettel zum Schweigen bringen läßt. Hievor ist das Gewissen nur sicher, wenn es erzogen ist; bloß in einzelnen kraftvollen Menschen, durch die Gott ein Neues schaffen wollte auf Erden, hat es sich von innen heraus Bahn gemacht und die Fesseln zerbrochen, in die es durch jahrhundertelange Verwahrlosung, trotz allen Beichtstühlen, ja eben in diesen selbst, gerathen war.

Es ist uns außer Zweifel, daß, was das Gewissen sei, nur auf dem Wege der Selbstbeobachtung, zu welcher die Beobachtung anderer allerdings die Parallelen und Illustrationen liefert, richtig erkannt werden kann. Die h. Schrift, als das Gotteswort, das ein Richter ist der Gedanken und Sinnen des Herzens (Hebr. 4, 12), giebt uns Licht zu solcher Beobachtung, aber sie überhebt uns derselben nicht; sie ist ohnehin viel weniger dazu bestimmt, eine begrifflich vollständige Lehre vom Gewissen darzubieten, als vielmehr das Gewissen factisch zu regeneriren, es in seine Macht einzusetzen. Auf dem Wege der psychologischen Beobachtung kommen wir dann freilich nicht zu solchen Definitionen des Gewissens, die es in eine Höhe hinaufschrauben und in eine Weite ausdehnen, daß am Ende alle Sittlichkeit nicht nur, sondern auch alle Religion Gewissensthätigkeit wäre; so ist uns z. B. die Definition von Harleß: „das Gewissen sei der Vermittler der Lebensgemeinschaft mit Gott, die Einung des persönlichen Lebens nach seinem persönlichen Mittelpuncte, dem Herzen, mit Gott", viel zu weit und darum ungenau. Und wenn derselbe sagt: das Wesen des Gewissens dürfe gar nicht nach seiner Erscheinungsform beurtheilt werden, da diese infolge der Sünde eine nicht zum ursprünglichen Wesen gehörige geworden sei: so ist vielmehr zu behaupten, daß wir in gar keiner andern Form, als eben derjenigen, in welcher es erscheint, das Gewissen beobachten können; dabei aber sind wir noch weiter der Ueberzeugung, daß diejenige specifische Function der sittlichen Gesammtkraft im Menschen, die wir im Unterschiede von allen andern Functionen das Gewissen nennen, erst mit der Sünde im Menschen auftritt. Will man jene Gesammtkraft, die ganze sittliche Ausrüstung, die der Mensch vom Schöpfer empfangen hat, schon Gewissen nennen, so ist dem entgegenzuhalten, daß diejenigen sittlichen Vorgänge in unserm Innern, die in allen Sprachen, welche das Wort Gewissen haben, mit diesem bezeichnet werden, einen durchaus bestimmten eigenthümlichen Charakter haben, es also keineswegs zu Nutz und Frommen wahrer Wissenschaft geschieht, wenn man durch Verallgemeinerung des Begriffs diese den Sprachgebrauch bewahrende und der Sache durchaus angemessene Bestimmtheit aufgiebt.

Denken wir uns einen Menschen von gediegenem Charakter, der seines Wollens und Handelns überall gewiß ist, der immer nach klarer Einsicht und gleichmäßigem Herzensantriebe handelt: ist es wohl, wenn wir genau zusehen, das Gewissen, was ihn bei jeder Handlung leitet? Wir sagen: Nein, es ist die Liebe, aus der die einzelnen Entschlüsse und Handlungen ebenso unmittelbar, so mit innerer Nothwendigkeit und doch so frei, so freudig hervorgehen, wie der Strahl aus dem Lichtkörper, wie der Bach aus der Quelle. Den barmherzigen Samariter hat nicht sein Gewissen, sondern die Liebe getrieben, dem Unglücklichen Hülfe zu leisten; und von Christus ist nirgends gesagt, es sei das Gewissen, das irgend eine seiner Thaten hervorgerufen habe; es war seine Speise, zu thun den Willen des Vaters im Himmel. Hiernach ist es schon eine Verwirrung der Begriffe, wenn man sagt, das Gewissen sei die ursprüngliche gesetzgebende Macht im Menschen. Das Gesetz giebt ohnehin nur Gott; die ursprüngliche, mit der Schöpfung des Menschen zusammenfallende Gesetzgebung für ihn als sittliches Wesen hat aber in derselben Art stattgefunden, wie Gott auch jeder andern Creatur die Gesetze ihres Daseins, ihres Wachsthums, ihrer Bewegung vorgezeichnet hat, d. h. er hat es dem Menschen als lebendige Macht eingepflanzt; das ist Röm. 2, 15 das ἔργον τοῦ νόμου (d. h. die Wahrheitssubstanz seines Gesetzes, die als Triebkraft im Menschen wirken soll) γραπτὸν ἐν ταῖς καρδίαις, wozu dann erst als ein zweites, erst durch die Sünde bedingtes die einander verklagenden und entschuldigenden Gedanken, die einen Theil der Gewissensthätigkeit ausmachen, hinzukommen. So wirkt das eingeborne Gesetz einerseits ganz unmittelbar als Trieb; zu einem Liebesdienst, zu einem Wahrheitsbekenntnis, zu einem Ausdruck des Dankes u. s. w. treibt es den Rechtschaffenen von innen heraus, ohne Dazwischentreten des Gewissens; der lautere Wille aber ist es, der dem Begehren, dem Andringen des sittlichen Triebes gleichsam die Hand zur Verfügung stellt, und so entsteht auf geradem Wege die rechtschaffene That: das ist das wahrhaft göttliche Handeln. Aber dieser Spontaneität entspricht auch eine Kraft der Receptivität: wie mein äußerer und innerer Sinn das Schöne im Licht, in der Farbe, im Ton u. s. f. aufnimmt, und wie meine Intelligenz diese Eindrücke alsdann in Urtheile faßt (das ist schön, jenes ist häßlich ꝛc.), so ist mir auch als Theil meiner sittlichen Ausrüstung ein Sinn für das Sittliche mitgegeben, der in innerer Einheit mit jenem Triebe steht; was gut, was trefflich ist, das leuchtet diesem Sinne unmittelbar ein, und aus ihm bildet sich im denkenden Menschen sofort ebenfalls das Urtheil: dies ist gut, jenes ist schlecht. Denken wir uns nun, es würde ein solcher Mensch, ähnlich wie Gott, zwar das Böse dadurch kennen lernen, daß es ihm in der Handlungsweise anderer Menschen unter die Augen tritt, er selbst aber stünde so hoch, sein Wille wäre, wie Gottes Wille, so identisch mit dem Guten, d. h. ein schlechthin heiliger Wille, für den es gar keine Versuchung giebt, dann wäre auch auf ihn der Begriff eines Gewissens nicht anwendbar; von Gott sagt niemand, er habe ein Gewissen. Denn obwohl die Handlungen eines solchen Menschen nicht instinctmäßig vor sich gehen, sondern mit Freiheit und Bewußtsein: so schließt doch Freiheit und Bewußtsein bei ihm die (ethische) Möglichkeit des Bösen nicht in sich. Sinn und Trieb wirken beide rein aus sich heraus, man möchte sagen: sie wirken zwar nicht in der Weise der unbewußten Natur, aber dafür echt künstlerisch; das Handeln ist ein durch keinen Gegensatz vermitteltes, freies und freudiges Produciren.

Jenes Bewußtsein nun, daß, was aus freiem Antrieb mit Lust geschieht, dasselbe ist, was sein soll, was ebendarum Gegenstand eines Antriebs ist, weil in diesem Trieb sich das sittliche Gesetz involvirt — wird meist auch schon Gewissen genannt; aber wir glauben, daß dieser Sprachgebrauch bei schärferer wissenschaftlicher Analyse nicht angewandt werden kann; Christus war sich vollkommen bewußt, daß, was er thue, etwas vom Vater Gewolltes, etwas Nothwendiges sei; aber nirgends findet sich auch nur eine Spur davon, daß er dies auf ein Gewissen reducirt; geschehen muß seines Vaters Wille nicht, damit sein Gewissen ruhig sei, sondern — daß die Schrift erfüllet werde. Für das bloße Bewußtsein, daß, was ich thue, dem Sittengesetz conform ist, wo es gar keiner Nöthigung, d. h. keiner Ueberwindung eines Widerstandes bedarf, oder wo, wie in dem Seelenkampfe Jesu am Oelberg, der Liebessinn gegen Gott und Menschen stark genug ist, um auch des Fleisches Schwachheit zu besiegen, ist der Name Gewissen ein zu starker, wir möchten sagen, ein zu schneidender; seine Anwendung auch für dieses Moment im sittlichen Leben ist bloß damit zu rechtfertigen, daß solch ein idealsittlicher Standpunct, wo es gar keines Gewissens bedarf, um das Gute in uns zu produciren, auch von den Besten unter uns nur momentan eingenommen wird. Ebenso wenig ist das Bewußtsein der vollbrachten Handlung bei einem solchen dasjenige, was man ein gutes Gewissen zu nennen pflegt, worin nämlich Beifall und Lob soll zu vernehmen sein. Wie Gott an seiner Schöpfung, wie der Künstler an einem wohlgelungenen Werke sein Wohlgefallen hat, so mag er sich dessen freuen, was er gethan: aber einerseits ist dies nicht identisch mit dem guten Gedächtnis, das der Pharisäer Luc. 18, 11. 12. für seine Tugenden hat, und andererseits ist der Name „gutes Gewissen" für solch' eine ungestörte Harmonie mit sich selbst, solch einen reinen Seelenfrieden, viel zu schwach, viel zu wenig positiv; „er wird selig sein in seiner That" sagt viel bündiger Jacobus 1, 25. — Anders aber gestaltet sich die Sache mit dem Eintritt der Sünde, mit dem Verflochtensein des Individuums in ein sündiges Gesammtleben. Wir müssen zuerst den Fall ins Auge fassen, daß ein vorher unschuldiger Mensch gesündigt hat. Durch solche That ist der sittliche Trieb nicht nur nicht befriedigt, sondern in dem einzelnen Factum ist seinem Princip eine Wunde geschlagen, er ist in seinem Rechte negirt. Wie jede Verwundung eine Reaction hervorruft und diese Reaction des noch gesunden Lebens gegen die Verletzung, die der ganze Organismus empfangen hat, eben der Schmerz ist, den wir empfinden: so reagirt der sittliche Trieb gegen die That, die doch als geschehen nicht ungeschehen gemacht werden kann. Durch Nachholen, durch Unterlassen der Sünde bei wiederholter äußerer Gelegenheit dazu, wird das Vollbrachte nicht beseitigt; es von sich abschütteln, als gienge es den Thäter gar nichts mehr an, als wäre dieser ein ganz anderes Ich, — es einfach sich aus dem Sinne schlagen, es vergessen, das kann wieder niemand; es ist etwas da, was uns beständig daran als an unsere eigene That, als an einen auf unserer Rechnung stehenden Posten erinnert, der bezahlt sein will, und den wir doch schlechterdings nicht bezahlen können: das alles zusammen nun bewirkt einen Zustand innerer Unruhe, eines Bangens, wodurch das gesammte Lebensgefühl ein unseliges wird. Das ist nun das Phänomen, in welchem sich das Gewissen manifestirt, und wir werden dem Obigen gemäß sagen, es sei dasselbe 1. die energische Reaction des sittlichen Triebes gegen die Sünde, die ihn unterdrückt, die ihn verletzt hat; 2. nicht nur das Bewußtsein, daß die That, und zwar als meine That, vollbracht ist, und ich sie nicht mehr von mir, von meiner Persönlichkeit und den meinen Werth bestimmenden Prädicaten loschälen kann (also der einfache Act der Zurechnung), sondern die fortwährende Richtung des Gedächtnisses, die beharrliche Fixirung des Selbstbewußtseins auf diese That, so daß der sittliche Sinn fortwährend diese That und ihre Häßlichkeit anschauen muß, auch wenn der Wille, der sie verschuldet hat, immer wieder die Gedanken davon ablenken möchte, und 3. der Reflex dieses Zerwürfnisses im tiefsten Lebensgefühl; der Sünder bekommt es zu empfinden, daß die Sünde ihm in Wahrheit ans Leben geht, Gewissensangst ist Todesangst. — Wenn aber dies die Function ist, in welcher die sittliche Kraft und Natur des Menschen sich als Gewissen constituirt: so wirkt dieselbe, nachdem einmal die Sünde als Zustand in der Menschheit vorhanden und jeder von derselben inficirt ist, noch weiter zurück; das Gewissen kommt, ohne darum seinen innern Zusammenhang mit der Sünde aufzugeben, auch da schon zum Vorschein, wo diese noch nicht zur einzelnen wirklichen That geworden, sondern nur erst allgemeine und individuelle Möglichkeit ist. Der Gegensatz von Gutem und Bösem ist einmal da, er ist auch für mich, ja in mir da. Würde ich nun handeln, als ob er nicht da wäre, als ob ich jeden Augenblick nur den Antrieben folgen dürfte, die ich in mir empfinde, so würde ich damit verrathen, daß ich entweder vom Dasein der Sünde gar nichts weiß oder mir der Gegensatz von gut und böse gleichgültig ist. Besinne ich mich aber, ehe ich handle, ob es auch recht ist, was ich vorhabe, und lasse ich hiedurch mich erst zum Handeln oder Nichthandeln bestimmen: heißt das nicht, daß ich ein Gewissen habe, in dieser Function ist also das Gewissen darin zu erkennen, daß schon die Vorstellung der nur erst möglichen Handlung, wofern diese vom sittlichen Sinne als eine böse erkannt wird (was zunächst ganz ebenso auch bei derselben Handlung der Fall wäre, die ein Fremder begienge, was also an und für sich noch keine specifische Gewissensthätigkeit ist) — in meinem Gefühle schon denselben Reflex bewirkt, den wir vorhin als Wirkung der vollbrachten That vorgefunden haben. Es ist also auch dieses sogenannte vorausgehende Gewissen doch eigentlich ein nachfolgendes; ihm geht die Vorstellung der That voran (wie wäre wenn ichs thäte?), sie erfüllt mich aber, auch als bloß vorgestellte, schon ebenso mit Bangen, wie mich ein nur vorgestelltes Unglück — ja selbst eins, vor dem ich bereits vollkommen gesichert bin und das ich mir erst nachträglich als ein möglich gewesenes denke, — mit Grausen erfüllt. In diesem Falle aber liegt es noch ganz in meiner

Hand, das nur in der Vorstellung Geschehene ungeschehen zu machen, d. h. es gar nicht zu thun. Lasse ich mich durch jene Wirkung, die schon die Vorstellung der möglichen Handlung auf mein innerstes Gefühl ausgeübt hat, abschrecken, dieselbe zu einer wirklichen zu machen, dann sage ich: mein Gewissen hat mir nicht zugelassen, dies zu thun. In dieser Form kann es mich auch antreiben, etwas zu thun, das ich sonst würde unterlassen haben; ich stelle mir die pflichtmäßige Handlung als eine nicht geschehene vor, und die Vorstellung dieses Unterlassens wirkt in der angegebenen Weise auf mein Gefühl, ich spüre bereits im Innersten, wie mir zu Muthe wäre, wenn mir in Wirklichkeit jene Versäumnis zur Last fiele, und so schreckt mich abermals dieser Reflex, den die bloß vorgestellte Unterlassung in meinem Gefühle bewirkt, von der wirklichen Unterlassung ab — d. h. mein Gewissen nöthigt mich, etwas zu thun. Jeder sieht ein, daß dieses Antreiben ein anderes ist als jenes ursprüngliche des sittlichen Triebes, da man solcher vermittelnden Vorstellungen gar nicht bedarf, sondern frisch und freudig thut, was man gar nicht lassen kann; jene Vermittlung ist erst durch die Sünde und ihre Versuchlichkeit nothwendig geworden. Aber es verräth auch wieder eine vorgeschrittene sittliche Bildung und feinere sittlichere Organisation, wenn das Gewissen, statt erst nach der That in Wirksamkeit zu treten, schon da gleichsam unters Gewehr tritt, wo nur erst die Möglichkeit derselben vorhanden ist, und wenn schon die Vorstellung sich im Gefühl ebenso lebhaft reflectirt, wie es die That selber thun würde; wie wiederum derjenige, der nach der einzelnen That sich innerlich geschlagen fühlt, sittlich noch besser ist im Vergleich mit dem, in welchem erst nach einem tieferen Fall, nach schwerem Vergehen, nach einem cumulus von Sünden und handgreiflicher Erfahrung ihrer Folgen jenes Gefühl sich einstellt und dann wenigstens insoweit noch wirkt, als es ihn abhält, das Maß der Sünden dadurch übervoll zu machen und sich jede Hoffnung auf Vergebung abzuschneiden, daß er läugnet, was er gethan, statt durch Bekenntnis das Gewissen zu erleichtern. Das nämlich ist eine weitere Eigenschaft, die wir an ihm wahrnehmen, die aber ebenfalls erst einer Analyse bedarf. Das Gewissen läßt dem Sünder so lange keine Ruhe, bis das normale Verhältnis, das in seiner sittlichen Natur und Bestimmung liegt, hergestellt ist. Dies ist einerseits nur durch Vergebung möglich — ein Punct, auf den wir noch zurückkommen werden; andererseits nur dadurch, daß dem sittlichen Triebe wieder sein Recht zuerkannt, daß er befriedigt wird. Das aber ist in Bezug auf die einmal begangene Sünde nur in der beschränkten Art möglich, daß sie wenigstens eingestanden wird, daß man, so demüthigend es sein mag, der Wahrheit die Ehre giebt. Damit ist noch nicht alles geschehen, denn die Vergebung muß erst noch von einem andern kommen, aber es ist dem Guten doch wieder gleichsam die Hand geboten durch die Aufrichtigkeit des Bekenntnisses. (Vgl. den Art. Abbitte.)

Was wir oben als Gewissensfunction bezeichnet haben, das entspricht, wie man sieht, in der Hauptsache eigentlich nur dem, was man das strafende Gewissen, das böse Gewissen nennt. Soll wohl für ein gesetzgebendes Gewissen, für ein gutes Gewissen hier kein Raum gelassen werden? Was das erstere Prädicat anbelangt, so ist allerdings, wie wir oben gezeigt haben, das Sittengesetz — das ist gut, jenes böse — nicht in der Form des Gewissens, sondern in der Form des Triebes und Sinnes dem Menschen eingepflanzt. Nach was der sittliche Trieb verlangt, was dem sittlichen Sinn einleuchtet, das ist das Gute; dieses wirkt im Menschen unmittelbar immer nur in concreto, in der Richtung auf einzelnes; aber die Intelligenz ist es, die in allen diesen Regungen des Triebes, in diesen Eindrücken des Sinnes ein Gesetz, eine feste constante Norm erkennt, ähnlich wie die Intelligenz auch in der unbewußten Natur ein Gesetz, d. h. das Allgemeine erkennt, das sich in jedem einzelnen Product und dessen Entwicklung realisirt. Das Gewissen als solches gebietet nichts, es ist ja das bloße Innewerden unseres factischen Gesammtzustandes im Verhältnis zu dem Grundgesetz, das wir in uns tragen. Abermals jedoch bringt es die Sünde mit sich, daß wir in vielen Stücken das Gute und Böse erst aus der Gewissensunruhe kennen lernen, die uns die Unterlassung des einen, die Begehung des andern verursacht. Gebrannte Kinder fürchten das Feuer; habe ich einmal die Qual erlebt, die mir eine Lüge, ein böses Wort u. s. f. zurückgelassen hat, so weiß ich, was ich vorher mir nie so gedacht hatte, daß das eine Sünde ist. Auf diesem Wege, aber auch nur auf diesem, wirkt das Gewissen auf die Erkenntnis, d. h. gesetzgebend. — Wenn aber, was das zweite betrifft, auch von einem guten Gewissen gesprochen wird, so kann von einem Lohne, der das Correlat der Strafe im Gewissen wäre, in Wahrheit nicht die Rede sein, so wenig als irgend ein Gerichtshof diejenigen belohnt, die er nicht verurtheilen muß oder die gar nicht angeklagt sind; wir haben oben gesehen, wie es sich mit der Erinnerung an das Gute, was wir gethan, was wir an uns haben, verhält. Allein auch ein Apostel kann sagen, sein Ruhm sei das Zeugnis seines guten Gewissens (2. Kor. 1, 12. Ap. G. 24, 16. Hebr. 13, 18.) Indessen ist doch ebenso klar, daß solch eine Appellation immer nur dann eintritt, wenn ungerechte Anklagen vorausgegangen sind. Dann allerdings habe ich das Recht, zu bezeugen, daß mein Gewissen mir in der speciellen Beziehung, in welcher ich angeschuldigt werde, durchaus nichts vorhält, daß also mein Selbstbewußtsein eine solche Sünde nicht als die meinige mir in Erinnerung bringt, ich mir im Gegentheil bestimmt bewußt bin, sie nicht begangen zu haben. Das gute Gewissen ist sonach etwas negatives; es bezeichnet die Abwesenheit jenes Momentes, das wir oben unter Ziff. 2 im Begriff des Gewissens aufgezeigt haben; mein Bewußtsein schließt die fragliche That, die von mir prädicirt werden will, nicht mit meiner Person zusammen, identificirt sie nicht mit mir. Darüber, was positiv an mir ist, sagt das gute Gewissen eigentlich nichts aus. Wie wenig damit in jener Allgemeinheit, wie es der Pelagianismus thut, die eigene Fleckenlosigkeit behauptet werden will, drückt Paulus 1 Kor. 4, 4 in den Worten aus: "ich bin mir wohl nichts bewußt, aber darin bin ich nicht gerechtfertigt."

Wir haben bis hieher absichtlich von jeder Beziehung des Gewissens auf Gott Umgang genommen, denn wie wir seither nirgends mit Nothwendigkeit darauf geführt wurden, so ist es auch Thatsache, daß wir Gewissen und Gewissenhaftigkeit bei Menschen finden, die, wenn auch nicht Atheisten, doch Leute von sehr wenig entwickeltem religiösem Sinn und Leben sind. Ist das auch, wie wir natürlich zugeben, nichts als eine immerhin löbliche praktische Inconsequenz, so ist doch jedenfalls mit der Thätigkeit des Gewissens noch nicht auch das Bewußtsein Gottes gegeben, nicht schon der Name Gottes im Bewußtsein mitgesetzt; das Gewissen ist nicht an sich schon Bewußtsein der Heiligkeit Gottes, religiöses Selbstbewußtsein, wie es von mehreren neueren Ethikern gefaßt wird. Will man mit Rothe sagen, das Gewissen sei sinnlich empfindbare Thätigkeit Gottes im Menschen, so ist daran zwar vollkommen richtig, daß es Thätigkeit Gottes ist, wie und weil überhaupt alles Sittliche ein Thun, ein Wirken Gottes im Menschen ist (Phil. 2, 13. Hebr. 13, 21); aber daß Gott der Wirkende ist, das ist nicht ein Theil des im Gewissen aufgehenden Bewußtseins selber, sondern das ist der dunkle Hintergrund, der zwar substantiell und objectiv in jeder Gewissensthätigkeit vorhanden ist, der aber erst durch ein von positiver göttlicher Offenbarung her ins Innere fallendes Licht zu einem Moment des Bewußtseins selber erhoben, im Gewissen ein Gegenstand des Wissens wird. Derjenige nämlich, in dem das Gewissen arbeitet, dem es unaufhörlich vorhält, was er doch immer gern vergessen möchte, und den immer dasselbe Bangen erfaßt, so oft er an seine, von anderen vielleicht längst vergessene oder gar nie wargenommene Sünde erinnert wird, — er muß sich fragen: was machts doch, daß ich diese Erinnerung schlechterdings nicht loswerden kann? und woher kommts doch, daß, auch wenn niemand mein Vergehen kennt, wenn ich nicht das Geringste zu befürchten habe, mir dennoch so bange darob ist, daß ich mich geschlagen, gerichtet fühle? Auf diese Frage, die aber nicht das Gewissen selbst, sondern im Blick auf die Thatsache des Gewissens der erkennende Geist stellt, giebt auch nicht das Gewissen die Antwort — es ist ja, wie wir sahen, nur das Innerwerden unseres eigenen Zustandes —, sondern, wenn darauf die Antwort folgt: es ist ein Gott! so bekommt der Mensch diese nur durch eine persönliche Selbstoffenbarung Gottes zu vernehmen, wie sie als Uroffenbarung am Anfang der Geschichte schon eintritt und von dort aus als eine im Heidenthum nur bis zur Unkenntlichkeit getrübte Tradition dem Glauben der Völker gegenwärtig geblieben ist. Jene Frage, die sich an die Warnehmung der so eigenthümlichen Gewissensthätigkeit knüpft, ist somit parallel der Frage, die derselbe erkennende und forschende Geist an die Warnehmung des Weltalls knüpft: woher das alles? Aber wie diese Frage nicht mit der zwingenden Evidenz eines mathematischen Beweises jeden auf die Gotteserkenntnis führt (— "nur durch den Glauben merken wir, daß die Welt durch Gottes Wort fertig ist" Hebr. 11, 3., zu diesem Glauben aber gehört guter Wille, darum ist der Glaube nicht jedermanns Ding, 2. Thess. 3, 2) so führt auch jene Frage, woher doch die Gewalt des Gewissens komme? nicht mit Zwang zur Anerkennung Gottes; wer das Wort des sich lebendig offenbarenden Gottes nicht annehmen will, der kann, wie der Materialist bei irgend einer ersten Ursache, einem Urbrei, aus dem alles entstanden sein soll, so auch, um das Phänomen des Gewissens zu erklären, dabei stehen bleiben, das sei bloß der Widerspruch, in den sich der Mensch durch Bösesthun mit seiner eigenen Natur setze; fühle er dabei eine eigenthümliche Angst, so sei das bloß Folge superstitiöser Vorurtheile. Wer aber mit solch elender Weisheit sich nicht zufrieden geben kann, wen der wahrheitsdurstige Geist und das trostsuchende Herz willig macht, die geschichtliche Kunde von einer Selbstoffenbarung Gottes dankbar anzunehmen, und wer nun den einander stufenweise folgenden Momenten dieser Offenbarung folgt: der hat daran einmal die Lösung jenes Räthsels in Betreff der wundersamen Macht des Gewissens; der weiß jetzt, warum ihn dasselbe nicht losläßt, warum ihm jede Sünde so bange macht, — er weiß: meine Schuld ist eine Schuld gegen die heilige Majestät Gottes, mein Bangen ist die Angst vor dem gerechten unbestechlichen Richter. Sodann wird durch die Kunde von einem lebendigen heiligen Gott, der sich aber zugleich auch als den gnädigen, erbarmungsreichen offenbart, dem Gewissen gezeigt, vor wem es sich durchs Bekenntnis zu entlasten habe, bei wem Vergebung zu finden sei, wer also auch allein das Gewissen stillen, der Seele Frieden geben könne. So wird das Gewissen eine Macht, die den Sünder zum gläubigen Ergreifen der vergebenden Gnade, die ihn zum Kreuze Christi hintreibt. Da erst wird im vollen evangelischen Sinn das Gewissen ein gutes, vgl. 1 Petri 3, 21. Endlich aber wirkt die Erkenntnis Gottes aus seiner persönlichen Offenbarung aufs Gewissen selber mächtig zurück; sein inneres Strafen wird um so intensiver, seine Beharrlichkeit im Anklagen um so unerschütterlicher, nachdem ich weiß, wer derjenige ist, vor dem ich mich gefürchtet habe, ehe ich noch von ihm wußte. Es wird, wie die ganze sittliche Haushaltung in meinem Geiste, so auch das Gewissen erst durch jene Gottesoffenbarung sich selber klar, es wird seiner Sache gewiß und gesichert vor Verirrungen.

Das führt uns noch auf Folgendes. Wie die Sünde erst die Gewissensfunction im sittlichen Wesen des Menschen ins Leben gerufen hat, so vermag sie auch diese Reaction zu schwächen, sie in ihrer Wirkung zu hemmen oder irre zu leiten. Es kann in einem Individuum die böse Lust durch Zustimmung des Willens so überhandnehmen, daß der sittliche Trieb allmählich erlahmt; die Nichtbefriedigung desselben, die im Anfang eben jene Reaction hervorrief, wird, wenn sie beharrlich sich fortsetzt, diese müde machen und zuletzt zum Schweigen bringen; das Gedächtnis, die gesammte Einbildungskraft wird durch andere angenehmere Dinge so vollauf beschäftigt, daß die Erinnerung an gethanes Böses nicht mehr aufkommen kann, und wenn auch einmal solch ein Schatten aus dem Grabe der Vergangenheit aufsteigt, so ist das Gesammtgefühl durch jenen Fleischesdienst so abgestumpft, daß kein Erschrecken, kein Unbehagen mehr dadurch erzeugt wird. Dann ist der Mensch zu allem fähig — er ist gewissenlos. Der Gegensatz hiezu ist — um dies hier gleich einzufügen — die Gewissenhaftigkeit. Sie unterscheidet sich von dem idealen, sittlichen Zustande, den wir oben als den normalen geschildert haben, dadurch, daß in letzterem das Gute unmittelbar aus dem reinen Trieb wie die gesunde Frucht aus dem saftreichen Baume, erwächst, ohne daß es erst einer Vermittelung auf dem beschriebenen Gewissenswege, erst eines Umwegs durch Negation der Negation bedürfte. Daher kann es kommen, daß, so hoch wir bei dem einmal factischen sittlichen Zustande des Menschengeschlechts die Gewissenhaftigkeit stellen, so sehr sie an der Spitze der Tugenden ihren Platz einnimmt, dennoch zwischen ihr und der reinen, positiven Tugend noch ein Unterschied besteht, ja, daß sie auch gerade den Mangel an dieser verrathen kann. Denn der Gewissenhafte, wenn das sittliche Leben in ihm ausschließlich nur durchs Gewissen bestimmt ist, kann möglicherweise in eine Aengstlichkeit und Scrupulosität gerathen, die ihn zu keinem raschen, entschlossenen, freudigen Handeln kommen läßt und ihn, auch wenn er gehandelt hat nach bestem Wissen und Gewissen, dennoch hernach abermals quält mit der Frage, ob er nicht doch Unrecht gethan? Bei Naturen dagegen, in denen der Wille kräftiger ist, wo die Antriebe zum Guten nicht bloß aus dem Gewissen, sondern direct aus dem sittlichen Triebe, aus der Liebe stammen, ist die Gewissenhaftigkeit nichts, als die constante Methode, die Fertigkeit und feste Gewohnheit, bei allem Handeln sich erst zu versichern, wie sich das Gewissen dazu verhalte, an ihm gleichsam immer, in großen und kleinen Dingen, erst die Probe zu machen und sofort beharrlich und rücksichtslos alles zu unterlassen, dessen Ausübung, und alles zu thun, dessen Unterlassung eine Gewissenswunde verursachen würde. Dadurch, daß der Gewissenhafte diese Regel unausgesetzt befolgt, wird einerseits sein Gewissen so lebendig und kräftig, daß es auf jede Anfrage augenblicklich klare und bestimmte Antwort giebt, und andererseits wird der Wille so geübt und daran gewöhnt, sich dem zu fügen, daß ein Zwiespalt zwischen Sollen und Wollen selten mehr fühlbar ist; der Gewissenhafte kann auf diesem Wege zu solch einer Sicherheit und Klarheit im Wollen und Handeln gelangen, daß zwischen solcher Gewissenhaftigkeit und jenem idealen sittlichen habitus, jenem reinen und steten Thun des Guten aus Liebe kaum mehr ein Unterschied wahrnehmbar ist; wir können dies den durch die Sünde bedingten Umweg nennen, auf dem der Mensch an jenes Ziel gelangt, wiewohl immer noch zwischen der so erlangten sittlichen Virtuosität und der reinen Tugend, wie wir sie in Christus als Wirklichkeit vor uns sehen, diejenige Differenz übrig bleibt, die auch auf anderen Gebieten, wie namentlich den künstlerischen, zwischen demjenigen fortbesteht, dessen Talent durch Fleiß erst auf eine bedeutende Höhe gehoben worden ist, und zwischen dem, der als ein Genius schafft und wirkt, ohne darum des Fleißes sich überhoben zu achten. — Nehmen wir zu Obigem noch die Beziehung auf Gott hinzu, wie dies auf Grund der göttlichen Offenbarung geschehen muß, so ist Gewissenhaftigkeit die in allem Handeln, auch in den einzelnsten geringfügigsten Dingen sich bethätigende Gottesfurcht, die sich zwar mit der Gottesliebe aufs innigste verbinden kann und soll, aber gleichwohl nicht mit ihr identisch ist.

Wir haben soeben die Gewissenhaftigkeit der Gewissenlosigkeit gegenübergestellt. Die letztere zu bewirken, gelingt der Macht der Sünde in vielen Individuen nicht — glücklicherweise müssen wir sagen, es gelingt ihr in der Mehrzahl nicht —; dafür wird nun die Lüge angewendet, um das Gewissen irre zu machen, daß es den Menschen abschreckt von solchem, was nicht Sünde ist, und dagegen ängstlich macht, etwas zu unterlassen, was objectiv unrecht ist, oder daß dem Gewissen nichts mehr gewiß ist, der Mensch sich also, weil er doch noch Gewissen hat, sich in permanenter Gewissensnoth befindet. In diesem Fall ist, wenn wir schärfer zusehen, zunächst nicht das Gewissen selbst corrumpirt, sondern der sittliche Sinn ist getrübt und gefälscht (das Auge, Matth. 6, 22. 23, ist nicht mehr einfältig) und der sittliche Trieb ist von seinen rechten Objecten ab- und auf falsche hingelenkt; indem nun daneben das Gefühl, als der Sitz der Gewissensthätigkeit nach der oben unter Ziff. 3 bezeichneten Richtung derselben, lebendig erhalten bleibt, ja durch allerlei Mittel gesteigert und sogar überreizt wird, so entsteht in ihm bei der Vorstellung von Dingen, die nicht Sünde sind, die aber der sittliche Sinn dafür zu halten verleitet worden, ein Erbangen, wie es naturgemäß nur entstehen soll, wenn sich wirkliches Unrecht darin reflectirt. Seine eigen=

thümliche Aufgabe erfüllt das Gewissen auch jetzt, so viel an ihm ist, aber, getäuscht durch ein falsches Signal, läßt es sich nun auch am unrechten Orte vernehmen und schweigt infolge dessen gerade da, wo es rufen sollte. Allein dies ist doch nur möglich, wenn das Gewissen selber, unterschieden von Sinn und Trieb, nothgelitten hat unter dem das ganze Menschenwesen durchätzenden Einfluß der Sünde. Denn es ist des Menschen Gefühl von Anfang her schon so geschaffen, daß alles, was der sittliche Sinn als Böses erkennt oder wodurch dem sittlichen Triebe die Befriedigung versagt wird, ein Gefühl, eine schmerzliche Empfindung erregt, ebenso gewiß und unfehlbar, wie etwas die Sinne beleidigendes oder dem naturgemäßen Trieb feindselig entgegentretendes im gesammten Lebensgefühl schmerzlich empfunden wird. Kommt es also dazu, daß etwas böses nicht mehr Schmerz oder Angst erregt, dagegen diese Empfindung gerade durch Gutes oder Unschuldiges hervorgerufen wird, so ist das Gefühl selbst, also hier das Gewissen, krankhaft gestört, es geht irre. (Hiezu haben gerade diejenigen, die ganz speciell auf Gewissenssachen sich zu verstehen vorgaben, die Casuisten, ihr Theil beigetragen.) Jenen Uebeln zu begegnen, ist aber die göttliche Heilsoffenbarung, und nur diese, vollkommen im Stande. Dadurch, daß in ihr ein klares Gesetz in festen Grundzügen niedergelegt ist, hat das Gewissen einen untrüglichen Maßstab empfangen, an dem es sich im allgemeinen wie im einzelnen richtig stellt und sich bildet, um nicht nur, wo Sinn und Trieb in Ordnung sind, eben so richtig in seiner Sphäre ihnen zu entsprechen, sondern selbst, wo jene unter beirrenden Einflüssen stehen, klar und fest zu bleiben, — ähnlich, wie auch in anderen Beziehungen oft, wo Erkenntnis und Wille fehl gehen oder unsicher sind, das Gefühl sich nicht beirren läßt. — Aber noch mehr: die göttliche Heilswahrheit und Lebenskraft ist nicht gebannt in den Buchstaben der Schrift; diese selber lehrt, daß ein heiliger Geist sei, der in alle Wahrheit leite, der da strafe und tröste. Hiezu nun dient ihm als menschliches Organ das Gewissen. Wie er den Trieb zum Gutesthun in volle Thätigkeit setzt (das Wort Röm. 8, 14 dürfen wir auch umkehren: Wer Gottes Kind ist, den treibt der Geist Gottes); wie er das Herz zur Liebe entzündet (Röm. 5, 5 ist jedenfalls die active Seite der Liebe mitzuverstehen), so ist auch er es, der (Eph. 4, 30) durch jede Sünde betrübt wird; sein Betrübtwerden aber und unsere Gewissensqual ist zwar nicht einerlei, aber eins.

Ist sich der Erzieher über des Gewissens wahres Wesen klar, so ergiebt sich aus dem Gesagten seine specielle Aufgabe sehr leicht. Sich selbst darf er des Kindes Gewissen nicht überlassen, in der Erwartung, es werde eben so sicher kommen, wie etwa seine Zähne; denn theils ist schon des Kindes Unmündigkeit die Ursache, warum auch das Gewissen in ihm erst unmündig ist, also wie jede andere geistige Kraft erst zur Mündigkeit erzogen werden muß; theils aber macht sich auch im Kinde jener das Gewissen selbst afficirende Einfluß der Sünde und ihrer Unwahrheit bemerklich, den wir oben beleuchtet haben. Auf das Gewissen muß erst gewirkt werden, damit es dereinst im reifen Menschen seine Macht ausübe; aber auch schon um überhaupt erziehen zu können, muß der Erzieher das Gewissen des Kindes wecken, damit er daran einen Bundesgenossen hat, der auch, wo das Kind nicht unter seinen Augen ist, dasselbe vor Schlimmem bewahrt. Es ist, wie wir mit Waitz (a. a. O., S. 186) sagen, das erste unter den Mitteln der Regierung: „denn theils wird durch die Erweckung und Schärfung desselben eine vielseitige Lenksamkeit des Kindes am sichersten erreicht, theils wird die Ausbildung eines selbständigen sittlichen Charakters dadurch unmittelbar vorbereitet, da das Gewissen den Willen keiner äußeren Macht, sondern nur der eigenen Erkenntnis des Guten und Bösen zu unterwerfen verlangt."

Auch in diesem Puncte muß zuerst beobachtet werden, in welcher Form die Gewissensthätigkeit bei dem Kinde sich äußert. Es giebt nachdenkliche Kinder, denen der Unterschied von gut und böse schon früh ein Gegenstand tiefen Interesses ist, die daher nicht bloß über die ihnen im Leben und in Geschichten vorkommenden sittlichen Erscheinungen gerne Betrachtungen anstellen und Fragen machen, weil sie genau wissen möchten, ob diese oder jene Handlung eine gute oder böse, erlaubt oder unrecht gewesen, sondern die auch bei ihrem eigenen Handeln immer dessen eingedenk sind, daß es durchaus nicht einerlei sei, ob sie so oder so handeln. In diesen ist also jenes Bewußtsein des sittlichen Grundgegensatzes ein stets waches und lebendiges; es ist aber nicht ein theoretisches nur (wäre es das, wie es allerdings auch vorkommt, so hätte das Gewissen noch nichts damit zu schaffen, könnte daneben noch sehr unthätig sein), sondern es ist begleitet von dem Gefühl, daß es ihnen etwas unerträgliches wäre, Böses gethan zu haben, also, weil sie diese Möglichkeit sehr wohl kennen, von der Furcht, es möchte ihnen dies dennoch begegnen. Solch eine Art bei Kindern ist nie bloße Frucht der Erziehung, sie liegt in einem zarteren Organismus, in seinem angelegtem Gefühl; aber die Erziehung wird sehr wesentlichen Theil daran haben, ja sie muß darauf sorgsam einwirken, daß nicht entweder schädliche Einflüsse diesen Sinn abstumpfen, oder aber etwas verfehltes, namentlich bei Kindern schon eine moralische Altklugheit daraus entstehe, die weder natürlich ist, noch für wahrhafte sittliche Bildung Gutes verspricht. Ein schönes, freilich etwas ideal gehaltenes Bild eines wachen Kindergewissens und seiner Erziehung giebt „Emmy Herbert" von Miß Sewell (eingeleitet von Schubert, Stuttg. 1858); die 12jährige Tochter, ohne ihre kindliche Fröhlichkeit einzubüßen, besinnt sich bei eigenem und fremdem Handeln immer, ob es recht oder unrecht ist; sie fragt ihre Mutter, sie merkt sich, was diese und andere ihr theure Personen in dem und jenem Falle gethan, wie sie geredet, gedacht, gefühlt haben; sie vergleicht ihr eigenes Thun, reflectirt über die Motive, und wenn sie etwas unlauteres darin entdeckt, so ist sie tiefgebeugt darob. Da darf der Erzieher nur freundlich die Hand bieten, das sittliche Urtheil, worin sich dasjenige ausspricht und fixirt, was wir oben den sittlichen Sinn nannten, läutern und festigen, von den Sündenbekenntnissen das etwa Uebertriebene ablösen, zur Beseitigung des Wahren darin den positiven Weg zeigen und vor allem sich des Kindes Herz eben so offen, wie seine Achtung und Liebe durch seine ganze Selbstdarstellung unerschütterlich fest erhalten. Wie jeder Rechtschaffene, ohne daß er ein Wort an das Gewissen der andern spricht, doch eine beständige Gewissensmahnung für seine Umgebung ist: so erhält in erhöhetem Maße des Erziehers eigene sittliche Gesammterscheinung das Gewissen des Zöglings wach. Die Grundlage dazu ist aber diese. Schon früh, selbst noch, ehe es reden kann, ist dem Kinde der Gegensatz von gut und böse etwas unmittelbar einleuchtendes. Was böse und gut ist, das weiß es aus sich selber noch nicht, aber daß das ein Dilemma ist, in dem es selber sich befindet, das begreift es; es ist der angeborne sittliche Sinn, der eben so sicher anspricht, wie das Kind auch für den Gegensatz des Schönen und Häßlichen (später erst für den des Wahren und Unwahren) ein ganz unmittelbares Gemerk hat, auch wenn es noch vieles Häßliche schön findet. Somit hat der Erzieher die doppelte Aufgabe: erstens diesen Gegensatz, rein formell, in des Kindes Bewußtsein so unerschütterlich fest zu machen, daß er ihm nicht nur nie verloren geht, sondern durch all sein Denken durchschlägt, so daß ihm unwillkürlich bei jeder menschlichen That die Kategorien gut oder böse vor die Seele treten. Dem sittlichen Indifferentismus kann nur dadurch gründlich vorgebeugt werden, daß dem Kinde auf praktischem Wege sich der Satz ins allertiefste Bewußtsein eingräbt: es giebt gar keine indifferenten Handlungen. Das im Detail zu beweisen, ist natürlich nur bei gegebenem Anlaß am Platze; die feineren Beziehungen, die auch zwischen dem scheinbar Indifferenten (den sog. adiaphora) und dem Sittengesetz bestehen, lassen sich dem Kinde nur bei einzelnen Fällen deutlich machen, während es sie im allgemeinen nur ahnen kann; ebenso die verschiedenen Gesichtspuncte, von denen aus sich oft eine und dieselbe Handlung betrachten läßt. Wenn Schillers Wallenstein sagt: „Schnell fertig ist die Jugend mit dem Wort .... gleich heißt ihr alles schändlich oder würdig, bös oder gut," so ist das zwar ein Tadel, den das schnelle Urtheil verdienen kann, aber daß die Jugend in ihrem noch durch keine Diplomatie angestellten Urtheil nur jene zwei Prädicate und kein drittes kennt, darin hat sie Recht, es fehlt ihr nur noch die erst durch Erfahrung zu erlangende Kunst, dieselbe auf jeden Fall richtig anzuwenden. Darum aber ist die zweite Aufgabe des Erziehers diese, dem

Kinde auch materiell das festzustellen, welche Gesinnungen und Handlungen gut und welche böse sind. Das Kind muß auf seine Auctorität hin das vorerst annehmen, und wir können oft die Erfahrung machen, wie unverwüstlich solche Urtheile, selbst wenn sie Vorurtheile wären, die man in frühester Jugend eingesogen, einem durchs ganze Leben nachgehen und auch in des Mannes sittlichen Grundsätzen, in seiner ganzen Lebensanschauung und Lebensweise zu Tage kommen. Aber um so sorgfältiger hat der Erzieher, der in dieser Beziehung noch seines Zöglings Gewissen vertritt, darüber zu wachen, daß nichts falsches, schiefes oder schwankendes in seinem eigenen Urtheil vorkommt; daß nicht, wenn er heute dem Kind etwas als schlecht prädicirt hat, morgen, wenn ein concreter Fall im Leben selber vorliegt, sein Urtheil über denselben Gegenstand anders laute, oder daß nicht, was er für sündhaft erklärt, einzig darum es ist, weil er persönlich keine Neigung dafür oder positiv Antipathie dagegen empfindet. Aber weiter soll es auch nicht seine Auctorität sein, auf welche sich des Kindes Bewußtsein von gut und böse für immer stützt; sobald es dazu fähig ist, hat er ihm in der heil. Schrift diejenigen Gottesworte zu weisen und einzuprägen, in denen das Sittengebot als Gottes Gebot ausgesprochen ist. Und andererseits wird er ebenso bei jeder gegebenen Veranlassung des Kindes eigenes Gefühl als Zeugen für sein Wort und Gottes Wort aufrufen; nicht wahr, du schämst dich dessen, was du gestern gethan — oder wie wäre dir zu Muthe, wenn du das begangen hättest?

Dieses grundlegende Verfahren ist allen Kindern gegenüber das nöthige und richtige; aber wo nun jene zartere sittliche Organisation sich nicht vorfindet, da offenbart sich das Gewissen wenigstens in Einer Hauptform, nämlich im Schuldbewußtsein. Wenn der Knabe irgend etwas gethan hat, das wider der Eltern Gebot war, so ist ihm, wenn er Vater und Mutter unter die Augen zu treten hat, nicht wohl dabei: dieses Unbehagen, diese Furcht wird das aufmerksame Auge des Erziehers ihm ansehen, auch wenn er es zu verbergen sucht, um sich nicht dadurch zu verrathen. Aber — täuschen wir uns nicht: diese Furcht ist noch nichts anderes, als Furcht vor Strafe oder Schande; bleibt die Entdeckung aus, wird keine Strafe verhängt, so steht die Sache bei den meisten Kindern — auch bei den noch unverdorbenen, im ganzen aufrichtigen — nicht so, daß nun desto mehr die Strafe im Innern, in der Qual des Gewissens fühlbar wäre, sondern, wenn sich der Thäter vor der Strafe einmal sicher weiß, so ist auch sein Gewissen zufrieden. Der Fall, daß ein kleiner Missethäter selber gewünscht hätte, die Strafe zu erleiden, um in seinem Gewissen Ruhe zu haben, ist wohl ein sehr seltener; auch daß ohne äußere Nöthigung, ohne besondern Anlaß (wie wenn etwa ein Dritter unschuldig deshalb leiden muß), rein aus sich heraus das Gewissen einen Knaben treibt, sich selbst zu denunciren, dürfte nicht unter die häufigen Erfahrungen der Pädagogen gehören; wogegen, wenn der Erzieher inquirirt, dann bei den noch nicht Verstockten sich das Gewissen darin kund giebt, daß sie das Bewußtsein ihrer Schuld nicht verleugnen können und nicht verleugnen wollen. Der schon verdorbenere will es wenigstens verleugnen und der noch schlimmere kann dies auch thun, weil er in frecher Miene und geschickter Lüge schon Meister ist. Bei diesem Sachverhalt dürften folgende Sätze dasjenige enthalten, was der Erzieher sich als Regel seines Verfahrens anzueignen wohl thun wird.

1. Das erste, was zur Bildung des Gewissens unter den angegebenen Voraussetzungen dient, ist das richtige Strafverfahren. Des Kindes Gewissen besteht, wie wir sahen, in den meisten Fällen eben darin, daß es Strafe erwartet; erfolgt sie nicht, geht eine Reihe von Uebertretungen ihm ungestraft hin, wird jede elende Ausrede geglaubt, ist der Erzieher stets sichtbar froh, wenn er auf des Kindes Behauptung hin die Schuld auf einen Dritten wälzen kann, dann erlahmt auch sein Gewissen. Es ist mit der Jugend, wie mit einem ganzen Volke; ist die Justiz eine blinde und lahme, so geht das Rechtsgefühl des Volkes allmählich unter; es muß immer seinen Halt an der Wahrnehmung haben, daß das Recht eine reelle, objectiv existirende Macht ist. Aber andererseits ist auch eine unvernünftige Strenge für das Gewissen des Kindes gefährlich.

Denn entweder fühlt es das Unrecht, das ihm damit geschieht, und hält sich, weil es mishandelt ist, auch schlechtweg für unschuldig; oder aber wird es so scheu gemacht, daß es sich stets schuldig glaubt, alles, was ihm schuld gegeben wird, auch zugesteht, weil doch seine Rechtfertigung nicht angenommen wird. Das Schuldbewußtsein wird in beiden Fällen unwahr, d. h. es wird zerstört. — Neben der richtig angewandten Strafe aber (in weniger gravirenden Fällen auch an ihrer statt) muß das Kind angehalten werden, was noch gut zu machen ist, auch wirklich gut zu machen. Hat es dies etliche male gethan, wenn auch vielleicht sehr ungern, es bekommt doch auf diesem Wege zu fühlen, daß eine Last vom Herzen ist; das Gewissen wird ihm also ein andermal selber den Impuls geben, dieses Mittel zu seiner Entlastung anzuwenden.

2. Wie viel daran liegt, sich des Kindes Offenheit zu bewahren, ist oben schon erinnert. Dazu ist freilich der nächste Weg jene vertrauenerweckende, herzgewinnende Liebe, die es einem gutgearteten Kinde unmöglich macht, dem Vater, der Mutter etwas zu verhehlen, so daß es demselben schlechterdings nicht wohl wird, so lange nicht zwischen ihm und ihnen alles klar ist. Aber es muß sehr gut stehen, wenn nicht früher oder später irgend einmal auch ein solches Kind in Versuchung gerathen soll, sich aus augenblicklicher Bedrängnis durch Verhehlung oder Lüge zu helfen. Deshalb ist es, gerade um jene Offenheit zu erhalten, für den Erzieher nothwendig, daß er die Kunst besitzt und sich erwirbt, in den Mienen des Kindes zu lesen, im Benehmen desselben augenblicklich zu merken, ob sein Bewußtsein rein ist oder nicht. Faßt er das Kind in solchem Momente augenblicklich an, so daß ihm das Erröthen oder Erblassen desselben schon sagt, was der Mund noch gerne verschweigen möchte, beruft er sich dem Kinde gegenüber auf diese verrätherischen Zeichen seines Schuldgefühls, (vorausgesetzt, daß das Erröthen oder Erblassen nicht die bloße Wirkung der natürlichen Schüchternheit oder Aengstlichkeit eines im gegebenen Falle ganz unschuldigen Kindes ist, was der Pädagog wohl unterscheiden und wornach er schon den Ton seines Inquirirens bestimmen muß) — so wird es die Waffen strecken, dann nimmt es aus solchem Verhöre die Ueberzeugung mit, daß es seinem Vater, seiner Mutter, seinem Lehrer gar nichts verhehlen könne, wenn es auch wollte, diese Gewißheit des Nichtkönnens aber ist ein ganz vortrefflicher Damm gegen die Lust zum Wollen; kann ich mir auf diese Art nicht helfen, so will ich auch nicht. Hier ist also ein Stück Physiognomik für den Pädagogen von großem Werth. Damit, daß man das Gewissen an den äußeren Zeichen faßt, die sein Dasein verrathen, während der Wille es noch im Dunkeln halten möchte, daß man es daran gleichsam ans Licht hervorzieht, stärkt man es selber.

3. Wir haben oben die religiöse Seite des Gewissens darin gefunden, daß, ob es gleich nicht an sich schon ein Gottesbewußtsein ist oder es mitenthält, doch seine wunderbare Art und Natur uns erst durch die persönliche Offenbarung des lebendigen Gottes klar und begreiflich werde. Der christliche Erzieher hat nun aber auch in dieser Beziehung, wie in anderen ihr analogen, nicht zu warten, bis das Kind selber in seinem Gewissen etwas so räthselhaftes erkennt und dann etwa fragt, woher denn dieses komme, worauf ihm dann erst gesagt würde: sieh, es ist Gottes heilige Majestät, die du darin zu fühlen bekommst, wenn du etwas von ihr selber weißt. Sondern wir sagen das dem Kinde gleich zu Anfang, wir halten ihm bei seinen Uebertretungen vor, daß es damit nicht uns nur, sondern den unsichtbaren Gott, den gerechten Richter beleidige, daß also unser Unwille, unser Kummer über seine Unart nur ein Schatten sei von dem Zorne Gottes, der den Sünder treffe, somit auch unsere Vergebung oder unser Nichtwissen von dem, was es insgeheim unrechtes gethan, noch weit nicht genüge, sondern daß es von Gott müße Vergebung suchen. Das erklärt ihm denn nicht bloß das schon in voller Thätigkeit begriffene Gewissen, sondern weckt es erst recht auf; der Gedanke an Gott erregt und erhält jene Furcht, jenes Bangen im Schuldbewußtsein, das sonst in dem flüchtigen Kindessinne sich so leicht wieder verlieren würde. Zwingen freilich können wir zu innerer Betrübnis und Gewissensunruhe auch ein Kind niemals, aber durch jene Mittel dem, was der Menschennatur als einer sittlichen angeboren ist, Luft

machen, das Gewissen stärken gegen die ihm gerade im Kinde speciell entgegenstehenden Mächte, den Leichtsinn, die Lüge — das können wir. Nur erinnert sei noch daran, daß das unter Ziff. 3 Gesagte ebenso sehr die gelegentliche Belehrung, zu der das Leben in seinem alltäglichen Verlauf die Anlässe zahlreich bietet, als auch den geordneten Religionsunterricht betrifft, der in allen seinen Theilen und auf allen Stufen, insbesondere auch noch schließlich als Confirmandenunterricht und Vorbereitung zum Abendmahl jene Beziehung des Gewissens auf Gott und Gottes auf das Gewissen dem Kinde einprägen muß. Besteht, wie einst im Haller Waisenhaus, an irgend einem Institut eine förmliche Seelsorge, die sich speciell mit den Einzelnen zu thun macht, oder nimmt sich aus freien Stücken ein Lehrer, ein Vorsteher der Zöglinge an (wie z. B. Oetinger dies von dem Prälaten Weissensee in Blaubeuren rühmt, s. s. Selbstbiographie, herausg. v. Hamberger S. 11.), so ist da für allgemeine und besondere Gewissensleitung Raum gemacht, die gerade dem Jünglingsalter so wohl zu Statten kommt. Ohne irgend welchen Beichtzwang nach jesuitischem Muster kann sich ein Lehrer solches persönliche Vertrauen erwerben, daß ihm die Gemüther von selber sich öffnen. Das ist die rechte cura animarum, die erst den rechten Lehrer ausmacht. Ein solches Verhältnis muß auch der Geistliche zwischen den von ihm confirmirten Kindern und sich zu stiften suchen, daß sie ihm nicht fremd werden, sondern an ihm einen Gewissensrath, bei ihm eine immer offene Thür für ihre Anliegen finden. Stehen sie so zu ihm, so ist der Gedanke an ihn auch wieder ein Schutzmittel gegen Versuchungen, wo das Gewissen allein ohne solch einen äußern Halt, ohne Furcht und Scham vor ihm vielleicht nicht Herr über Gelüste und Verlockung würde (vgl. d. Art. Geistliche als Seelsorger).

4. Man spricht bekanntlich auch von einem irrenden Gewissen; wir haben eben gesehen, wie das Gewissen selbst in den Irrthum mit hineingezogen wird. Da aber ein größerer Theil der Schuld jedenfalls nicht ihm, sondern der Fälschung des sittlichen Sinnes zur Last fällt, so muß es von dieser Seite her vor Falschem sicher gestellt werden. Daher ist auch dies eine Aufgabe des Erziehers, das sittliche Urtheil des Kindes richtig zu stellen, rein zu halten, zu üben und zu schärfen. Das geschieht unseres Erachtens besser durch Beleuchtung und Betrachtung fremder als eigener Handlungen; denn bei den letzteren mischt sich leichter irgend ein egoistisches Motiv ein, während an fremden Handlungen sich der sittliche Sinn rein expliciren kann. Es wird also aus der Geschichte, aus der eigenen Umgebung des Kindes jeder geeignete Anlaß benutzt, um das Kind urtheilen zu lassen, ob das recht oder unrecht ist, und zwar so, daß immer auf die allgemeinen sittlichen Grundsätze, auf Gottes Gebot zurückgegangen wird. Je nach der Fassungskraft des Kindes wird auf Probleme eingegangen, z. B. ob Jephtha, ob Herodes wohl gethan, ihr Gelübde zu halten, und warum nicht; es wird an den Charakteren der heiligen und profanen Geschichte das Edle vom Unedlen unterschieden, überhaupt die Mischung des Guten und Bösen analysiren gelehrt; es werden Vergleichungen angestellt, z. B. zwischen der Buße des Petrus und der Reue des Judas, es wird in der Geschichte des Cornelius Apgsch. 10. gezeigt, wie Petrus auf Gottes Ruf selber von Gewissensscrupeln losgebunden wird, wie Röm. 14. Paulus die Gewissen über heidnisches Fleischessen richtig stellt u. s. f. Dadurch, daß sich der Zögling immer Rechenschaft geben lernt von dem, was und warum es gut und böse ist, bleibt er bewahrt vor falscher Larheit wie vor falscher Aengstlichkeit und Scrupulosität; die Wahrheit macht ihn frei. Geht aber beides Hand in Hand, jener Gewissensernst in der Furcht Gottes, wovon wir unter Ziff. 3 sprachen, und diese wachsende Klarheit des Urtheils, die Geübtheit des Verstandes, Schein von Wirklichkeit, Meinung von wohlbegründeter Wahrheit, Gewohnheit von Recht, bloße Anwandlung von wirklichem Gefühl zu unterscheiden, die Fähigkeit, in jedem Zweifelsfall (einem casus conscientiae) den richtigen Punct herauszufinden und eine Entscheidung zu treffen: dann hat der Zögling in seinem Gewissen die heilige Macht, die ihn eben so treu im Kleinen und Verborgenen vor Gott wandeln als kühn und unerschütterlich der Welt gegenüber treten läßt.

Palmer †.

Gewöhnung.

Gewöhnung. Aus öfter wiederholten Thätigkeiten von gleicher Art erzeugen sich Zustände in den Gliedern, den äußeren Sinnen, im innern Sein, welche allmählich zu einer auch ohne Hinzutritt des bewußten Wollens wirkenden und treibenden Macht bei unsrem Thun werden. Es entsteht ein Habitus, worin das natürliche Wesen des Menschen seine besondere Prägung mit der Folge erhalten hat, daß diese Form selbst wieder mit einer gewißen Naturnothwendigkeit auftretend als die andere Natur erscheint. Jene Thätigkeiten sind theils receptiver, theils activer Art. Was wir öfters hören, sehen, was wir öfter ausüben, davon legen sich die Ein- und Abdrücke in den Grund unsres Lebens, und diese wirken gestaltend auf den Kreis der Vorstellungen wie der Trieb in unsrem Innern, so daß diese mit der Zeit zum unbewußten Eigenthum des Menschen werden, gleichsam zu einem Capital, welches seine Zinsen entrichtet ohne daß man nöthig hätte daran zu mahnen. Noch mehr, es giebt Arten von solchem Habitus, die nicht einmal erst im einzelnen Menschen neu anzubahnen sind, sondern sie erben sich fort von Generation zu Generation als Typen der Nationen, der Stammesarten, der Familien, und was an diesen Typen durch Civilisation verfeinert wurde, das geht schon wieder theilweise als unbewußtes Vermögen auf das nachwachsende Geschlecht über, gleichwie im Gegentheil verdorbene Sitten einer Zeit zugleich Frucht der Gegenwart und Keime für die Zukunft enthalten. Das ist die Macht der Gewöhnung. — Ein Beispiel aus der Musik möge zur Verdeutlichung dienen. Jener chinesische Gesandte am Hofe Ludwigs XV. erklärte auf Befragen als das schönste an der Oper, in welche man ihn geführt, deren Anfang; man ließ daher die Ouverture noch einmal spielen, aber diese hatte er nicht gemeint sondern was ihr voraus gegangen sei: es war das Stimmen der Instrumente. Sein chinesisches Ohr fand also Befriedigung in dem regellosen Tönen und Rauschen der Instrumente; bei uns kommt das Kind des einsamsten Dorfes mit seiner organisirten Gehör· auf die Welt. Ein anderes Beispiel: „zu viel Noten"! sagte Joseph II. zu Mozart nach der ersten Aufführung der Zauberflöte; welche Tonmassen und welche Klangfarben ertragen und verstehen die heutigen Ohren! Es ist die Gewöhnung, welche die Sinne ausweitet, schärft, verfeinert, allerdings auch unersättlich macht wie es der Gaumen eines Gourmands wird. Sollte das innere Gehör, sollte Sinn und Trieb im allgemeinen nicht ähnliche Erweiterungen, Verschärfungen u. s. w. erfahren durch fortgesetzte Uebung im Aufnehmen und im Thun, so daß was anfänglich mit Bewußtsein und directem Willen geschah, allmählich unbewußt geschieht, so daß, was zuerst eine besondere Anstrengung erforderte, jetzt wie von selbst sich macht? — Wäre dies nicht der Fall, und müßten wir bei jeder Bewegung eines Gliedes, bei jedem Gedankenlauf uns auf jeden einzelnen Schritt besinnen, wir kämen nicht weit, weder im Verstehen noch im Wirken. Was wir von Natur haben, ist ein ererbtes, was durch Gewöhnung, ist ein ersammeltes und aufgespartes Vermögen; von beidem lebt man, und jede neue Erwerbung wird erst dadurch eine gesicherte, daß sie jenem Grundstock anwächst.

Von selbst ergiebt sich hieraus der pädagogische Werth der Gewöhnung. Der Kunstsinn ist zu wecken und zu üben durch Bild und Ton; je edler die Kunstgestalten und je sprechender, desto förderncher ist,' was sich von ihnen einprägt. Fratzen und unnatürliche Bildereien, geschweige unziemliche Nuditäten verderben schon im Kindesalter Auge und Sinn; Schelmenlieder, frühzeitig in das Ohr gebracht, tönen oft bis in das Alter fort zur Pein der ernster gewordenen Seele. — Was man zu lernen hat an Sprachen, an Kenntnissen jeder Art, — es sinnen die Didaktiker immer wieder neue Wege aus, wie sie solche Dinge an die Schüler hinbringen, wie sie dieselben dem Verstande zugänglich machen, aber sobald es sich von bleibendem Besitz und von den Fertigkeiten der Verwerthung handelt, so muß eben die gute alte deutsche Regel auf den Plan: Uebung macht den Meister, sammt ihrer lateinischen Schwester: repetitio est mater studiorum, und solche Regeln gelten gewißlich nicht bloß vom Einmaleins. Viel Dociren und wenig üben macht den Lehrer müde und läßt den Schüler sitzen. Durch

Wiederholen werden die Wege des Lernens geebnet und glatt, die Communication zwischen Verstehen, Wollen und Thun beschleunigt.

Dies gilt vom materialen Lernen; aber ebenso wichtig ist die Gewöhnung in formaler Hinsicht. In der Schule gilt es überhaupt, daß das Lernen gelernt wird, d. h. das concentrirte Aufmerken und das beharrliche Aneignen. Beides zusammen macht den Lernfleiß aus, und diejenige Schule trägt am sichersten zur Bildung bei, welche nach Plan und Methode so eingerichtet ist, daß sie die Lernkraft übt und den Habitus des Auffassens, Aneignens und Behaltens erzeugt; denn nicht durch Anhäufung der Wissensstoffe, sondern durch Entwicklung der geistigen Saugwurzeln und durch den Tonus in dem geistigen Gefäß- und Muskelsystem wird der junge Mensch vorangebracht und zugleich befähigt, sich im spätern Leben selbst weiter zu bilden. Wer das Lernen gelernt hat, der erst hat wirklich gelernt, auch wenn die Summe seiner Kenntnisse und deren Mannigfaltigkeit einstweilen noch beschränkt geblieben sind.

Dies in Betreff des Lernens. Auch die Tugenden sind durch Gewöhnung zu bilden. Ehrlichkeit, Wahrhaftigkeit, Reinlichkeit, Anstand — man predigt ja vergebens, wenn nicht von Klein auf dahin gestrebt wird, sie zur andern Natur zu machen, eine Fertigkeit zu ihrer Anwendung zu erzeugen. Was sind gute Sitten anders, als ein Angebautsein des inneren Lebens, worauf Frucht für das äußere Benehmen wächst, ohne daß in jedem einzelnen Fall ein besonderes Pflanzen und Begießen nöthig würde? Ist das Wissens-Gedächtnis ein Schatz, aus welchem früher Angeeignetes mühelos und ohne langsame Denkoperationen hervorgeholt wird, so ist die Sitte ein Gedächtnis des Willens, das ebenfalls mit einer Art von Nothwendigkeit in Thätigkeit tritt und dessen Besitzthum nicht erst mit Anstrengung herbeigezogen werden muß. Auch in der Moral macht Uebung den Meister, und derjenige Lehrer, welchem z. B. es gelang, seine Anfänger binnen wenigen Wochen dahin zu bringen, daß keins mehr ungewaschen und ungekämmt zur Schule kommt, hat für die Tugend der Reinlichkeit mehr gethan, als wer den Vierzehnjährigen durch eine Vorlesung über die physiologischen Gesetze der Hautpflege ihre habituelle Unreinlichkeit zu entleiden sich bemüht. Artigkeit, Ehrerbietung, Nächstenliebe, Mitleid und Barmherzigkeit — wieviel kann für spätere Uebung dieser geselligen Tugenden dadurch geschehen, daß sie frühzeitig dem Betragen angebaut werden, indem man dem Kinde Gelegenheit giebt, sie im bescheidensten Kreise anzuwenden!

Aber wie das Gute so wird auch das Schlimme durch Gewöhnung zu einer Art von Natur gemacht, daher letzteres nicht frühzeitig genug von den Kindern ferngehalten werden kann. Zorn, Streiten, Schelten, Naschen, Trägheit, Zerstreutheit, Widerspenstigkeit, Ungehorsam u. dergl. — man soll nicht meinen, mit dem Aufwachen des Verstandes werde sich das alles von selbst verlieren; denn ein Habitus des Gemüthes weicht nicht ohne weiteres den logischen Schlüssen, sondern es gehört ein starker moralischer Entschluß im späteren Leben dazu, um angewöhnter Untugenden Herr zu werden, und das Abtragen eines solchen Baues von Unsitten erfordert größere Anstrengung als selbst der Anbau guter Sitten. Wie schwer fällt es z. B. dem ernstlich gewordenen Manne, sich das Fluchen abzugewöhnen, das er in der Jugend sich angewöhnt hatte, ja schwerer oft als das Beten zu lernen, welches er in den Jahren der Thorheit versäumte. Ein ungeübt gebliebenes Glied wird eher zu richtigen Functionen geleitet als ein durch Misbrauch verzogenes und verzerrtes.

Die meiste Erziehungsmühe haben diejenigen Anstalten, welchen obliegt, misrathene Subjecte sittlich-orthopädisch zu behandeln; wer daher dem Keime des Bösen wehrt, erspart Sorge, Arbeit und Kampf zur Entwurzelung desselben. Denn auch im schlimmen Sinne gilt es, daß Uebung den Meister macht und Gewohnheit zur andern Natur wird.

Lehre, Unterweisung, Ermahnung, Zucht, Strafe erhalten die sicherste Bestätigung und wirksamste Förderung durch das Beispiel. Sieht das Kind die Eltern thun was recht ist, erblickt der Schüler an seinem Lehrer das Vorbild der Gewissenhaftigkeit, des Fleißes, der Pünctlichkeit, so wirken diese Eindrücke davon auch mit einer Art von unbewußter Nöthigung. Solche Bilder prägen sich ab und ein wie etwas das nicht anders sein kann; und der Schluß von den Gewohnheiten junger Leute auf den Habitus des Hauses, woraus sie stammen, der Schule, durch welche sie giengen, ist zwar kein zwingender, aber doch in den meisten Fällen zutreffend. (Vergl. d. Art. Abrichten. I. S. 26.)

A. Hauber.

Giftpflanzen, s. körperliche Erziehung, Pflichten der Schule.
Glaube als Voraussetzung bei dem Erzieher, s. Erzieher.
Globus, s. Landkarten.

Verzeichnis der Artikel.

Dankbarkeit, von †Dr. Palmer, Prof. in Tübingen. S. 1.
Darstellungstrieb, s. Phantasie.
Decan, s. Schulregiment.
Declamation, v. Dr. Lothholz, Gymn.-Dir. in Stargard. S. 4.
Degradiren, s. Schulstrafen.
Denken, s. Erkenntnisvermögen.
Denkübungen, von †Dr. Thilo, Seminar-Dir. in Berlin. S. 7.
Denunciationssystem, s. Angeberei.
Denzel, B. G., von †Dr. Palmer, w. o. S. 18.
Deutsches Reich, von Dr. Wiese, Geh.-Ob.-Reg.-Rath in Potsdam. S. 21.
Deutsche Schule, s. Volksschule.
Deutsche Sprache in höheren Schulen, von †Dr. Deiland, Schulrath in Magdeburg. S. 37.
Deutsche Sprache in der Volksschule, von †Stockmayer, Sem.-Dir. in Eßlingen. S. 60.
Diarium, s. Schulacten.
Didaktik, v. †Dr. Fr. Lübker, Gymn.-Dir. in Flensburg. S. 72.
Dienstboten, s. Gesinde.
Diensteid, s. Beeidigung.
Dienstentlassung, Dienstentsetzung, s. Disciplinarverfahren.
Dienstfertigkeit, s. Mitgefühl.
Dienstinstruction, -kleidung, s. Amtsinstruction, -kleidung.
Dienstprüfung, s. Lehrerprüfung.
Diesterweg, Fr. Ad. Wilh., v. Dr. Schneider, Geh.-Ob.-Reg.-Rath in Berlin. S. 80.
Dinter, G. F., von †Dr. Palmer, w. o. S. 83.
Director, von †Dr. Deinhardt, Gymn.-Dir. in Bromberg. S. 88.
Disciplinarverfahren gegen Lehrer, v. Dr. A. Hauber, Prälat in Ludwigsburg. S. 97.
Dispensation, von Dr. Kern, Gymn.-Dir. in Berlin. S. 99.
Districtsschulen, s. Schulbezirk.
Domschulen, von H. Kämmel, Gymn.-Dir. in Zittau. S. 102.
Doppelunterricht, von Dr. Rieck, Stadtpfarrer a. D. in Eßlingen. S. 103.
Dorfschule, s. Landschule.
Dramatische Aufführungen, von †Dr. Deiland, w. o. S. 107.
Dressiren, s. Abrichten.
Dringenberg, s. Schule zu Schlettstadt.
Drohung, s. Strafen.
Ductus, s. Schreibunterricht.
Dummheit, v. Dr. A. Hauber, w. o. S. 112.
Duzen, s. Achtung.

E.

Ekel, s. Abneigung.
Egoismus, s. Selbstsucht.
Ehe, von †Dr. Palmer, w. o. S. 114.
Ehrenrechte der Lehrer, von Dr. Kern, w. o. S. 120.
Eherbietung, s. Achtung.
Ehrgefühl, Ehrtrieb ꝛc., v. †Dr. Palmer, w. o. S. 125.
Ehrlichkeit, v. Dr. A. Hauber, w. o. S. 136.
Ehrtrieb, s. Ehrgefühl.
Eigenheiten, von Dr. A. Hauber, w. o. S. 141.
Eigenliebe, s. Selbstgefühl.
Eigensinn, v. Dr. A. Hauber, w. o. S. 141.
Eigenthumstrieb, von A. W. Grube, in Hard bei Bregenz. S. 142.
Einbildungskraft, s. Phantasie.
Einfälle, v. Dr. A. Hauber, w. o. S. 144.
Einflüstern, von †Dr. Lange, Prof. in Marburg. S. 144.
Einheitstabelle, s. Rechenunterricht.
Einhelfen, s. Einflüstern.
Einladungsschriften, s. Programme.
Einsperren, s. Strafen.
Eintritt der Schüler, s. Aufnahme.
Einüben, von Dr. Schmid, Gymn.-Rector in Stuttgart. S. 145.
Eisenlohr, Dr. Th., v. †Dr. Palmer, w. o. S. 148.
Eitelkeit, von Dr. Schmid, w. o. S. 153.
Elementarbücher, von Dr. Heydemann, Gymn.-Dir. in Stettin. S. 156.
Elementarschule, von †Prof. Dr. Flasher, Dir. der Elisabethschule in Berlin. S. 161.
Emancipationsstreit, s. Schule, Verhältnis zur Kirche.
Empfindlichkeit, von Dr. A. Hauber, w. o. S. 188.
Empfindsamkeit, Sentimentalität, v. Dr. A. Hauber, w. o. S. 190.
England, s. Großbritannien.
Englische Sprache, von Prof. L. Gantter, rev. von Dr. Wildermuth, Prof. in Tübingen. S. 192.
Entfernung vom Amt, s. Disciplinarverfahren.
Entlassung der Schüler, v. †Dr. Hirzel, Professor in Tübingen — Firnhaber, Geh.-Reg.-Rath in Wiesbaden. S. 205.
Entwicklung, von †Dr. Deinhardt, w. o. S. 209.
Entwicklungsperiode, von †Dr. Köhler, Prof. in Tübingen. S. 213.
Entziehung von Genüssen, s. Strafen.
Ephorus, s. Schulregiment.
Ephorus an einem Erziehungsinstitute, s. Lehrer, Arten von Lehrern.

Erasmus, von † Dr. Lange, w. o. — Dr. Bagemann, Prof. in Göttingen. S. 221.
Erbsünde, von Dr. W. Baur, Hofprediger in Berlin. S. 232.
Erfahrung, s. Pädagogische Erfahrung.
Erhaltung der Schulen, s. Errichtung und Erhaltung der Schulen.
Erholung, von † Prof. Flashar, w. o. S. 244.
Erkenntnisvermögen, von † Dr. Deinhardt, w. o. — Dr. Hölder, Prof. in Urach. S. 251.
Erkenntnisweisen, s. Erkenntnisvermögen.
Ermunterung, s. Aufmunterung.
Ernesti, Johann August, von Dr. Eckstein, Prof. in Leipzig. S. 270.
Erneuerung, s. Laufgabe.
Ernst, s. Erzieher.
Errichtung und Erhaltung der Schulen, von † Dr. Lange, w. o. — Dr. Firnhaber. w. o. S. 277.
Erwerbschule, s. Industrieschule.
Erzieher, v. Dr. G. Baur, Prof. in Leipzig. S. 294.
Erziehung, v. † Dr. Palmer, w. o. S. 314.
Erziehung, verkehrte Richtungen in derselben, von Dr. W. Baur, w. o. S. 331.
Erziehungsanstalten, v. Strebel, Pfarrer in Roswag. S. 344.
Erziehungskunst, v. Dr. A. Hauber, w. o. S. 351.
Erziehungsperioden, s. Altersstufen.
Erziehungspflicht und -recht, v. † Prof. Flashar, w. o. S. 352.
Erziehungsprincipien, v. † Dr. Palmer, w. o. S. 355.
Erziehungstalent, Takt, v. Dr. G. Baur, w. o. S. 364.
Erziehungswissenschaft, s. Pädagogik.
Ethik (Moral, Sittenlehre), v. † Dr. Palmer, w. o. S. 368.
Evangelische Pädagogik, s. Pädagogik, ihre Richtungen.
Excipiren, s. Composition.
Excursionen, naturgeschichtliche, s. Naturaliensammlung.
Exercitien, s. Composition.
Exposition, von † Dr. Bäumlein, Ephorus in Maulbronn. S. 384.
Extemporalien, s. Composition.
Externen, S. 388.

F.

Fabel, s. Märchen.
Fabrikschulen, von Dr. C. U. Hahn, in Stuttgart. S. 388.
Fachlehrersystem, s. Classen- und Fachlehrersystem.
Facultative Fächer, s. Unterrichtsgegenstände, Dispensation.
Faggingsystem, s. Band III. Grossbritannien. S. 136.
Fähigkeiten, s. Anlagen.
Fall, Johann Daniel, v. † Prof. Dr. C. Roller in Göttingen. S. 393.
Falschheit, s. Wahrhaftigkeit.
Familie, Familiengeist, Familiensinn, von † Dr. Palmer, w. o. S. 401.
Familienerziehung und Institutserziehung, s. Institutserziehung.
Familienunterbringung, s. Waisenhäuser.
Fassungskraft, s. Erkenntnisvermögen.

Fehler, s. das Böse.
Felbiger, Johann, Ignaz von, v. † Dr. Eisenlohr, Sem.-R. in Nürtingen. S. 410.
Fellenberg, v. † Dr. Hirzel, w. o. S. 418.
Fénélon, v. Dr. Kämmel, w. o. S. 426.
Ferien, Schulferien, von Kämmel, w. o. S. 432.
Fertigkeit, v. † Dr. Eisenlohr, w. o. S. 436.
Festigkeit, v. A. W. Grube, w. o. S. 439.
Fibel, s. ABC-Buch.
Fichte, Johann Gottlieb, von Dr. Schrader, Prov.-Schulrath in Königsberg. S. 444.
Filialschule, s. Landschule.
Flatterhaftigkeit, s. Leichtsinn.
Flattich, Johann Friedrich, von Prof. Weitbrecht in Stuttgart. S. 418.
Flegeljahre, s. Entwicklungsperiode.
Fleiss, v. † Dr. Deinhardt, w. o. S. 454.
Formale Bildung, s. Bildung.
Formalismus, s. Erziehung, falsche Richtungen.
Formenlehre, geometrische, von Ober-Stud.-Rath Filcher in Stuttgart. S. 458.
Fortbildung der Lehrer an höheren Schulen, von † Dr. Bäumlein, w. o. S. 470.
Fortbildung des Volksschullehrers, v. Schurig, Schul-Dir. in Wernigerode. S. 476.
Fortbildungsschulen, von Dr. Gugler, Rector in Stuttgart. S. 482.
Fortschritt, von Dr. A. Hauber, w. o. S. 532.
Fragen der Kinder, s. Wissbegierde.
Fragen und Antworten, von † Dr. Thils, w. o. S. 533.
Francke, Aug. Herm., von Dr. Kramer, Dir. in Halle. S. 540.
Frankfurt a. M., von † Dr. Paldamus — rev. von Dr. Eiselen, Director in Frankfurt. S. 654.
Frankreich, von Dr. Bücheler, Rektor in Stuttgart. S. 566.
Französische Sprache und französischer Unterricht, von Dr. J. Baumgarten in Coblenz. S. 647.
Fratzen, von † Dr. Palmer, w. o. S. 709.
Frechheit, s. Ehrerbietung.
Freiheit des menschlichen Willens, von † Dr. Landerer, Prof. in Tübingen. S. 710.
Freiheitssinn, s. Unabhängigkeitstrieb.
Freischule s. Armenschule.
Freistellen, Freitische, von H. Kämmel, w. o. S. 725.
Fremde Sprachen, s. Engl., Franz., Italien. Sprache.
Freundschaft, Jugendfreundschaft, von Dr. W. Baur, w. o. S. 728.
Friedrich der Grosse, von † Dr. Lange, w. o. — Dr. Schmid, w. o. S. 733.
Friedland, s. Trotzendorf.
Fröbel, Friedrich, v. † Dr. Deinhardt, w. o. S. 740.
Frömmigkeit, v. Dr. Lechler, Dec. in Heilbronn. S. 747.
Frohsinn, Heiterkeit, von A. W. Grube, w. o. S. 752.
Frühaufstehen, von Stromberger, Pfarrer in Wennings. S. 754.
Frühreife, v. † Dr. Lange, w. o. S. 756.
Fürstenschulen, von † Dr. Dietsch, Gymn.-Dir. in Grimma. S. 759.
Furcht, von † Dr. Lange, w. o. S. 766.
Fussreisen, v. Dr. G. Baur, w. o. S. 767.
Gebet (für die Kinder und mit ihnen), von † Dr. Palmer, w. o. S. 773.

G.

Gebrechliche (Behandl. gebrechlicher Kinder), von Dr. **C. Beesenmeyer**, Prof. in Ulm. S. 778.
Gedächtnis, von † Dr. **Deinhardt**, w. o. S. 782.
Gedächtnisübung, s. Memorirübungen.
Gedike, Friedrich, von † Dr. **C. Bonnell**, Gymn.-Dir. in Berlin. S. 788.
Geduld, s. Erzieher.
Gefühllosigkeit, Roheit, Thierquälerei, von **A. W. Grube**, w. o. S. 795.
Gefühlsbildung, von Dr. **C. Baur**, w. o. S. 797.
Gehaltsminimum, s. Besoldung.
Gehorsam, v. Dr. **A. Hauber**, w. o. S. 804.
Gehör, s. Sinnenübungen.
Geist, s. Seele.
Geistliche als Schulinspectoren, s. Schulregiment.
Geistliche als Seelsorger in Bezug auf die Erziehung, von Dr. **W. Baur**, w. o. S. 814.
Geiz, s. Sparsamkeit.
Gelehrtenschule, s. Gymnasium.
Gelehrtenschulwesen, Geschichte desselben, von † Dr. **Lübker**, w. o. S. 818.
Gelübde, v. † Dr. **Palmer**, w. o. S. 874.
Gemeinde, v. Dr. **A. Hauber**, w. o. S. 877.
Gemeindeschulen, s. Confessions- u. Communalschulen.
Gemein, Gemeinheit, v. Dr. **A. Hauber**, w. o. S. 879.
Gemeinsinn, v. Dr. **C. Baur**, w. o. S. 881.
Gemüth, v. Dr. **Deinhardt**, w. o. S. 885.
Genetisch, s. Methode.
Genie, von Dr. **C. Baur**, w. o. S. 892.
Geographie in höheren Schulen, von Dr. **A. Kirchhoff**, Prof. in Halle. S. 896. 2. Art. v. Prof. Ludw. Majer in Stuttgart.
Geographie in der Volksschule, s. Geschichte und Geographie in der Volksschule.
Geometrie, descriptive, v. Dr. **Sugler**, w. o. S. 914.
Geometrie, ebene, von Dr. **Erler**, Prof. in Züllichau. S. 925.
Geometrische Analysis, von Dr. **Nagel**, Rector in Ulm. S. 938.
Geometrische Formenlehre, s. Formenlehre.
Gerechtigkeit, s. Erzieher.
Gerson, von Dr. **Schneider**, w. o. S. 944.
Gesang, v. † Dr. **Palmer**, w. o. S. 947.
Gesangbuch, v. Dr. **W. Baur**, w. o. S. 964.
Geschäftsprotokoll, s. Schulacten.
Geschenke, s. Besoldung.
Geschichte, Geschichtsunterricht auf Gymnasien, von Prof. Dr. **W. Herbst** in Halle. S. 970.
Geschichte und Geographie in der Volksschule, von † Dr. **Stockmayer**, w. o. S. 987.
Geschichtlicher Sinn, v. **V. Strebel**, w. o. S. 1002.
Geschichtstabellen, s. Geschichte.
Geschlechter, v. Dr. **C. Baur**, w. o. S. 1008.
Geschlechtertrennung, v. **R. Strack**, Dir. in Lang Göns bei Gießen. S. 1018.
Geschlechtliche Verirrungen, von Dr. **R. H. Groß** in Ellwangen. S. 1021.
Geschwister, s. Familie.
Geselligkeitstrieb, von **A. W. Grube**, w. o. S. 1034.
Gesellschaft, s. Umgang.
Gesinde, von † Dr. **Palmer**, w. o. S. 1036.
Gesner, Johann Matthias, von Dr. **Eckstein**, w. o. S. 1037.
Gespensterfurcht, s. Furcht.
Gespielen, Kameraden, v. **A. W. Grube**, w. o. S. 1042.
Gestaltungstrieb, s. Phantasie.
Gewähren und Versagen, von Dr. **W. Stromberger**, w. o. S. 1044.
Gewerbeschulen, von **Gallenkamp**, Dir. der Gewerbeschule in Berlin. S. 1045.
Gewissen, Gewissenhaftigkeit, v. † Dr. **Palmer**, w. o. S. 1060.
Gewöhnung, von Dr. **A. Hauber**, w. o. S. 1073.
Giftpflanzen, s. körperliche Erziehung, Pflichten der Schule.
Glaube, als Voraussetzung bei dem Erzieher, s. Erzieher.
Globus, s. Landkarten.

www.ingramcontent.com/pod-product-compliance
Lightning Source LLC
Chambersburg PA
CBHW031408160426
43196CB00007B/940